이해하기 쉽게 쓴

교육학개론

Introduction to Education

이해하기 쉽게 쓴

교육학개론

김희수 · 최정선 · 홍성훈 공저

동 문 사

머리말

이 책은 대학에서 교직과정을 이수하고 있는 다양한 전공영역의 예비교사들이 교직의 기초가 되는 교육학을 폭넓게 이해할 수 있는 기초를 제공하고자 집필하였다.

교육의 본질을 이해하고 교육현상을 보다 다양한 관점에서 파악해 보려고 시도하는 예비교사들이, 앞으로 교원으로서 전문적인 지식과 소양을 갖출 수 있는 교육학 개론서이다. 이를테면, 교육학을 처음 접하는 학생들의 이해를 돕기 위하여 기초 내용만을 엄선하고 정제하여 알기 쉽도록 집필한 입문서인 셈이다.

이러한 노력에도 불구하고, 한편으로는 이 책을 통해 공부하는 예비교사들이 교육학을 이해하는 데 도움이 될 수 있을지 걱정이 앞선다. 저자는 그동안의 강의 경험과 생각을 나름대로 촘촘히 정리하여 핵심적인 내용위주로 쉽고도 지루하지 않게 작성하려 무던히도 애썼다. 바라건대, 이 책을 가지고 공부하는 예비교사들이 교육의 기초지식을 쌓는 데 조금이라도 도움이 되었으면 하는 바람이다.

이 책은 모두 열 개의 장으로 구성되었으며, 1장은 교육학의 개념을, 2~3장은 교육의 역사와 철학을, 4장은 수업활동에 관심을 가져야 할 교육심리학을, 5장은 교육과 사회관계를 이해할 수 있는 교육사회학을, 6~8장은 교수-학습과 교육과정, 그리고 교육평가를, 9장은 교육의 조직과 행정을, 마지막 10장은 교사의 교직관과 교원윤리로 구성되어 있다. 15주간 강의하기에 적합한 분량과 핵심적인 내용으로 구성하였다.

탈고를 하고 나니, 욕심이었을 뿐 뜻대로 온전히 이루어지지 못한 점이 못내 아쉬움으로 남는다. 그동안 여러 번의 교정 작업과 개정, 증보판을 내면서 다듬고 또 다듬었지만, 작업 후의 성취감이나 해방감보다는 미흡한 점이 많은 것 같아 아쉬움이 남는다. 다음 기회에 좀 더 보완하고 보충해 보고 싶다.

이 책이 나오기까지 많은 자료를 제공해 주고 격려와 조언을 아끼지 않은 선후배 및 동료 교수들에게 감사드린다. 특히 이 책을 공동 집필한 건양대학교 홍성훈 교수, 인천재능대학교 최정선 교수의 노고에 감사드린다. 또한 이 책이 나오기까지 처음부터 원고와 문맥 교정을 도왔던 동원과학기술대학교 유아교육과 학생들에게도 고마움을 전한다.

마지막으로, 최근 출판업계의 어려움에도 불구하고 선뜻 이 책이 세상에 빛을 볼 수 있도록 흔쾌히 허락해주신 동문사 이중수 대표님과 유재영 상무님, 그리고 편집부 관계자 여러분의 노고에 깊이 감사드리며 귀사의 무궁한 발전을 기원한다.

2014년 8월

저자 대표 김희수

차례

01

교육의 이해

일생의 계획은 어릴 때에 있고, 일 년의 계획은 봄에 있고, 하루의 계획은 새벽에 있는 것이니, 어려서 학문을 배우지 않으면 늙어서 아무 것도 알지 못하게 될 것이요, 봄에 씨를 뿌리지 않으면 가을이 되어 수확할 가망이 없을 것이요, 새벽에 일찍 일어나지 않는다면 그날 할 일을 판단하지 못할 것이다.

– 공자의 〈삼계도(三計圖)〉 중에서

1 교육의 개념

1) 교육의 어원

교육이 함축하는 의미를 정의한다는 것은 그리 쉽지만은 않다. 학자에 따라 국가에 따라 바라보는 관점에 따라 다양하게 해석될 수 있기 때문이다. 하지만 어떤 개념을 이해하기 위한 탐구적 노력의 하나는 그 개념의 어원을 고찰해 보는 것이다. 따라서 교육의 개념을 이해하기 위해서는 교육이라는 용어의 근원을 살펴보는 것이 무엇보다 중요하다.

(1) 동양의 교육

동양에서 '敎育'이라는 용어가 처음으로 문헌에 나타난 것은 중국의 고전인 『맹자(孟子)』의 진심장(盡心章) 상편(上篇)에 나오는 '군자유삼락장'(君子有三樂章)이다.

> 君子有三樂而王天下不與存焉　父母具存兄無故一樂也
> 仰不愧於天俯不怍於人二樂也　得天下英才而敎育之三樂也
> 君子有三樂而王天下與存焉

위에서 맹자가 언급한 군자의 세 가지 즐거움이란 첫째, 부모가 건재하시고 형제가 평안히 살아가는 것이요 둘째, 하늘을 우러러 한 점 부끄러움이 없고 인간사회에 부끄러움이 없는 것이요 셋째, 천하의 인재들을 얻어 이를 가르치고 기르는 것 이다. 여기서 '得天下英才而敎育之三樂也'의 뜻은 세상의 훌륭한 인재들을 모아놓고 '敎育'하는 것이라고 하였다.

중국 후한시대의 「설문해자(說文解字)」에 의하면, '敎'는 「상소시하소효야(上所施下所效也)」를 뜻한다. 즉, 윗사람이 모범을 보이면 아랫사람이 이를 본 받는다는 의미이다. '育'은 「양자사작선야(養子使作善也)」를 뜻한다. 즉, 자식을 잘 길러 바른 행동을 하도록 한다는 의미이다.

따라서 「설문해자」에 의하면, 교육은 성인이 가르치는 바람직한 행동을 본받게 하여 선한 행동을 하게 한다는 것이다. 이를테면, 교사의 가르침을 통해 학습자의 내면적 성장가능성을 실현할 수 있도록 그 근원을 조성하는 활동인 셈이다.

(2) 서양의 교육

서양에서 교육을 뜻하는 Pedagogy(페다고지)의 어원은 그리스어의 Paidagogos(파이다고고스)에서 유래한 것으로, Paidos(어린이)와 agogos(이끈다)의 합성어이다. 즉 아동들을 학교나 체육관, 기타 공공의 장소로 끌어내어 교육시키는 것을 말한다.

영어의 'Education'의 어원은 라틴어의 educare 또는 educere에서 유래된 것으로, '밖으로'라는 e와 '이끌어낸다'는 ducare 또는 ducere의 합성어이다. 독일어의 Erziehung은 '밖으로'를 뜻하는 er와 '이끌어낸다'는 ziehen의 합성어에서 유래하였다. 다시 말해서, 인간의 내재적 소질과 잠재가능성, 가소성을 밖으로 신장 발전시킨다는 의미를 함축하고 있다.

이를 종합해보면 교육이라는 말은 그 어원을 볼 때 동서양을 막론하고 가치 있는 무엇인가를 미성숙한 아동에게 전달하거나 전수한다는 의미와 함께 아동이 내재적으로 가지고 있는 잠재능력과 소질을 계발하여 그것을 다듬고 완성해가는 활동이라고 말할 수 있다.

2) 교육에 대한 정의

앞서 교육의 어원을 통해 교육의 의미를 알아보았으나, 교육의 어원만을 통해서 교육의 본질을 이해했다고 단정하기는 어렵다. 전문용어로서의 교육이란 말을 이해하기 위해서는 불가피하게 이 말에 대한 정의(定義)가 시도되어야 한다.

교육을 정의하는 것은 규명하고자 하는 교육현상이 뜻하는 바를 기본적으로 밝히는 전제(前提) 작업이기 때문에 교육을 연구하고 실천하는 데 있어서 피할 수 없는 과제이기도 하다(이형행, 1998). 지금까지 내려진 교육에 대한 공통점을 발견할 수 있는데 그 관점에 따라 크게 기능적 정의, 규범적 정의, 조작적 정의로 구분한다.

(1) 기능적 정의

교육의 기능적 정의(functional definition)는 한마디로 교육을 '무엇을 이루기 위한 수단이나 도구'로 규정하려는 입장을 취한다. 즉, 교육의 가치판단을 기능적 관점에서만 교육을 객관적으로 기술하고 서술하는 데 관심을 갖는다. 따라서 교육이 이바지(commitment)해야 할 대상을 국가 사회로 보느냐, 정치로 보느냐, 경제로 정하느냐, 혹은 사회문화로 보느냐 등에 따라 수많은 기능적 정의가 가능하다. 지금까지 이 기능적 정의가 교육현상을 지배해 왔다고 해도 과언은 아니다.

예컨대 "교육은 국가·사회 발전을 위한 수단이다.", "교육은 경제 발전에 필요한 수단이다.", "교육은 전통 문화의 계승 및 발전 수단이다.", "교육은 개인의 사회적 출세를 위한 수단이다." 등이 그 예이다. 이러한 기능적인 관점에서만 교육을 정의할 경우 교육은 철저하게 도구화 및 수단시되며, 결국 교육 본래의 독자성과 자율성을 상실하게 될 것이다.

(2) 규범적 정의

교육의 규범적 정의(normative definition)는 교육의 기능적 정의와 상반되는 입장으로 교육을 무엇을 위한 수단이 아니라 그 궁극적 목적과 결부시켜 규정하려고 한다. 이 정의에 의하면 "교육은 민주적 시민이 갖추어야 할 자질을 함양하는 과정이다.", "교육은 영원한 진리로의 접근과정이다.", "교육은 인간을 인갑답게 형성하는 과정이다." 등의 인간 자체의 발전에 더 비중을 두는 입장이다. 즉 인간을 도덕적·인격적 목표에 접근시키려는 과정으로 볼 수 있다.

규범적 정의는 국가·사회적 차원에서나 개인적 차원에서 전인적 인격완성이나 자아실현이라는 내재적 가치의 실현 또는 영원한 진리나 가치를 추구하는 것을 중요한 목표로 내세우고 있는 것이다.

그러나 교육의 기능적 정의나 규범적 정의는 교육의 한 단면을 이해하는 데는 도움이 되지만 교육의 실제적 과정(過程)이나 현상(現象)을 분석적으로 파악하는 데는 그 한계가 있다.

(3) 조작적 정의

교육의 조작적 정의(operational definition)는 교육을 기술적(記述的) 또는 조작적(操作的) 관점에서 설명하려는 입장이다. 즉, 어떤 활동이나 계획을 실시한 후 그 결과를 통해 인간행동의 변화가 이루어졌다면, 그 활동은 교육이 되는 것이고 그렇지 못할 경우 교육이 아니라는 것이다. 이 정의에 의하면 "교육은 인간행동의 계획적 변화"임을 강조한다. 여기서 '행동'이라고 할 때 그것은 관찰 가능한 외현적(exdogenous) 행동뿐만 아니라 지식, 기술(기능), 사고, 가치관, 성격, 자아개념 등 내현적(indogenous) 행동까지 총괄적으로 포함한다. 특히 교육이 관심을 받는 행동특성 중의 하나가 밖으로 표출되는 현시적 행동(overt behavior)보다 과학적·교육적으로 보다 의의 있는 내면적 행동(covert behavior)을 길러줄 수 있기 때문일 게다.

교육은 인간의 성장·발달·함양·계발·개선·증대·교정·육성 등을 포함하는 포괄적인 개념이다. 교육은 인간행동의 변화에 관심을 둔다. 여기서 '변화'는 자연적으로 변화해 가는 것에 관심을 두는 게 아니라 그것을 의도적, 계획적으로 변화시키는 데 관심을 둔다. '계획적'이라는 것은 A에서 B로 변화시키겠다는 강한 의도성이 내포되어 있으며, 시간의 경과에 따라 자연적으로 일어나는 성숙과 우연적으로 일어나는 무의도적 학습과는 분명하게 구별된다.

그러므로 "교육이란 인간행동의 계획적 변화이다."라는 정의는 없던 지식을 갖게 하고, 미숙했던 사고력을 숙달하게 하며, 몰랐던 기술을 익혀주고, 이런 관점을 저런 관점으로, 이런 정신을 저런 정신으로 변화시키는 데 있다. 교육의 조작적 정의는 교육의 실제적 과정과 현상을 분석적으로 파악하는 데 매우 유용한 정의라고 말할 수 있다.

2 교육의 필요성

인간은 교육을 통해서 인간으로서의 구실을 해낼 수 있는 능력을 갖게 된다. 인간으로서의 구실은 모든 인간들이 공통적으로 해내야 하는 것들이 있고 각 개인의 입장에 따라 해내야 할 것들이 있다. 공통적인 구실이든, 개인적인 구실이든 그것을 해낼 수 있는 능력은 교육을 통해서만 가능하다.

인간은 사회생활을 해 나가야 한다. 사회는 어느 사회이든 문화를 가지고 있으며 오늘날의 사회는 다양한 문화를 지니고 있다. 문화 가운데는 그 사회 구성원이 그것을 알고 활용해야만 그 사회 안에서 살아갈 수 있는 요소들이 있다. 또한 구성원들이 그것을 지켜야만 사회유지가 가능한 것들도 있다. 문화요소 가운데는 교육을 통해서만 익혀갈 수 있는 것들이 있다.

교육이 왜 필요한지를 하나하나씩 설명하기란 그리 쉬운 일은 아니다. 그것은 교육을 필요로 하는 사람의 입장에 따라서 극명하게 달라질 수 있기 때문이다. 그러나 인간이 다른 동물과 다른 점은 무한한 성장가능성을 소유한 본질적인 특성이 있다는 점이다. 이는 인간에게 교육의 중요성을 시사해주는 대목이다. 즉, 인간은 교육을 받을 수 있는 가능성(educability)과 가소성(plasticity)을 갖고 태어나기 때문이다.

일찍이 루소(J. J. Rousseau, 1712~1778)는 그의 저서 「에밀」(Emile)에서 "우리들은 연약하게 태어난다. 우리들에게는 힘이 필요하다. 우리들은 커 가면서 필요한 모든 것을 교육을 통해 얻는다."라고 말했으며, 칸트(I. Kant, 1724~1804)는 "인간은 교육을 필요로 하는 유일한 존재이며, 인간은 교육적 산물 이외의 아무것도 아니다."라고 하였다. 또한 삼조(森昭)는 "개나 원숭이는 교육하지 않더라도 개일 수 있고 원숭이일 수 있지만 인간은 교육 없이는 인간다운 인간일 수 없다."고 명쾌하게 지적한 바 있다.

인간은 교육에 의해서만 그 생명을 보존하고 사회생활을 하며 가치를 발휘할 수 있는 존재라는 것을 두 가지 실험적 사례에서도 확인할 수 있다.

1) 프랑스의 야생소년

1779년 프랑스의 남부 아베롱(Aveyron) 숲 속에서 12~13세로 추정되는 한 소년이 발견되었다. 소년은 옷을 입지 않고 더러운 몸에는 가시가 찔리고 다른 동물에게 물려서 무수한 상처가 나 있었다. 소년의 모습은 인간의 따뜻한 보살핌과 교육을 받지 못하고, 숲 속에서 다른 야생동물들과 힘겨운 생존 경쟁을 해왔음을 말해주는 것이었다. 소년은 파리의 국립농아원으로 옮겨져서 당시 25세의 젊은 의사이따르(Itard) 박사에게 교육을 받게 된다.

이따르 박사가 처음 본 소년의 감각 기능은 활발하지 못했다. 눈은 안정되지 않았고 표정도 없었으며, 귀는 큰 소리에도 무감각하였고 발성은 벙어리 상태로서 짐승의 소리를 낼 뿐이었다. 후각은 원시적이어서 오물이나 향수에도 아무런 반응을 나타내 보이지 않았다. 지능은 매우 낮았을 뿐만 아니라 기억력·판단력·사고력도 결여되어 있었다. 소년은 인간을 두려워하고 사람들이 있는 데서는 발작적인 동작이나 경련을 일으켰으며, 우리에 갇힌 동물과 같이 부단히 몸을 뒤흔들며 사람을 물어뜯으려고 하였다. 소년은 야생아 그대로의 모습이었다.

아베롱(Aveyron) 숲 근처 마을 사람들의 증언에 의하면, 이 소년은 약 5년 전부터 숲속에 배회하고 있었다고 하므로 적어도 5세경에 버림받은 것으로 추정된다. 그가 보인 백치상태는 오랜 방황과 고독한 생활의 결과였다. 그 때문에 교육의 기회는 물론 그가 버림받기 전까지 지니고 있었던 관념·태도·습관 등을 습득하지 못한 것이었다.

만약에 이 소년을 사회생활에 끌어들여 적절한 자극을 주고 교육을 실시한다면 보통의 어린이가 되리라 확신하고, 이따르 박사는 5년간 헌신적인 교육에 착수하였다. 그는 우선 다섯 가지 목표를 설정하였다. 첫째, 생활에 안정을 주고 특히 사회생활에 흥미를 가지게 하는 일, 둘째, 강한 자극을 통해 둔해진 감각을 일깨우는 일, 셋째, 사회적 접촉을 증가시키고 새로운 요구나 관념을 만들어내는 일, 넷째, 언어를 사용해서 자신의 요구를 표현하게 하는 일, 다섯째, 간단한 심적 작업을 할 수 있게 만드는 일이다.

이러한 목표를 설정하고 목표달성을 위한 작업을 5년 동안 실시해 본 결과 다섯째 목표를 제외하고는 처음에 세운 목표를 달성하였다고 하여 다음과 같이 보고하였다. 첫째, 인간은 고유의 감각과 기능을 빼앗기게 될 때 다른 동물에 비하여 열등하다. 둘째, 인간이 본래부터 가지고 있던 것으로 생각되었던 사회성·도덕성은 사실 문명의 혜택이다. 문명은 인간을 동물생활로부터 끌어올린다. 셋째, 기관의 발육, 언어의 습득은 나이가 어릴 때일수록 효과가 크다. 넷째, 인간의 욕구와 관념 사이에는 일정한 관계가 있으며, 욕구가 증가하면 관념의 범위도 확대된다. 문명은 인간의 욕구에 의해서 만들어진 것이다. 다섯째, 교육의 진보는 현대 의학에 의해서 이루어진다. 모든 과학 가운데서도 의학은 개인의 신체적·지능적 특질을 분명히 하고, 인간을 사회적으로 높일 수 있다.

이 실험보고를 통해서 인간이 인간으로서의 가치를 발휘하며 살아가기 위해서는 교육이 절대적으로 필요함을 깨닫게 해주었으며, 특히 결정적 시기(critical period)에 적절한 교육이 이루어져야 함을 일깨워 주었다.

2) 인도의 늑대소녀

1920년 10월 인도에서는 아말라(Amala)라는 두 살의 여아와 카말라(Kamala)라는 여덟 살의 여아를 늑대 굴에서 구출하여 싱(Singh) 목사 부부가 양육하였다. 처음에 두 여아는 육체만이 인간이었고 행동은 늑대와 비슷하였다. 네 발로 기어 다니고 생고기를 좋아했으며, 빛을 싫어하고 어둠을 찾아다녔다. 고기 냄새에 매우 민감하였고 음식은 땅에 놓고 핥아먹기만 하였다. 옷을 입혀주면 찢어버리고 사람을 피하고 그에게 접근하는 것을 싫어하였다. 늑대처럼 소리를 지르는데, 늑대소리도 아니고 사람의 목소리도 아니었다. 그러나 싱 목사의 헌신적인 노력으로 6년이 지나는 동안에 서서히 서서 걷기를 시작했고 울부짖는 소리 대신에 말을 배워 나갔다. 또 어둠을 싫어하고 빛을 찾았으며, 익은 음식을 좋아하고 사람들에게 정을 느끼고 의지하려고 하였다.

그러나 아말라는 1년 남짓 살았고, 카말라는 9년 후에 죽었는데, 그동안 두 손으로 그릇을 잡는 데 1년 6개월, 직립보행을 하는 데 1년 6개월, 죽기 전에 9년 동안 배운 언어가 보통아 5~6세의 수준이었다고 한다. 싱 목사의 보고에 의하면 인간이 결정적시기에 그의 특유한 기능을 개발하지 못하거나 나쁜 습관을 갖게 될 경우 백지 상태에서 어떤 행동이나 습관을 형성하는 것보다 더 어렵고 오랜 시간이 걸린다고 하였다.

우리는 앞에서 인간의 교육이 얼마나 중요한가를 알아보았다. 그렇다면 인간을 교육시킨다는 것이 과연 가능한가, 그리고 가능하다면 어느 정도 가능한가가 궁금해진다.

3 교육의 가능성과 한계성

1) 교육의 가능성

앞서 우리는 인간에게 교육이 필요함을 논의하였거니와 이는 동시에 교육의 가능성을 전제하였다고 볼 수 있다. 왜냐하면 교육의 가능성이 없다면 교육의 필요성도 느끼지 않을 것이기 때문이다.

교육은 인간의 교육 가능성을 전제(前提)로 한다. 교육가능성을 기초로 하여 교육은 성립되고 전개된다고 할 수 있다. 여기서 교육가능성은 잠재가능성, 가소성, 도야성과 같은 뜻을 가지고 있다. 외부로부터 영향을 받아 변화할 수 있는 성질, 즉 교육에 의해 변화할 수 있는 성질을 의미한다.

인간은 태어날 때 연약하고 보잘 것 없으며 지극히 무능하고 무기력한 존재이다. 그러나 무한한 가능성을 지니고 태어난다. 즉, 인간은 극소의 현실성과 극대의 가능성을 가지고 태어나는 반면에 다른 동물은 극대의 현실성과 극소의 가능성을 가지고 태어난다. 여기에서 현실성이란 다 갖추어진 것, 성장·발달의 여지가 없는 것을 의미하며, 가능성이란 갖춰져 가는 것, 성장·발달의 여지가 있는 것을 의미한다.

인간은 무한히 성장하고 발달할 수 있는 가능성을 내포하고 있다. 다른 어떤 동물보다도 더 풍부한 가소성을 지니고 있다. 이는 인간이 거의 무한한 가소성을 지니고 있음을 말하는데, 가소성이란 인간의 선천적인 경향성의 실현이 환경에 따라 크게 변화됨을 뜻하는 것으로서 교육의 가능성은 바로 여기에서 찾을 수 있다.

인간에게 무한한 성장가능성이 있음은 곧 인간이 무한히 성장할 수 있는 힘을 지녔다는 것이다. 인간은 미지의 세계를 탐구하고, 새로운 것에 호기심을 나타내며, 끊임없이 질문하고, 알고자 하는 내적 충동 또는 성장의 욕구를 지닌 존재이다. 이것은 탐구심과 호기심, 그리고 더 나은 것을 지향하는 인간의 특성을 말하며 인간의 성장은 이러한 것을 통해 실현되어 가는 것이다.

따라서 교육자의 역할은 일방적으로 지식과 기술을 전달하는 게 아니라 학습자의 잠재능력이 최대한 발현되도록 학습자의 호기심과 탐구심, 그리고 창의적 노력을 격려해 주는 것이다.

2) 교육의 한계성

(1) 유전

교육의 힘이란 노력만 한다고 해서 모든 사람이 목적에 맞게 육성되는 만능적인 것은 아니다. 그렇다고 전혀 불가능한 것도 아니다. 다만 아무리 좋은 교육지도를 하여도 어떤 수준 이상으로는 진전되지 않는 어떤 한계에 봉착하기도 한다. 그 한계를 결정지어 주는 것이 바로 유전과 환경이라는 관점이다.

유전(heredity)은 전 세대의 특성이 그 후세대에 전해지는 것을 의미한다. 유전에 의해서 결정되는 부분은 교육에 의해 변화시킬 수 없다. 바로 여기에서 교육의 한계성을 찾을 수 있다. 예컨대, 멘델(Mendel)의 유전법칙 이후 많은 학자들은 "콩 심은데 콩 나고 팥 심은데 팥 난다."라는 속담을 믿는 경향이 있다. 생물의 형질은 세포 중에 있는 염색체의 유전자에 의해 선천적으로 결정되므로 후천적인 힘만으로는 이를 변경시킬 수 없다는 것이다. 또 쌍생아 실험에서 일란성 쌍생아(identical twins)는 이란성 쌍생아보다 유사점이 더 많음을 나타내 보였는데, 이는 인간의 발달이 환경보다는 유전에 의해 결정된다는 좋은 예이다.

교육에서 말하는 소질이란 인간의 신체적·정신적 잠재능력을 말한다. 이 잠재적 능력은 유전에 의해서 결정되는 부분이 많다. 그러나 환경에 의해 좌우되는 범위도 적지 않다는 견해도 있다. 다만 유전에 의해서 결정되는 부분은 교육에 의해서 변화시킬 수 없다고 보고 있다. 바로 이러한 관점이 교육의 한계성과 밀접한 관련이 있다고 보는 것이다.

결국 유전설을 강조하는 학자들은 유전에 의해서 결정되는 요소인, 신체의 강약, 지능의 우열, 정서와 의지의 강약 등은 어떤 교육으로도 변화시킬 수 없거나 변화시킨다고 하더라도 극히 미약한 변화밖에 기대할 수 없다는 것이다.

(2) 환경

인간이 배우고 자란다는 것은 인간의 유기체를 둘러싸고 있는 인적·문화적·물리적 환경과의 끊임없는 상호작용을 통해서만 가능하다. 동일한 유전인자를 가지고 태어났다고 해도 각자의 환경이라든가 교육의 영향으로 성장하는 과정에서 많은 차이가 나타난다.

이 같은 견지에서 맹모삼천지교(孟母三遷之敎)의 고사 성어는 좋은 유전인자를 타고났다 하더라도 계발할 수 있는 좋은 환경이 주어지지 않으면 결코 바른 인간으로 성장할 수 없다는 것을 뜻한다. 칸트는 "인간이란 교육을 통해서만이 사람다운 사람이 될 수 있다."라고 했으며, 코메니우스(J. A. Comenius)는 "인간은 교육에 의해서만 인간이 된다."고 하였다.

따라서 인간은 상호작용을 위해 마련되는 환경적 조건에 따라 건강하게도 불건강하게도, 지적으로 수월하게도 열등하게도, 정서적으로 안정되게도 불안정되게도, 사회적·도덕적으로 성숙한 인간으로도 미성숙한 병든 인간으로도 성장할 수 있다는 것이다.

(3) 유전과 환경의 상호작용

우리는 앞서 인간형성의 과정이라는 교육에 있어서 유전과 환경의 학설에 따라 그 차이가 있음을 알 수 있었다. 그러나 상호작용론은 교육을 인간 개체가 가지고 있는 선천적인 소질, 즉 유전으로부터 받은 성질을 갖고 시작하여 환경에 의해서 그의 가능성을 성장·발달시켜 나가는 과정으로 본다. 그러므로 인간형성은 유전과 환경, 그리고 교육의 삼자가 유기적인 상호작용을 함으로써 이루어진다고 보는 관점이다. 유전과 환경 중에서 어느 한 쪽으로 치우치거나 특징짓는 것을 경계한다.

물론 유전론자들은 심리적 특성의 형성과정에서 유전적 요인이 훨씬 강하게 작용한다고 본다. 반면 환경론자들은 유전적인 요인을 인정하나 환경적 요인이 더욱 크게 작용한다고 주장한다.

그러나 상호작용론에 따르면 교육은 유전과 환경 중 어느 한 요소에 의해서만 결정되는 것이 아니라, 유전과 환경의 상호작용 결과이므로 두 요소 모두가 중요하며 어느 것 하나를 제외하고 온전한 인간교육을 논할 수 없다고 본다. 이처럼 유전과 환경의 상호작용을 동시에 강조하는 학자들은 인간발달과 교육과정 상에서 환경을 무시할 수 없음을 강조한다.

우선 우드워드(R. S. Woodworth)는 인간의 성장가능성이라는 환경을 세로로, 유전을 가로로 한 직사각형 속의 구형(矩形) 면적과 같다고 하여, 유전과 환경의 관계는 더하기의 관계가 아니라 유전과 환경의 상호작용의 함수라고 정의하였다.

즉 D = f(H · E)이다. 이 관계를 그림으로 제시하면 [그림 1-1]과 같다.

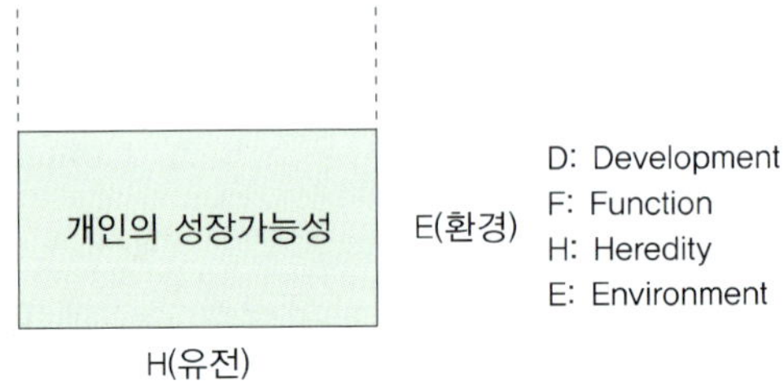

그림 1-1 우드워드의 유전과 환경의 상호관계

슈테른(W. Stern)은 유전을 전제로 하지 않는 환경은 무의미하며, 환경을 무시한 유전도 무의미하다고 말하고, 인간발달은 유전적 소질과 환경과의 상호작용 결과로 이루어진다고 하였다. 즉, 쌍방의 상호작용을 '폭주설(convergence, Konvergenz)'이라고 불렀다.

고트샬트(K. Gottschaldt)는 유전과 환경의 상호관계는 E를 환경 극점으로 하고 H를 유전 극점으로 삼을 때, 한 인간의 성장가능성은 E-H선상의 X와 X1이라고 하였다. 이 관계를 그림으로 제시하면 [그림 1-2]와 같다. X의 경우는 유전의 힘보다 환경의 힘이 더 크게 작용한다는 것이고, X1의 경우는 환경의 힘보다 유전의 힘이 더 크게 작용한다는 것이다.

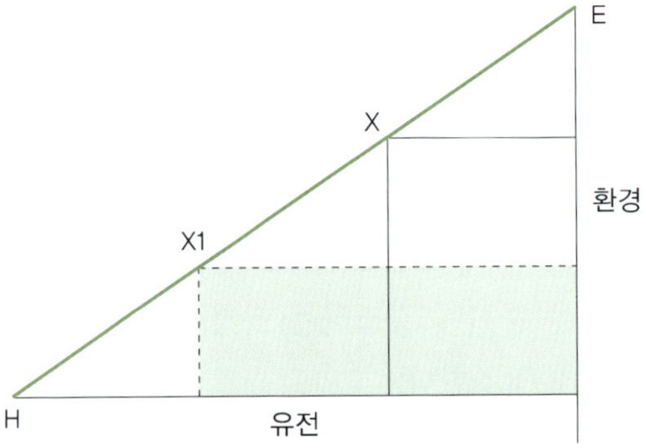

그림 1-2 고트샬트의 유전과 환경의 상호관계

여기서 우리는 유전과 환경이 각각 독립된 요소적인 힘이 아니라, 어디까지나 상대적인 힘이라는 사실을 발견하게 된다. 따라서 유전적 소질은 그 실현을 위하여 반드시 환경을 필요로 하고, 또 환경은 유전적 소질의 존재를 전제한다고 볼 수 있다. 소질을 자극하고 이를 신장시켜 줄 수 있는 환경 없이는 유전적 소질의 존재는 무의미하며, 환경 역시 어떤 소질의 신장과 발달을 떠나서 생각할 때에는 무의미한 환경이 됨을 알 수 있다.

근래에 와서 듀이는 극단적인 환경론자나 유전론자와는 달리 두 입장의 조화적인 입장을 취하였다. 그는 교육이란 한 사회집단이 미성숙한 사람들을 그 자신들의 사회적인 형태에 알맞게 교육하는 것이라고 하였다. 인간의 유전적인 요소를 일방적으로 강조한다면 환경으로서의 교육 그 자체의 의미가 약화될 뿐이다. 논쟁의 해결점을 찾기 위한 과정에서 유전적 요인과 환경적 요인 모두를 인정하고, 이 두 요인이 상호작용한다는 점을 부각시킬 필요성이 있다.

4 교육의 성립과 형태

1) 교육성립의 기본 요소

교육이 이루어지기 위해서는 교육을 하는 측과 교육을 받는 측이 있어야 한다. 일반적으로 교육을 하는 교사를 교육의 주체라고 하고 교육을 받는 학생을 교육의 객체라고 한다. 그리고 교육의 주체와 객체가 상호 교섭을 할 수 있도록 연결해주는 교육내용(교재) 또는 도야재(陶冶材)를 교육의 매개체라고 불렀다. 교재는 교육적으로 가치 있는 내용으로서 교육의 객체인 학습자의 성장과 발달을 촉진하는 하나의 수단이다.

교육활동에는 교사·학생·교재라는 세 요소가 반드시 필요하다. 만일 이중 어느 하나라도 빠지는 경우 엄밀한 의미에서 교육은 성립될 수 없다. 이러한 측면에서 이들 관계를 교육의 3요소(three elements of education)로 규정하고 있다. 또한 교육적 가치를 실현하기 위해 교육의 주체와 객체가 교재를 가지고 상호작용할 수 있는 여건이 필요하다. 이 여건을 교육의 장(場)이라 한다.

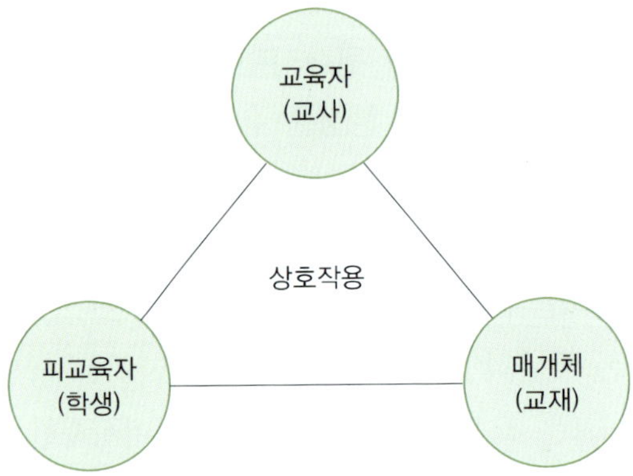

그림 1-3 교육의 3요소

여기에서 교육의 3요소가 어떻게 변천되어 왔는지를 살펴보자. 우선 가장 전통적인 방법으로 교육의 주체가 객체에게 교육내용을 일방적으로 전달한다는 방식이다. 예컨대 T(교사) → M(교육내용) → S(학생)의 관계로 나타낼 수 있다. 전통적인 학교교육에서는 교육의 주체인 교사중심으로 교육이 진행되었다. 교육의 객체인 학생은 피교육자로서 말 그대로 수동적이요·타율적이요·소극적으로 교육을 받게 된다. 이 과정에서 교육의 매개체인 교육내용은 지식체계만을 중요시한다. 이를 흔히 '교과중심 교육과정'(subject-centered curriculum)이라고 말한다.

그러나 이 같은 교육과정은 20세기에 접어들면서 변화를 가져온다. 학교교육은 교사중심의 일방적인 수직관계로 이루어지는 게 아니라, 교사와 학생이 교육내용에 적극적인 관심을 가지고 함께 참여하는, 이른바 T(교사) → M(교육내용) ← S(학생)의 관계를 형성한다. 교사와 학생이 진리를 탐구해가는 역동적인(dynamic) 과정이 부각된다. 학생이 교재를 자신의 관점에서 창조적으로 이해하며 학습해야 한다는 것이다(T → M = M ← S). 이는 궁극적으로 학생이 교사로부터 독립하거나 동등한 수준(S = T)에서 독자적 학습함으로써 주체와 객체 간의 일체가 이루어진다는 것이다.

앞서 전통적인 교육에서는 교육의 주된 내용을 교과에서 얻고 풍부한 지식을 가진 인간으로 키우는 것을 강조한다. 이에 교육을 통하여 학생들에게 제공할 많은 지식들은 오랜 역사 속에서 축적된 문화유산이어야 한다. 또 전통적인 교육에서 강조했던 교육방법은 교수(teaching)활동이 주가 된다. 교사는 절대적인 권위를 가지고 교과에 담겨진 문화유산을 학생들에게 교수하는 기능을 담당한다. 따라서 수업의 진행은 교사의 주도하에 이루어진다. 교사는 교육내용을 통달하고 있는 사람으로서 교수되어야 할 교육내용을 선택하고 이에 대한 평가의 기준을 정하며 교수활동의 결과로 일어나게 되는 학생 개개인에 대한 행동의 변화와 양을 임의로 평가한다.

이런 전통적인 교육에 대한 비판이 18세기 루소 이후 제기되었으며, 20세기에 들어와서 학생중심의 교육인 '경험중심 교육과정'(experience-centered curriculum)이 실현되었다. 이때부터 교사는 교육의 주체에서 객체로 물러났고, 학생은 객체에서 주체로 바뀌면서 피교육자가 아닌 학습자로 불리게 되었다. 또한 교육내용도 교과중심 교육과정에서 경험의 계열을 중시하는 말 그대로의 '경험중심 교육과정'으로 바뀌었다. 이 교육과정은 사회생활에 원만히 적응하고 산업사회에 부응할 수 있는 인간을 육성하려는 데서 출발한다. 따라서 실생활에 필요한 교육내용들이 교과로 채택되고 교과의 구성에 학습자인 학생의 기본적인 욕구나 흥미가 크게 반영된다.

1950년대 초부터는 지나친 학생중심의 교육(경험중심 교육과정)을 반성해야 한다는 여론이 일기 시작했고, 1957년 구소련에 의해서 발사된 인공위성 스푸트니크(sputnik) 발사 사건으로 인하여 교육은 또 다른 변화의 시기를 맞는다. 교사는 교수(teaching)하는 사람으로서의 주체이고, 학생은 학습(learning)하는 사람으로서의 주체로서 양 주체가 대등한 입장에서 교수-학습활동을 전개해 나가야 한다는 것이다. 양 주체를 매개시켜주는 교육내용도 경험중심 교육과정에서 지식의 구조를 중요시 하는 학문중심으로 바뀌어야 한다는 것이다. 이를 '학문중심 교육과정'(discipline-centered curriculum)이라고 지칭한다. 단순히 교과지식이나 생활경험을 강조하는 게 아니라 학문의 골격인 지식의 구조를 강조한다. 즉 학문에 내재해 있는 전이가치가 높고 핵심적인 기본 지식과 일반적인 원리를 습득할 지식의 구조를 형성해야 한다는 것이다. 이를 통해 기본 지식과 원리로부터 지식의 확산을 가져오고, 또 교수자와 학습자 모두가 탐구 및 발견 학습 등을 통해 지식의 깊이와 폭을 넓혀가야 한다는 것이다. 이 같은 학교교육의 일련의 변화를 제시하면 <표 1-1>과 같다.

표 1-1 학교교육의 변화

구 분	~1900년	1900년~1950년	1950년~
교육의 주체	교사	학생	교사와 학생
교육의 객체	학생	교사	·
교 육 목 표	인지적 영역 중시	정의적 영역 중시	인지적·정의적 영역 중시
교 육 내 용	교과중심 교육과정	경험중심 교육과정	학문중심 교육과정
교 육 방 법	교수활동 중시	학습활동 중시	교수-학습활동 중시
교 육 평 가	임의평가	규준참조평가	준거참조평가

2) 교육의 형태

교육은 분류기준에 따라 다양한 형태로 구분될 수 있다. 듀이(J. Dewey)는 교육의 형태를 형식적 교육과 비형식적 교육으로 분류하고, 형식적인 교육은 협의의 교육이고 형식적 교육과 비형식적 교육을 총괄하여 광의의 교육이라 하였다. 크리크(Krieck)는 의도적 교육, 반의도적 교육, 무의도적 교육으로 분류하였다.

이와 같은 분류 개념들은 교육기관에 의하여 교육이 실시되느냐 또는 그렇지 않느냐에 의하여 분류하는 형식이다. 즉, '형식적 교육'(formal education)과 '비형식적 교육'(nonformal education)으로 대별하는 것이다. 교육을 형식적 교육과 비형식적 교육으로 분류하는 기준은 계획성, 조직성, 체계성이다. 형식적 교육은 사전에 철저한 계획에 의해서 제도화된 교육기관을 통해서 조직적으로 행해지는 형태의 교육을 말한다. 반면 비형식적 교육은 특정한 조직이나 기관에서 이루어지는 교육 외에 특별한 계획이나 체계 없이 자연발생적으로 진행되는 형태의 모든 교육을 총칭한다. 흔히 형식적 교육은 학교교육을 상징하는 용어로, 그리고 비형식적 교육은 학교 외의 교육을 지칭하는 용어로 사용된다.

(1) 형식적 교육

일반적으로 형식적 교육은 '의도된 교육' 또는 '협의의 교육'과 같은 의미로 사용된다. 형식적 교육은 학교교육과 같이 의도적이고 계획적인 교육을 목적으로 설립된 기관에 의한 교육이다. 학교교육과 유사한 것으로는 각종 강습소, 훈련소, 양성소를 비롯하여 성인교육과 사회교육을 위한 여러 기관, 도서관, 시민회관, 교회 등이 있다. 이러한 교육기관에서 교육자와 학습자 사이에 교재를 매개로 하여 이루어지는 교육을 형식적 교육이라 한다. 다시 말해서, 학교와 같은 교육기관에는 교육자와 학습자뿐만 아니라 교사(校舍), 운동장, 화단 등 여러 가지 설비가 있다. 아울러, 일정한 교육내용과 재료가 있어서 의도적·계획적으로 형식을 갖추어 교육이 실시된다.

(2) 비형식적 교육

일반적으로 비형식적 교육은 '무의도적 교육' 또는 '광의의 교육'과 같은 의미로 사용된다. 형식적 교육인 학교교육과 달리, 비형식적(무의도적, 광의의) 교육은 비형식적이며 자연발생적으로 진행된다. 따라서 비형식적 교육은 교육기관에 의하지 않는 교육이라고 할 수 있다. 즉, 가정이나 사회로부터 인간발달에 영향을 미치는 직·간접적 교육을 총괄한다. 예컨대 YMCA에서 동아리 활동간 선배로부터 어떤 잘 모르는 분야에 대하여 설명을 들었다면 이 역시 비형식적 교육이 되는 것이며, 신문, 잡지, 라디오, 텔레비전, 인터넷 등도 무의식 중 인간형성에 영향을 미쳤다면 이것 또한 비형식적 교육이 되는 것이다.

따라서 비형식 교육은 무의도적이고 비계획적이며 자연발생적인 교육이라 할 수 있다. 비형식적 교육의 특색은 명확한 교육의 목적이나 형식 및 조직 없이 무의도적으로 때와 장소에 따라 그 영향을 미친다는 점이 있다. 형식과 교육과 비형식 교육을 비교·제시하면 <표 1-2>와 같다.

표 1-2 형식적 교육과 비형식적 교육의 비교

구 분	형식적 교육	비형식적 교육
주 체	교육자	부모, 또래, 선·후배, 사회구성원, 이웃 등
객 체	학습자	모든 미성숙자
매 체	교과중심의 교재	교육내용의 제한이 없음
상호작용의 장소	학 교	사회의 모든 장소

교육의 법칙 : 사람은 기대 속에 살아간다

사람은 좋은 기대 속에 살아간다. 자신에게 기대를 하고 있다는 말을 자주 들으면 자신감이 생기게 되고, 이때 심리적으로나 생리적으로 가장 적극적이고 활발한 상태로 변하게 된다. 결국 모든 일이 마음먹은 대로 이루어질 수 있다는 자신감으로 목표를 이루게 되는 것이다. 그렇기 때문에 모든 부모는 아이에게 발전적인 기대를 가져야 한다. 그리고 말과 행동으로 아이가 부모의 기대를 느낄 수 있도록 해주어야 한다.

어느 지역에서는 태반에 쌓여 태어난 아이를 행운을 타고난 아이라 여긴다. 프로이트는 바로 이런 형태로 태어났다. 그래서 그는 태어나면서부터 주변 사람들에게 행운을 타고난 아이라 여겨졌고, 사람들은 그가 아주 총명하고 뛰어난 인물이 될 것이라고 굳게 믿으며 그의 미래에 대해서 커다란 기대를 걸었다. 이런 기대는 프로이트의 일생동안 계속되었고, 그는 이런 기대를 받으며 자신감이 더욱 커졌다. 스스로도 자신을 사람들이 바라는 큰 인물이 될 것이라 여겼고, 적극적인 노력을 통해 결국 큰 성취를 이루었고 저명한 심리학자가 되었다.

세계 3대 테너의 한 사람인 파바로티 역시 가족들의 기대 속에서 성공을 거둔 인물이다. 파바로티의 어린 시절 항상 그를 무릎에 앉히고 '너는 앞으로 큰 인물이 될 것이고, 머지않아 너도 그 사실을 알게 될 거야'라고 말해주었다. 그의 아버지는 파바로티가 성악에 재능이 있다는 것을 알았고, 가족들의 지지와 기대 속에서 파바로티는 무대에 오르게 되었고 결국 할머니의 기대를 실현시켰다. 이에 대해서 파바로티는 유명해진 후에 이렇게 말했다. "만약 내가 아버지나 할머니의 말씀을 듣지 않았더라면 나는 영원히 무대에 서지 못했을 것이다. 나의 선생님이 나를 가르치고 훈련시켰지만, 어떤 선생님도 내가 유명해질 것이라 말해주지 않았다. 오직 나의 할머니만이 그런 말로 나를 격려해주신 것이다."

말콤은 미국의 유명한 전업 작가이다. 그의 성공 역시 선생님의 기대에서 기인한 것이었다. 중학교에 다닐 때 하루는 선생님이 학생들에게 숙제를 내 주셨다. 학생들은 모두 <앵무새 죽이기>라는 책의 맨 끝장을 읽은 후 글을 이어서 쓰라는 숙제였다. 몇 년이 지난 후 말콤은 당시 자신이 어떤 글을 썼었는지 전혀 기억하지 못했고, 마찬가지로 선생님이 자신에게 점수를 어떻게 주었는지도 생각나지 않았다. 그렇지만 그는 한 가지 사실만은 영원히 잊지 못한다고 했다. 그것은 그가 제출한 숙제 끝 부분에 선생님이 남기신 한 마디 말이었다. "잘 썼어요!"

이 한 마디는 말콤의 일생을 변화시켰다. 선생님의 격려와 칭찬을 말콤은 집에

돌아간 후 다시 한 편의 단편 소설을 썼다. 그것은 말콤이 오래 전부터 쓰고 싶었지만 자신이 없어서 미루어왔던 소설이었다. 그 후로 계속된 학창시절 동안 말콤은 여러 편의 단편을 썼고, 그것들을 모두 선생님께 보여드렸다. 선생님은 엄숙하면서도 진지한 태도도 그에게 용기를 불어넣고 격려를 해주었다. 그는 나중에 학교신문 편집원으로 발탁되었다. 그 후로 그는 자신감을 얻게 되었고, 이렇게 그의 빛나는 인생이 시작된 것이다. 오늘의 말콤은 이렇게 확신한다. "만약 선생님이 그때 자신의 숙제 끝부분에 '잘 썼어요!'라는 한마디를 적어주시지 않았더라면, 오늘 나의 모든 것은 없었을 것이다."

아이들의 심리세계는 아주 단순하다. 그들은 친구나 어른들의 사랑을 받게 되면, 그와 동시에 그들에게 사랑으로 보답하려는 욕구가 발생한다. 이런 욕구는 공부를 열심히 해서 부모와 교사의 사랑에 보답하려는 형태로 나타난다.

아이의 성장 방향은 부모와 교사의 기대 속에서 결정된다. 당신이 아이가 어떤 사람이 되기를 적극적으로 기대한다면 아이는 아마도 당신이 기대하는 그런 사람으로 성장할 것이다.

– 쟈따이홍의 「교육의 법칙」 중에서

토 · 의 · 과 · 제

1. 교육의 의미에 대하여 생각해 보시오.

2. 인간의 발달에 영향을 주는 유전과 환경의 관계에 대하여 생각해 보시오.

3. 규범적 교육개념에 대하여 생각해 보시오.

4. 교육을 통해 지향하고자 하는 이상적 인간상과 현실적 인간상의 괴리에 대하여 생각해 보시오.

02

교육의 역사적 기초

학자는 입으로 먹은 것을 토하여 새끼를 기르는 까마귀와 같은 자이고, 사상가는 뽕잎을 먹고 명주실을 토해 내는 누에와 같은 자이다.

– 임어당(중국문학가, 1895~1976)의 말 중에서

1 한국교육사

1) 삼국시대 교육

삼국시대는 기원 1세기부터 고구려·백제·신라 세 나라가 성립하던 7세기 중엽까지를 말하는데, 신라가 삼국을 통일(676년)한 통일신라시대까지를 포함한다.

삼국은 교육목적은 백성을 다스릴 인재를 양성하는 치인(治人)교육, 전쟁과 국가방위에 필요한 무인을 양성하는 무인(武人)교육에 중점을 두었다. 교육방법은 삼국이 당(唐)나라를 모방한 유교중심의 교육과 우리나라의 고유한 교육인 신라의 화랑도 교육이 있었다. 교육의 특징으로는 경전에 의한 문자 교육이 시작되었고, 유교중심의 당제도(唐制度)를 모방한 교육이었으며, 고구려로부터 조직적인 교육이 시작되었다. 이러한 삼국의 교육을 살펴보면 다음과 같다.

우선 고구려는 삼국 중 중국과 가장 가까운 지리적 이점 때문에 일찍부터 중국문화의 영향을 받아 학교교육이 발달하였다. 기록에 나타나는 학교교육의 시작은 제17대 소수림왕 2년(372년)에 태학(太學)의 설립에서 시작한다. 태학은 우리나라 기록에서 볼 수 있는 학교교육의 시초로서 또 한국 유학(儒學)의 기원으로서 교육사적 의의가 크다. 태학의 설립목적은 관리의 양성에 있었으며, 입학할 수 있는 사람의 신분도 상류계급의 귀족자제들이었다. 태학의 교육내용은 유교의 경전인 오경(五經)과 삼사(三史)가 주류를 이루었다.

고구려의 교육기관으로 태학 외에 경당(扃堂)이 있었다. 태학이 오늘날 고등교육 정도의 관학(官學)인 데 비해, 경당은 초등교육에서 고등교육까지를 겸한 우리나라 최초의 사학(私學)이었다. 주로 일반 평민들의 미혼 자제와 지방부호의 자제들을 교육시킨 지방학교였다. 교육과정은 독서(讀書: 文)와 습사(習射: 武)로서 문무일치교육의 성격을 띠고 있었고, '원시 미성년집회'로서의 군사적 기능도 수행하였다. 태학과 경당을 비교하면 <표 2-1>과 같다.

표 2-1 태학과 경당의 비교

구 분	성 격	입학자격	교육과정	교육목적
태 학	최초의 관학	귀족자제	오경, 삼사	관리양성
경 당	최초의 사학	평민자제	독서, 습사	원시 미성년집회, 지방학교

백제는 멸망(660년)할 때까지 학교를 세웠다는 기록은 없다. 그러나 많은 사료에 명시되어 있는 박사(博士)라는 명칭으로 보아 학교교육이 발달했음을 알 수 있다. '박사'란 유학경전에 정통한 학자로서 교육의 소임을 맡았을 것으로 추측된다. 삼국사기에 보면 "근초고왕 때 박사 고흥(高興)에 의해 비로소 서기(書記)를 갖게 되었다."라고 기록되어 있다. 또한 일본의 사료에 의하면 왕인(王仁) 박사가 서기 285년에 <천자문>과 <논어>를 일본에 전했다는 기록이 있다. 이것은 고구려의 태학이 설립되기 87년 전의 일로서 고구려보다 학교교육이 앞서 발달되었음을 짐작해 볼 수 있다. 교육제도로는 중앙기관으로서 내법좌평(內法佐平)이 있었는데, 오늘날의 교육부와 같은 바 그 지휘 감독을 받은 학교가 있었다고 추측된다. 교육과정은 고구려의 교육과 거의 동일했을 것으로 보인다.

통일 전 신라도 학교교육에 대한 기록은 없다. 다만 제27대 선덕여왕 9년(640년)에 그들의 자제를 당나라에 보내어 당의 국학(國學)에 입학시켰다는 기록이 있을 뿐이다. 따라서 신라의 학교교육으로는 삼국통일 후인 제31대 신문왕 2년(628년)에 설립한 국학을 들 수 있다.

그러나 통일 전 신라에도 화랑도 교육이 있었다. 진흥왕 때(575년) 신라의 고유사상인 유·불·선의 외래사상을 조화시켜 만들었다. 교육목적은 용감한 무사와 종교적·도덕적 기품을 지닌 인물을 양성, 즉 문무 일치의 전인교육에 있었다. 교육과정은 군사적·신체적 연마(칼쓰기, 창쓰기, 말타기, 활쏘기, 씨름 등)와 약간의 지적 학습 및 도(道)의 교육을 행했다. 교육방법은 산천과 명승지를 찾아다니며 나라에 대한 사랑과 지식의 축적, 노래와 풍류에 의한 정서 훈련, 체력과 의지력 단련 등의 교육이 이루어졌다. 화랑의 신분은 대체로 왕족 또는 귀족들로서 서양의 고대 교육과 마찬가지로 귀족계층의 자제들이었는데, 연령은 14세부터 16세 사이의 청소년들로서 오늘날의 중등학교 학생들과 비슷하다.

신라가 삼국통일의 대업을 이룩한 것은 제30대 문무왕 16년(676년)의 일이다.

이로부터 당과의 교류가 더욱 활발해지자 학교교육에 눈을 돌리게 되었다. 그리하여 당의 국자감 제도를 그대로 모방하여 국학을 세웠다. 국학에 입학할 수 있는 신분은 관계(官階)가 12등급인 자로부터 무위자(無位者)에 국한했고, 연령은 15세에서 30세까지를 원칙으로 했으며, 수학연한은 9년으로 하였다. 교육은 유학과와 기술과로 분류하였으며, 유학과는 당의 국자감(國子監)처럼 3분과제를 실시하였으며, 분과별 교육내용은 다음과 같다.

❶ 1분과 : 논어 · 효경 · 예기 · 주역
❷ 2분과 : 논어 · 효경 · 좌전(左傳) · 모시(毛詩) · 춘추
❸ 3분과 : 논어 · 효경 · 상서(尙書) · 문선 · 산학

그리고 기술과에서는 의학 · 율학 · 천문학 · 산학 등을 가르쳤다. 유학과와 기술과 모두 논어 · 효경을 공통 필수로 하고, 각각 2과목을 선택하여 전공하게 하였다.

2) 고려시대 교육

고려의 교육은 태조 13년(930년) 서경(지금의 평양)에 학교를 창설한 것으로부터 시작된다. 고려는 숭불(崇佛) 정책을 내세우면서도 유교교육을 국가 차원에서 널리 장려하였다. 유교교육을 장려한 것은 봉건제도를 강화하고, 신진 지배층을 적극 등용하는 데 목적이 있었다. 특히 불교는 개인의 '수신지교(修身之敎)'로서, 유교는 '치국지학(治國之學)'으로서 존중되었다. 또한 고려시대의 교육은 관학과 사학으로 대별되는데, 관학에는 중앙에 국자감(國子監) · 동서학당(東西學堂)과 오부학당(五部學堂) · 지방에 향교(鄕校)가 있었으며, 사학에는 십이도(十二徒)가 대표적이고 지방에는 경관(經館)과 서당이 있었다.

(1) 관학

고려시대 최고의 학부인 국자감(國子監)은 성종 11년(992년)에 세운 것으로 예부에 속해 있었다. 일종의 종합대학 성격을 갖고 있었으며 6개의 단과대학으로서 국자학(國子學), 태학(太學), 율학(律學), 사문학(四文學), 서학(書學), 산학(算學)으

로 나누어져 각각의 계급과 신분에 따라 입학하였다. 이중 국자학, 태학, 사문학의 삼학(三學)에는 박사와 조교를 두었는데, 이들은 경학에 능통하고 훌륭한 행실을 닦아서 사표가 되는 자였다. 예종 4년(1109년)에는 칠재(七齋)를 두고 문무교육을 장려하였으며, 예종 14년(1119년)에는 육영재단인 양현고(養賢庫)를 두어 국자감의 재정을 도왔다. 인종 1년(1123년)에 이르러 학제가 완비됨에 따라서 국자감의 학제도 완비되었다.

향교는 지방에 설립된 관학으로 현재까지도 그 이름이 남아 있다. 고려시대의 향교는 언제 창설되었는지는 명확하지 않으나, 성종 6년(987년) 이후에 향교가 지방의 관립학교로 운영되었을 것으로 추정된다. 향교는 오늘날 지방의 중등교육기관으로서 문묘가 설치되어 있어서 교육뿐만 아니라 제사의 기능도 함께 가진 사당이기도 하였다. 향교는 유학 경전을 배워 인격을 도야하고 향풍(鄕風)을 순화하는 것이 그 목적이었다. 즉 사회교육기관의 역할을 하였다. 입학자격은 국자감의 율·서·산의 3학과 같아서 문무관 8품 이상의 자제와 서인(庶人)에게도 입학을 허가하였는데, 성적이 우수하면 국자감에 입학할 기회가 주어지기도 하였다. 향교가 각 지방에 세워짐에 따라 지방교육이 발전하고 유학을 전국으로 장려하는 효과가 있었다.

동서학당(東西學堂)과 오부학당(五部學堂)은 향교와 마찬가지로 오늘날의 중등교육 정도의 교육기관이었으나, 향교와 달리 문묘가 없었다. 학당은 국도인 개경에 세운 것으로 국자감에서 교육받지 못한 개경의 학도들을 교육한 교육기관이었다. 동서학당은 원종 2년(1261년)에 설치한 것으로, 개경의 동쪽과 서쪽에 각각 하나씩 있었다. 오부학당은 공양왕 때 성균관 대사성을 임직했던 정몽주가 흥학정책(興學政策)의 일환으로 기존의 동서학당 외에 3개의 학당을 남부·중부·북부에 증설하고자 하였으나, 북부학당은 끝내 설치되지 못하여 오부학당은 사실상 사부학당에 그쳤다.

(2) 사학

고려의 조정이 계속되는 내우외환(內憂外患)으로 인하여 관학의 진흥을 다소 소홀히 할 때 은퇴한 학자나 지방에 은거한 선비들이 사설 교육기관을 설립하여 교육진흥에 힘썼다. 그 대표적인 것이 최충의 문헌공도(문헌공도)를 포함한 십이도와 서당이다.

최충이 설립한 문헌공도를 비롯한 사립교육기관을 십이도(十二徒)라 한다. 최충은 관직에서 은퇴한 후 사재(私財)를 털어 학교(구재학당)를 세워 후진을 양성하였는데, 이것이 십이도의 시초이다. 최충의 구재(九齋)에서 학문하는 사람들을 문헌공도(최공도)라고 불렀다. 그 뒤를 이어 유신들이 도(徒)를 세우니 그 수가 11인이어서, 여기에 최공도를 합하여 십이도라 하였다. 이는 오늘날의 사립대학과 같은 성격을 지녔다. 성종 이후 관학이 쇠퇴하면서 십이도의 교육목적은 과거시험 준비에 있었고 부수적으로 일반교양을 높였다. 십이도는 고려 말까지 지속되었으며, 한때는 국자감을 대신할 만큼 고려의 교육진흥에 지대한 공헌을 하였다.

서당(書堂)은 송나라 서긍이 저술한 「고려도경」에 의하면 고려에는 서당이 많았으며, 지방부락민들이 자치적으로 그들의 자제를 교육시켰다고 기록되어 있다. 서당은 일반 서민계급의 자제들을 수용하여 교육하던 사설 교육기관으로서 서민의 기초교육 보급에 미친 영향이 매우 컸다. 그러나 서당이 가장 왕성하게 발전했던 시기는 조선시대이다.

3) 조선시대 교육

조선시대는 건국 초기부터 숭유억불정책(崇儒抑佛政策)을 펼쳤다. 특히 15-16세기는 유교를 정치 이념으로 삼을 정도로 장려되었다. 교육에 있어서도 유교의 수기치인(修己治人)을 목적으로 삼았다. 그리하여 우주의 근본원리를 탐구하여 天·人의 관계를 간파하고 인간으로서 마땅히 지켜야 할 도덕적 의무를 발견하고자 하였다. 그러나 지나치게 유학만을 내세워 실생활과 관련된 과학과 생산 기술의 발달을 저해하는 결과를 초래하였다.

유학중심의 조선시대의 교육은 관학이나 사학을 막론하고 유교 경전을 배우고 익히는 교육이 이루어졌으며, 모든 교육제도와 내용이 과거시험 중심의 교육으로 이루어지는 폐단이 발생하였다. 특히 임진왜란과 병자호란을 겪은 조선 사회는 공리공담(公利公談)을 일삼는 유교에 대한 비판을 제기하고, 서양의 신문물이 간헐적으로 유입됨으로써 사회개혁을 위한 새로운 학풍인 실학(實學)이 출현하였다. 실학사상은 그 후 개화기로 이어지면서 근대교육의 사상적 맥을 이어갔다.

조선시대의 교육제도로 관학은 중앙에 성균관(成均館)·사학(四學)·종학(宗學), 지방에는 향교(鄕校)가 있었다. 사학으로는 서원(書院)과 서당(書堂)이 있었다.

(1) 관학

고려시대 국자감과 같은 조선시대의 성균관(成均館)은 최고의 고등교육기관 겸 국립교육기관으로서 태조 7년(1398년)에 지금의 성균관대학교 자리에 세워졌다. 성균관에는 문묘와 명륜당이 있었는데, 문묘는 공자를 비롯한 선현들의 위패를 모시고 제사를 지내는 곳이었으며 명륜당은 강의실이었다. 이 외에도 기숙사와 도서관 등의 건물이 있었다. 성균관의 입학자격은 양반에 한하여 주어졌고 양반자제라 하더라도 원칙적으로 생원과 진사시험에 합격한 사람이어야 했지만, 일부는 사학에서 우수한 인재들이 진학하는 경우도 있었다. 교육내용은 사서(논어, 맹자, 중용, 대학), 오경(시전, 서전, 주역, 예기, 춘추)을 비롯한 유교의 경전이었다. 성균관에는 일체의 잡인출입을 금하였으며 유생들은 엄격한 규율 속에서 생활을 하였다.

사학(四學)은 관학으로서 성균관의 하위교육기관(附屬學校)으로 교육정도는 향교와 같이 중등교육을 담당하였다. 사학은 서울의 네 곳, 즉 북(북학)·동(동학)·서(서학)·남(남학)에 설치한 중등교육기관이다. 구조는 성균관과 같이 명륜당과 양재(兩齋)를 가졌으나, 문묘를 가지고 있지 않다는 점에서 성균관과 다르다. 입학자격은 서민의 자제로 10세 이상을 원칙으로 하고 15세가 되어 학문이 우수하면 성균관에 입문할 수 있었다. 그러나 사학은 임진왜란 이후부터 사실상 그 교육적 기능이 유명무실하게 되었다.

종학(宗學)은 왕족 자제를 교육하기 위해 세종 10년(1428년)에 세워졌으며, 입학자격은 15세 이상의 종친자제(宗親子弟)로 제한하였다. 교육과정은 경술(庚戌)과 문예(文藝)를 주로 하였으며 소학도 중요한 과목 중에 하나였다.

향교(鄕校)는 지방의 양반 자제를 가르치기 위한 지방의 중등교육 정도의 교육기관이었다. 고려 때부터 지방교육기관으로 보급되었는데 성균관과 같이 문묘기능과 교육기능, 그리고 사회 교화기능을 가지고 있었다. 조선 중엽 이후 서원의 등장으로 교육기관의 기능은 없어지고 문묘의 기능만 남아 갑오경장까지 계속되었다.

(2) 사학

조선시대의 대표적인 사설 사학으로는 서원과 서당을 들 수 있다. 고려시대에 십이도가 쇠퇴한 후에 조선시대에는 새로운 형태의 사학인 서원(書院)이 등장하여 크게 번창하였으며, 고려 때부터 있어 왔던 초등교육기관인 서당(書堂)은 조선시대에 더욱 발전하였다.

서원은 지방에 세운 중등 정도의 사립 교육기관으로서, 그 기원은 중종 38년(1543년) 풍기 군수 '주세붕'이 고려시대의 유학자인 안향의 고향에 사당을 세워 백운동서원이라 하고, 안향의 학덕을 기리는 것은 물론 우수 학동을 모아 강습을 시작한 것으로부터 유래된다. 이후 서원은 쇠퇴일로에 있는 향교를 대신하여 국가의 재정 보조를 받으면서 급증하였다. 당시 서원은 정권 다툼에서 물러난 사람들의 생활 터전이 되기도 하였다. 그러나 서원은 군역과 부역을 꾀하려는 도피처가 되었고 민중 위에 군림하여 민중을 착취하였으며 당쟁의 온상이 되기도 하였다. 이에 고종 8년(1871년) 흥선대원군에 이르러 전국의 서원 중 47개를 제외한 모든 서원이 폐쇄되었다.

서당은 서민대중의 교육기관으로서 조선시대에 들어 마을마다 없는 곳이 없을 정도로 그 수가 증대되었다. 서당은 기초교육(초등교육 수준)을 담당하는 역할을 하였으며, 학습자의 개인차를 고려한 학습과 인성교육이 동시에 이루어졌다. 조선 중기 이후 서원의 출현으로 점차 쇠퇴하여 조선 말기에는 그 자취를 감추었다. 서당은 민간교육을 보급함으로써 일반교육을 보편화하는 데 공이 컸다.

2 서양교육사

1) 그리스의 교육

그리스는 100여 개가 넘는 도시(polis) 국가들로 이루어졌다. 그 중에서도 아테네(Athene)와 스파르타(Sparta)는 영향력 있는 도시국가였다. 아테네는 이오니아(Ionia)족이 흑해의 북방 초원지대로부터 남쪽 발칸반도에 이주하여 그리스 문화를 형성했고, 스파르타는 도리아(Doria)족이 펠로폰네소스에 이르러 원주민들을 정복하고 정착하였다. 이들 두 도시 국가는 서로 다른 교육관과 문화를 가졌다.

(1) 스파르타의 교육

스파르타는 그의 20배가 넘는 피지배계급과 노예를 통치하였으며, 이민족의 침입을 항상 경계해야 하기 때문에 강력한 군대를 유지할 필요가 있었다. 스파르타는 도리아족의 일부 지배계급인 귀족(spartiat) 계급, 부용민(附庸民, periorikoi) 계급과 공노(公奴, helot) 계급의 3계급으로 구성되어 있었으며, 지배계급인 귀족은 전 인구의 10% 미만이었다. 이러한 배경은 교육에도 그 영향을 주게 되었으며, 스파르타의 교육사상은 한마디로 군국주의적 국가주의를 바탕으로 하였다.

이러한 강건한 국가건설을 위해서 스파르타는 B.C. 820년에 제정한 리쿠르구스(lycurgus)법을 바탕으로 강인한 신체의 군인 양성에 교육의 목적을 두었다. 교육목적을 달성하기 위해 전쟁 시 국가를 수호하기 위한 개인의 군사적 능력을 기르고, 국가에 충성하고 명령과 법률에 복종하는 습관을 기르고, 지적인 교양보다 신체적 훈련을 쌓는 것을 중요시하였다.

교육내용은 지적인 능력보다 신체적 훈련을 중요시하였으므로 신체의 성장·발달을 위한 신체훈련, 군사훈련, 전투방법과 기술을 연마하였다. 주로 리쿠르구스 법전, 호머(Homer)의 서사시, 군대음악과 군사훈련, 독(讀)·서(書)·산(算)을 다루었다. 또한 강인한 전사로 키우기 위해 아이가 태어나면 신체검사를 필히 받게 하여 불구아는 타이케투스(Taygetus)산의 아포세타(Apotheta) 동굴 속에 던져 죽게 하거나, 그렇지 않으면 인정 많은 사람이 데려다 키우게 버렸다. 오직 신체적으로 건강한 아이만 그의 어머니 곁에서 7세까지 양육되었으며, 8세 이후에는 국가가 전적으로 책임지고 교육을 담당하였다.

교육단계는 크게 가정교육기와 국가교육기로 구분된다. 7세까지는 가정교육기로 남아가 출생하면 국가시험장(Lechse)에서 건강진단을 받아 건강아로 합격하면 가정에서 규칙적이고 엄격한 교육을 받고 블합격하면 타이케투스 산의 동굴 속에 버려진다. 국가교육기 단계에서는 8세부터 30세까지의 교육기로서, 8세가 되면 스파르타의 소년은 그의 부모와 이별하여 엄격하고도 혹독한 신체훈련을 받았다. 그리고 18세부터 20세까지는 전문적인 특수 군사훈련을 받았고, 20세에서 30세까지는 전방이나 최일선의 전장에서 실전 경험을 쌓게 하였다. 30세에 이르러 군사교육을 모두 마치고 나면 시민권을 얻고 결혼할 자격이 주어졌다. 물론 여성도 남성 못지않은 훈련을 받았는데, 이는 건강한 아이의 생산을 위한 수단으로서 체력단련을 강조하였다. 그렇다고 스파르타인들은 아무하고나 결혼할 수 있는 게 아니었다. 우생학적 측면에서 그들의 배우자 선택 및 결혼생활까지도 철저히 통제하였다. 이 모두가 강력한 군국주의 국가를 유지하기 위한 염원에서 비롯되었다.

따라서 스파르타의 교육방법은 학습자의 수준을 고려한 교육이라기보다는 일종의 훈련이었다. 그리하여 강한 무사를 길러내기 위한 목적으로 무자비한 체벌과 군대식 훈련방법을 동원한 것이다.

현대교육의 관점에서 본다면 스파르타의 교육은 전인교육이라기보다는 비인도적 교육방법을 통해 '전사'를 길러내기 위한 '훈련'에 불과하다. 이러한 교육은 교육에 긍정적 효과를 주기보다는 나치즘이나 군국주의와 같은 부정적 교육에 영향을 미쳤다.

(2) 아테네의 교육

아테네(Athene)는 이오니아(Ionia)족이 세운 전형적인 도시국가로 스파르타와 대조적인 교육을 실시하였다. 스파르타가 보수적·상무적·통제적 교육이라면 아테네는 진보적·인문적·자유적 교육이었다. 그래서 이오니아인들은 이지적(理智的)이고 사변적(思辨的)이고 우호적(友好的)이었다. 또 창작력이 뛰어나고 늘 예술을 사랑하였으며 담론(談論)을 즐기는 민족이었다. 아테네에서 철학이 발달하고 민주정치가 꽃 피게 된 것은 결코 우연히 아니라 그들의 민족성과 밀접한 관련을 갖는다.

기원전 6세기까지만 해도 아테네의 정치는 귀족들에 의해 이루어졌으나, 페르시아와의 전쟁에서 대승을 거둔 직후 정권을 잡은 페리클레스(Pericles)에 의해서 완전한 형태의 민주주의 정치제도가 확립되었다. 이에 따라 아테네 시민은 누구나 자신의 생각을 자유롭게 말하고 발표할 기회를 가지게 되었고, 의심나는 것을 탐구할 지적 분위기가 조성되었다. 아테네는 수많은 도시국가들 중 정치적·교육적으로 가장 자유스러운 곳이 되었다.

아테네의 교육목적은 자유 시민을 강조하였으므로 훌륭한 교양인을 육성하는 것이며, 지혜로운 인간을 길러내기 위한 교육을 중요한 목적으로 삼았다. 심신의 조화와 영혼의 우아한 미를 추구하는 지혜의 사람을 육성하는 것을 소중히 하였다. 즉, 아테네의 교육은 한 인간의 개성을 바탕으로 인간의 조화로운 발달을 기하는 데 있었다.

아테네 교육이상(敎育理想)의 구체적인 실현은 교양 있는 자유인이다. 이는 플라톤(Platon)이 이상국가의 구현을 위한 4주덕(主德)에도 잘 나타나는데, 지배계급(man of gold)의 지혜, 무사계급(man of silver)의 용기, 생산자계급(man of lead)의 절제, 그리고 이를 실현하기 위한 조화(造化)에서 찾을 수 있으며, 아리스토텔레스(Aristoteles)의 인간다운 행복한 삶 역시 중용(中庸)을 통해 이룰 수 있다는 조화를 강조하였다. 훌륭한 시민이란 그의 모든 능력이 조화롭게 발달한 사람을 말한다. 따라서 교양인은 절제력이 있고, 지혜가 있고, 용기가 있고, 관대함과 결단력을 갖춘 사람이길 강조한다. 이 점에서 아테네인들이 추구한 이상적인 인간상은 지혜인이요, 자유인이요, 교양인이었던 것이다. 이 같은 내용은 입법가였던 솔론(Solon: B.C. 640~558년)이 만든 법전(法典)에 기록되어 있다.

아테네의 실제교육은 출생에서 7세까지 유아기는 주로 가정에서 어머니를 통해 교육을 받았는데, 일화(逸話)나 신화(神話)를 듣고 기본 예법(禮法)을 배우며 성장한다. 8세에서 16세까지는 두 종류의 학교에서 시간을 보내는데, 하나는 음악학교이고 다른 하나는 체육학교이다. 소년들은 언제나 노예인 교복(敎僕: paidagogos)을 따라 학교에 다녔다. 오늘날 페다고지(pedagogy)의 어원은 바로 가르치는 노예인 paidagogos로부터 유래한다. 음악학교에서는 독(讀)·서(書)·산(算)·시(詩)·음악(音樂)을, 체육학교에서는 체조와 운동경기의 훈련을 받았다. 그리고 16세에서 18세까지는 국립경기장에서 운동경기, 군사훈련 및 도덕적 훈련을 받고, 2년간 군대에 복무한 후 20세가 되어 온전한 시민의 특권을 얻어 자유로운 시민생활로 들어갔다.

그리스시대의 대표적인 교육사상가로는 진리의 보편타당성을 주장하고 산파법이라는 대화법을 강조한 소크라테스(Socrates: B.C. 469~399년), 국가론(國家論)을 써 이상국가론을 펼친 플라톤(Platon: B.C. 428~348년), 그리고 그의 제자였던 아리스토텔레스(Aristoteles: B.C. 386~322년)가 있으며, 이들의 사상은 오늘날까지도 교육과정 속에 뿌리 깊이 남아 있다.

2) 로마의 교육

로마는 이탈리아 반도의 티베르(Tiber) 강의 언덕 위에 세워진 작은 도시국가였으나 이탈리아 반도를 통일하고(B.C. 275년) 대제국을 건설하였다. 로마인은 모방

능력이 뛰어나고 실제적이고 공리적(公利的)인 성향이 강하였다. 그래서 로마인은 군대의 조직, 토목 및 건축, 법을 만들고 다루는 데 뛰어난 능력을 가지고 있었으며, 국민성이 실용적이고 실천적인 특징을 지녔다.

로마의 교육목적은 용감하고 로마의 법과 질서를 잘 지키는 건전한 시민을 만드는데 두었다. 로마에서는 그들을 선인(善人)이라 부르고, 이와 같은 사람을 만들기 위한 교육을 하였다. 로마의 교육은 B.C. 753년부터 서로마제국의 멸망(A.D. 476년)에 이르기까지 1,000여년에 걸쳐 이루어졌으며, 교육사적 시대구분은 왕정(王政)시대 → 공화정(共和政)시대 → 제정(帝政)시대의 3단계로 구분된다.

왕정시대의 교육은 실생활을 통한 경험과 모방 정도의 교육이 이루어졌으며, 교육은 주로 가정과 일반사회에서 이루어졌다. 이 시기에 공식적인 학교교육은 존재하지 않았다.

공화정시대의 초기교육은 왕정시대의 교육과 마찬가지로 주로 가정과 병영에서 이루어졌으며, 아버지가 교육에 관한 권위를 가지며 어머니가 자녀를 양육하는 가정교육의 위계질서가 로마의 부흥 발전을 가져왔다. 소년들은 아버지를 모방함으로써 배우고 소녀들은 어머니를 모방함으로써 배웠다. 이 시대의 교육은 주로 12동판법에 따라 이루어졌다. 실제적인 직업훈련과 군사훈련이 교육활동의 중심이 되었으며, 유능한 시민과 용감한 전사를 육성하는 것이 교육의 주된 목적이었다. 교육방법은 주로 암송과 암기에 의존하였다. 교육내용은 12동판법 내용, 3R's(읽고, 쓰고, 셈하고), 축제의 노래, 종교의식에 필요한 지식 등이었다. 이런 것들을 제대로 암기하지 못하면 가혹한 체벌이 가해지기도 했다. 공화정시대의 후기에는 그리스 문화의 유입으로 루드스(ludus, 초등), 문법학교(중등), 수사학교(고등) 등이 성립되었다. 그러나 완전한 학교교육 중심으로 옮겨지게 된 것은 제정시대부터이다.

제정시대의 교육은 학교중심의 교육이 이루어졌으며 그리스 문화의 세계화시대가 이루어진 시기이다. 이 시기에 로마는 그리스의 뛰어난 문화를 흡수·동화되었다. 교육의 주된 목적은 그리스의 소피스트(sophist)처럼 지적·도덕적인 유능한 웅변가 및 교양인을 양성하는데 있었다. 따라서 교육방법은 왕정 및 공화정시대보다 자유스럽게 이루어졌다.

로마시대의 교육사상가로는 자제교육(子弟教育)을 강조한 카토(M. P. Cato: B.C. 234~149년), 웅변론(De Oratore)을 저술한 키케로(M. J. Cicero: B.C. 106~43년),

그리고 가정교육과 학교교육의 중요성을 강조한 퀸틸리아누스(M. F. Quintilianus: A.D. 35~95년) 등이 있다. 특히 퀸틸리아누스는 조기교육, 체벌금지, 개성존중, 흥미와 유희 중시, 교사 선택의 중요성을 강조하였으며, "새는 날 수 있게 세상에 태어났고, 말은 달릴 수 있게 태어났으며, 인간은 배우고 생각하고 이해할 수 있게 세상에 태어났다."는 말을 남겨 아동의 자연성을 존중해야 한다는 교육사상을 강조하였다.

3) 중세의 교육

중세(中世)는 서로마제국의 멸망(476년)으로부터 동로마제국의 멸망(1453년)까지의 약 천년 간의 시기를 말한다. 역사적으로 본다면 게르만 민족의 이동으로부터 문예부흥 이전까지를 말한다.

중세의 교육사적 시대구분은 문답학교, 고급문답학교, 본산학교, 수도원학교 등 종교교육과 스콜라(schola) 철학이 발달한 전기교육(5~11세기), 세속교육(비종교적 교육)과 기사도, 시민교육과 대학교육이 발달한 후기교육(11~15세기)으로 구분된다.

(1) 기독교의 교육

서로마제국이 멸망(476년)한 후 중세사회는 로마 교황을 중심으로 한 기독교와 민족적인 봉건국가에 의해서 유지되었다. 이 시기에 야만적인 게르만 민족의 침입, 상류계급의 사치와 향락, 기아와 전염병의 만연 등으로 로마인들의 사회적 불안과 생활의 위협은 물심양면으로 지대한 것이었다. 이러한 사회실정 속에서 그들은 자연히 정신적 안식처를 구하게 되었고, 종교적 생활로서 이를 충족시켜보려는 마음을 갖게 되었다. 이러한 로마 사회의 시대적 요청을 만족시킨 것이 기독교였다.

중세 기독교의 교육사상의 특징은 크게 네 가지로 대별되며 첫째, 주정주의로 종교적 정서의 도야로 경건심을 함양하려 했으며 둘째, 내세주의로 현세는 내세를 위한 준비과정으로 보았으며 셋째, 신(神) 중심주의로 신을 믿고 신에게 복종하는 것을 삶의 목적으로 여겼으며 넷째, 금욕주의로 절제하는 삶을 강조하였다. 이러한 교육사상의 특징은 교회를 점점 확장시켰으며 신자 수가 팽창하여 교회제도도 발달하게 되었다.

이로 인해 기독교는 교세의 확장, 교회제도의 체계적인 운영, 신자의 효율적인 관리를 위해 각급 교회들은 학교를 설립하고 교육 조직을 정비하였는데, 그 대표적인 교육기관이 문답학교, 고급문답학교, 본산학교, 수도원학교이다.

문답학교(catechumenal school)는 교리문답을 통하여 교육을 실시하는 곳으로 초기에는 이교도들에게 세례를 준비시키기 위한 목적으로 설립되었으나, 후에는 초신자들의 교리교육과 세례를 주기 위한 교육과정으로 바뀌었다. 주로 교리문답, 찬미가와 3R's 등의 교육내용을 다루었다.

고급문답학교(catehetical school)는 문답교사학교라고도 하며 문답학교의 교사와 교회의 지도자 양성을 목적으로 하였다. 주 교육내용은 신학, 철학, 수사학, 천문학, 문학, 자연과학 등이다.

본산학교(cathedral school)는 사원학교 또는 감독학교라고도 하며 성직자(교구장) 양성을 목적으로 설립된 고등교회학교로서 스콜라(schola) 철학의 온상이 되었다. 교육내용으로는 성서, 철학, 신학, 수학, 그리고 희랍문학 등이다.

수도원학교(monastic school)는 수도사 양성을 목적으로 수도원에 부설된 것으로서 복종, 순결, 청빈을 3대 덕목으로 마음과 영혼의 구제를 통해 내세를 위한 준비교육을 하였다. 후에는 수도승을 양성하는 내원과정(內員課程)과 일반인들에게 기독교 지식을 가르치는 외원과정(外員課程)으로 운영되었다. 수도원학교에서는 7자유과(自由科)를 가르쳤는데, 7자유과는 문법, 수사학, 변증법의 3학(學)과 산수, 기하, 천문학, 음악의 4과(科)가 있었다.

수도원의 교육적 의의로는 첫째, 수사(monk)들의 필사(筆寫)에 의해 고전문학을 보존할 수 있었고, 각 방면에 기술을 가진 자가 많아 경제부흥에 공헌하였기 때문에 봉건 영주들이 서로 자기 영토 안에 수도원을 유치하려는 운동도 일어났다. 둘째, 수도원은 기독교 신앙을 위한 교육뿐만 아니라 그리스·로마 문화를 보존·발전시키며, 당시의 여러 기술(피혁, 철공, 농업, 목공 등) 습득·발전시켰다. 이런 점에서 수도원은 고전문학·고전철학·기술 등을 근대사회로 전하는 데 결정적인 공헌을 하였다. 셋째, 수도원은 도서관, 출판사, 문화센터, 병원, 작업장 등의 역할까지도 수행했는데, 이는 오늘날의 지역사회학교 개념과 흡사한 것이다.

(2) 기사의 교육

11세기경 중세의 교육은 종교적인 성격은 쇠퇴하고 세속적인 성격이 강하게 대두된다. 이것은 중앙집권체제의 붕괴에 따른 봉건제의 출현, 신흥계급의 출현, 그리고 사라센 문화의 유입과 관련이 깊다.

서로마제국이 붕괴된 이후 중앙집권적인 체제가 해체되면서 봉건국가가 출현하게 되었고 봉건 영주들은 자신의 안위와 자신의 토지를 지키기 위한 방법으로 전문적인 기사를 양성하게 되었다. 여기서 기사(騎士: chivalry)란 기독교적인 무사를 의미한다.

기사교육의 목적은 첫째, 용기·충성·관용·예의·겸손·사랑의 정신을 행위로 보여주는 것이며, 둘째, 약자와 부녀자들을 보호하고, 셋째, 매사에 정직하며, 넷째, 국가·교회·영주에 충성하는 것이 교육의 목적이었다. 이러한 목적달성을 위하여 기사교육은 3단계에 의해서 이루어졌다.

1단계(시동기: page)는 7세에서 13세에 이르는 기간으로 궁정이나 영주의 저택에 보내져 군주나 귀부인의 시동(侍童)으로서 귀족들의 생활양식과 예의범절, 노래, 악기, 종교의식, 3R's, 달리기, 씨름, 권투, 승마 등의 훈련을 받는다. 2단계(시종기: squire)는 14세에서 20세에 이르는 기간으로 기사의 종자로서 기사에게 필요한 칠예(七禮), 즉 말타기·수영·활쏘기·검술·수렵·서양장기·시(詩) 등을 배웠다. 3단계(기사입문예식: knight)는 21세가 되면 엄숙한 기사입문 예식을 거쳐 기사가 된다.

기사교육은 실생활을 통해 이루어졌다는 점에서 현대적 의미의 교육적 의의를 찾아볼 수 있다.

(3) 시민교육과 대학교육

중세의 시민교육은 십자군 원정의 결과에 의거 사라센 문화의 영향으로 도시가 발달하고 상공업이 융성함에 따라 수도승이나 귀족과 맞서는 중세의 신흥 부르조아 신흥계급이 발생했다. 이들 신흥계급에게 적합한 직업교육이 요청됨에 따라 시민학교와 도시학교들이 우후죽순처럼 생겨났다.

도시발달 초기에는 주로 일반 시민계급에게 필요한 생산교육 및 직업교육이 주류를 이루었다. 실제 직업의 세계에서는 비형식적인 교육형태의 도제제도(徒弟制度: apprenticeship)가 일반화되었다. 도제교육은 13세기 이후 산업혁명까지의 가내수공업 사회에서 실시된 직업교육제도로 그 교육내용은 직업은 물론 종교교육과 인격교육까지 영향을 주었다. 그러나 후에 입시를 위한 교육기관들도 등장하게 되었다.

표 2-2 시민교육의 학교유형

구 분	학 교	영 향	의 의
상류계급을 위한 교육	라틴어학교(Latin Schule) 공중학교(Public School) 문법학교(Grammer School) ✍ 대학 준비를 위한 교육	중등교육의 시초	• 교육대상을 서민계층까지 확대 • 실생활을 통한 교육 강조 • 교육 자주성의 기초 확립
시민계급을 위한 교육	조합학교(guild school) 모국어학교(deutsche school) 습자학교(schreib school) 교구학교(pfarr schule)	초등교육의 시초	

중세 중기 이후에 이르러 사라센 학자들의 연구와 학교에 영향을 받은 서구인들은 고등교육을 기존의 본산학교나 수도원학교에만 의존할 수 없음을 깨닫게 되었다. 이러한 시대적 흐름 속에서 출현한 것이 중세의 대학들이다. 본래 대학은 11세기경 학생들과 교수들이 모여 하나의 길드(조합)를 이룸으로써 시작되었는데, 이것이 오늘날 종합대학교(university)로 발전했으며, 교수와 학생의 합숙소(collegium)가 발달하여 오늘날의 단과대학(college)이 되었다.

중세의 대학생들에게는 상당히 많은 특권이 부여되었다. 일체의 세금과 공역이 면제되었으며, 대학 안에서 일어나는 범죄는 대학 자체에서 재판하였다. 신분보장도 잘 이루어졌으며, 학장이나 총장을 선출할 수 있는 선거권도 가지고 있었다.

중세대학의 출현과 발달은 교육사적으로 대단히 중요한 의미를 지닌다. 중세대학은 자유로운 지적 연구기관으로서 고전문화를 계승 발전시키는 데 결정적인 역할을 했으며, 르네상스 운동의 선구적인 역할을 했다. 실제 대학이 출현하지 않았더라면 르네상스 운동이나 종교혁명은 불가능했을 것이다.

중세의 대학으로 1158년 북이탈리아의 볼로냐(Bologna)대학은 법학으로, 1231년 남이탈리아의 살레르노(Salerno)대학은 의학으로 유명하였다. 1180년 프랑스의 파리(Paris)대학은 신학과 철학으로, 1167년 영국의 옥스퍼드(Oxford)와 1214년 캠브리지(Cambridge)대학은 신학으로 유명했다. 또 독일에는 1348년 프라게(Prage)대학이, 1368년 빈(Wien)대학과 하이델베르크(Heidelberg)대학이 세워졌다.

4) 근대의 교육

(1) 르네상스와 종교개혁기의 교육

르네상스(Renaissance)는 15세기 유럽 전역에서 일어난 반중세적인 정신적 지각운동이며 문화운동이다. 르네상스운동은 신 중심의 중세사회에 대한 반발로 일어난 인간성 회복운동이며, 중세적 속박에서 인간정신을 해방하려는 것이었다. 이에 따라 이 시기의 교육자들도 인간중심의 교육을 적극적으로 주장하고 나섰다. 그들은 초자연의 세계보다는 인간과 자연의 미(美)를 예찬하였다. 그리하여 그리스인과 로마인들이 추구하였던 인간의 자유를 위한 자유교육이 부활되고, 신체적 활동을 위한 체육이 새로운 관점에서 다시 고려되었다. 즉 “육체와 정신을 조화롭게 발달시켜야 된다.”는 새로운 사상이 교육에 반영되었다. 이에 따라 르네상스시대의 교육은 원만한 인격을 지닌 교양인을 만드는 데 초점을 두었다.

이러한 르네상스는 중세의 신 중심에서 인간 중심으로, 내세주의에서 현세주의로, 금욕주의에서 자연주의로 전환하려는 운동이었다. 그러므로 문예부흥의 근본사상은 인문주의이다. 인문주의는 그동안 중세의 속박에 있었던 종교적인 면에서는 종교적인 혁신운동이 유도되었고 과학적인 면에서는 과학정신의 발달로 천동설이 지동설로 변화하여 중세적 우주관을 타파하고 자연계의 새로운 관찰과 연구를 통하여 근대과학의 기초를 이루었다.

그러나 시간이 경과함에 따라 인문주의의 이상과 목적은 점점 쇠퇴해 갔다. 16세기 전반부에 이르러서는 인문주의가 고전을 중시하는 본연의 의도를 망각하고 고전의 형식에만 치중하는 경향이 나타났다. 그중에서도 키케로의 문체와 문장 구성법을 최고의 모범으로 삼고 그것을 읽고 모방하는 데만 전력하는 소위 ‘키케로주의’로 회귀함으로써 그 의미가 퇴색되었다.

또한 문예부흥 운동이 종교개혁에도 영향을 미쳤으며, 16세기 북유럽을 중심으로 일어났다. 이 운동의 전개에 결정적인 영향을 미친 인물은 루터(M. Luther)와 칼뱅(J. Calvin)이었다.

당시 교황 레오 10세는 성 베드로 성당을 개축하는 데 필요한 자금을 조달하기 위하여 면죄부(indulgence)를 신도들에게 강매하였다. 이에 비텐베르그(Wittenberg) 대학 교수였던 루터는 1517년 10월 31일 95개조의 항의문을 발표하였다. 루터는 이 항의문에서 면죄부의 불합리성을 비판하고 인간은 오직 성서와 신앙에 의해서만 구원받을 수 있다는 혁신적인 주장을 하였다. 뿐만 아니라 그 당시 라틴어로만 쓰여졌던 성서를 독일어로 번역하여 종교의 대중화에 힘썼다. 이러한 루터의 종교사상은 쯔빙글리(U. Zwingli: 1484~1531년)와 칼뱅(J. Calvin: 1509~1564년)에 의해 계승되었으며 신교(protestant) 성립의 발판이 되었다.

종교개혁 운동은 중세의 교권적 제도와 형식의 억압에서 탈피하여 자유와 개성존중 사상을 주장함으로써 인간생활에 새로운 활력과 방향을 제시하였으며, 문예부흥 운동에서 나타난 휴머니즘과 새 종교관의 융합을 더욱 확대하였으며, 이러한 것은 종교뿐만 아니라 정치적·경제적·사회적 문제와 인간의 지적 생활에도 큰 영향을 주었으며 교육에 대해서도 큰 변화를 주었다.

(2) 실학주의 교육

17세기 실학주의는 르네상스 말(末)에 나타나는 키케로주의의 언어주의(verbalism)와 형식주의에 대한 반발, 종교교육 및 도덕교육적인 이상주의에 대한 반발, 그리고 코페르니쿠스(N. Copernicus: 1473~1543년)의 지동설을 비롯한 자연과학의 발달은 관념적이고 추상적인 것에서 진리를 구하기보다는 경험적이고 구체적인 것에서 진리를 구하려고 하였다. 이러한 배경 속에서 새로운 교육사상인 실학주의가 대두되었다.

실학주의는 실생활에서 유용성(utility)을 교육목표로 삼아 구체적 사물과 실용적 지식을 중시하였으며, 자연과학을 교육과정에 충분히 반영시켰으며, 15~16세기 이래 교육과정의 중핵을 차지하였던 고전어 시간을 할애하여 근대 외국어와 국어(vernacular)를 중점으로 취급하였다. 즉 교육과정이 신학과 고전중심에서 과학과 모국어 중심으로 변환되었다. 또한 교육의 새로운 방법으로서 시행·관찰·실험 등에 중점을 두고 교구로는 표본·지도·회화 등의 시각적 재료를 사용함으로써, 암기나 기억보다는 이해와 경험을 요구하였고 시청각 교수법이 중시되었다.

이러한 실학주의 형태로는 인문적 실학주의(humanistic realism), 사회적 실학주의social realism), 감각적 실학주의(sense realism)가 있다(이형행, 1998).

❶ 인문적 실학주의

인문적 실학주의는 실제 사회생활의 수단으로서 필요한 언어와 문자를 배우고, 고전을 이해하기 위하여 고전어를 학습하는 것이므로 문법·어구·문장의 형식 그 자체는 별로 문제가 되지 않으며, 고전어도 절대적 권위가 없다고 본다. 다시 말하면 고전은 인생의 교양을 쌓기 위한 원천에 불과하기 때문에 고전 그 자체는 목적이 될 수 없다는 것이다. 프랑스의 라블레(F. Rabelais: 1484~1553)와 영국의 밀턴(J. Milton: 1608~1674년)은 이 사상의 대표자들이다.

❷ 사회적 실학주의

고전과 같은 서적에 의한 교육을 배타하고 사회생활의 경험을 중요시한다. 사회적 실학주의의 교육목적은 학자나 전문가를 양성하는 것이 아니라 귀족계급의 자제들을 훌륭한 신사로 육성하는 데 있었다. 이 교육은 모국어를 중시하였으나 상류계급의 교육이었으므로 꼭 필요한 라틴어만은 예외로 인정하였다. 교양 있는 신사로서 사회적 실학주의는 사람들과 접촉하고 사회생활에 직접 참여하여 경험함으로써 교훈을 얻으려 하였다. 프랑스의 몽테뉴(M. E. de Montaigne: 1533~1592), 영국의 로크(J. Locke: 1632~1704)가 이 사상의 대표자이다.

❸ 감각적 실학주의

과학적 실학주의(science realism)라고도 하며, 엄밀한 의미에서 실학주의라면 이 감각적 실학주의를 말한다. 감각적 실학주의자들은 자연법칙에 의한 새로운 사실의 발견을 중요시하였고, 교육의 원리도 모두 자연 속에서 발견하려고 하였다. 따라서 자연과학적 지식을 존중하고 자연현상을 탐구하기 위하여 감각에 의한 사물의 관찰을 중요시하였다. 또 이들은 고전어나 비현실적인 관념 대신에 모국어·자연과학·사회과학 등을 가르쳤고 관찰과 추리, 사고력과 비판력을 길러주도록 하였다. 이 사상의 대표학자로는 영국의 멀캐스터(R. Mulcaster: 1530~1611년)와 베이컨(F. Bacon: 1561~1626년), 독일의 라트케(W. Ratke: 1571~1635년), 그리고 코메니우스(J. A. Comenius: 1592~1670년) 등을 들 수 있다.

(3) 계몽사상, 신인문주의와 교육

18세기 유럽의 계몽(啓蒙主義: enlightenment) 사상이란 말 그대로 꿈에서 깨어난다는 의미로 인간의 몽매함, 무지, 구습, 편견, 권위 등에서 탈피하는 것이다. 즉 절대왕정의 구속과 억압을 제거하고 민주주의를 확립하기 위해서 절대주의의 잔재를 일소해야 한다는 것으로 구체제(ancient regime)를 개혁하고자 하는 정치적·경제적·사회적 운동을 말한다. 따라서 정치적으로는 전제군주제로부터 탈피하는 것이요, 경제적으로는 과학의 발달과 발명·발견을 촉진하여 제조공업의 발달을 통해 생활을 풍족하게 하는 것이었다. 계몽사상을 계기로 프랑스혁명(1789년)과 산업혁명(1779~1830년)이 일어나게 되었다. 즉, 두 혁명을 통해 인간 스스로 미성년 상태로부터의 탈출 및 해방을 부르짖고 오직 인간을 인간답게 만드는 이성(理性)을 중시하게 된다. 그래서 계몽주의를 이성의 시대(the age of reason)라고 하였다.

계몽주의의 특징은 인간의 이성과 지성을 존중하는 주지주의 경향과, 개인의 자유와 인권을 중시하는 개인주의적 경향, 그리고 초국가적 반민족적 경향을 지녔다.

이 시기의 교육의 목적은 추리력을 길러 이성의 자유를 억압하는 종교·정치제도와 사회구조 등의 모든 권위를 제거하는 데 있었으며, 개인의 개성을 존중하고 경험과 사실에 입각한 교육을 펼치는 데 있었다. 교육내용은 합리적이고 실용적인 철학, 과학, 정치, 경제, 미술, 문학, 사회의 예법 등에 중점을 두었다. 교육방법으로는 첫째, 냉정한 비판과 지성을 중시하고 계시와 상상 등 감정적인 것을 인정하지 않았으며 둘째, 추리력을 계몽운동의 유일한 수단으로 하였으며 셋째, 기억력과 추리력 등 인간의 내적 능력의 단련을 중요시하였다. 이는 볼프(Wolf)의 능력심리학에 기초한 형식도야설(形式陶冶設)을 우선시하였기 때문이다. 능력심리학에 의하면 인간의 정신은 백지와 같아서 단련에 의하여 내적 능력을 얼마든지 발달시킬 수 있다고 보았다.

계몽사상은 크게 두 가지의 개념으로 대별할 수 있는데 그 하나는 합리주의(合理主義: rationalism)이고, 다른 하나는 자연주의(自然主義: naturalism)이다.

합리주의는 18세기 유럽인들이 정치적 절대주의에 반대하여 자신이 인권을 가진 존재로서 그 누구에 의해서도 부당하게 처우 받아서는 안 됨을 자각하게 되는데, 그 힘의 원천이 바로 이성, 혹은 지성으로 보았던 것이다. 그러므로 이 시대의 사람들은 이성의 힘에 비추어 모든 제도, 사상, 관습, 몽매한 요소들을 철저하게 비판하는 정신을 높이 평가하였다. 아울러 지식을 교재에서가 아니라 자연에서, 전통에서가 아니라 경험에서, 고전에서가 아니라 관찰과 실험을 통해서 얻어야 할 것을 주장하였다. 합리주의 사상이 가장 잘 발달된 국가는 프랑스였으며, 볼테르(F. M. A. de Voltaire: 1694~1778년)는 로크의 경험론과 데카르트(Descartes: 1596~1650년)의 합리주의 철학의 영향을 받아 프랑스에서 합리주의 운동을 일으켜 큰 지지를 받았다.

자연주의는 자연법사상에 기초하여 인간은 본래 자유롭고 평등한 존재로 보았다. 즉 인권을 가진 존재로서 타인에 의해서 부당하게 대우받거나 그의 인권이 양도될 수 없는 것임을 천명하였다. 이 같은 주장은 그 당시 왕권신수설이나 정치적 절대주의에 반대하는 정치상의 자연주의를 표명한 것이다. 이러한 정치적 자연주의 및 자유주의 사상의 영향으로 자연주의 사상이 등장하였다. 루소(J. J. Rousseau)는 교육에 있어 자연주의 또는 자연주의 교육론을 주창한 선구자였다. 자연주의 교육은 자연의 여러 법칙을 발견하여 교육과정에 적용하고, 인간발달의 자연법칙에 따라 교육을 해야 한다는 교육사조이다.

루소는 그의 저서 「에밀」(Emile)의 첫머리에서 인간은 조물주의 손에서 나올 때는 선(善)하나 사람의 손에 의해서 악해진다고 하였다. 그는 교육의 인위성을 신랄하게 비판하였다. 즉 아동들의 자연성을 무시하고 인형 취급을 하고 있으며 온실재배식의 교육을 한다고 비난했다. 루소는 사회의 인위성이 세상을 불평등하게 만들었고, 그로 인해 사람들이 각자 참다운 자아실현을 하지 못하게 되었다고 주장하였다. 그러므로 사회의 인위성과 형식성에서 어린이들을 구출하는 일이 교육의 사명이라고 주장하였다.

그 외에도 계몽사상에는 18세기 말부터 19세기에 독일을 중심으로 나타난 신인문주의(Neo-humanism)를 들 수 있다. 신인문주의는 계몽사상이 너무 이성적이고 합리적이며 공리적인 물질문명으로 기울어져 인간을 기계시하는 데에 대한 반동(反動)으로서 정의(情意)를 존중하고 인간성의 원만한 발달을 숭상하며 문예나 철학에 있어 낭만으로 나타났다. 신인문주의 교육은 인간을 아름답고 조화로운 발달을 강조하였다. 이에 따라 페스탈로치(J. H. Pestalozzi)는 도덕 및 심정의 교육을 통하여 인간의 조화로운 발달(3H: heart · head · hand)을 강조하였고, 헤르바르트(J. H. Herbart)는 인간의 내적 자발성을 발전시키고 인간성장의 과정을 지적으로 분석하여 과학적으로 해명하려고 노력하였다.

따라서 신인문주의자들은 인간의 여러 가지 요소들을 조화적으로 발전시키는 것을 그 이상으로 하였으며, 인간의 심미적·감성적인 태도를 탐구하려는 사상이다. 이 사상의 대표학자로는 칸트(I. Kant: 1724~1804년)를 들 수 있다.

교육의 법칙 : 기름 사러 간 동자승

옛날에 한 동자승이 있었다. 하루는 절에서 공양간을 담당하시던 스님이 동자승에게 기름을 사오라고 시키면서, 만약 기름을 사가지고 오다가 흘리기라도 하면 한 달 동안 힘든 일을 시키겠다고 무섭게 호통을 쳤다.

동자승은 마지못해 그러겠다고 대답하고 불안해하며 산을 내려갔다. 동자승은 스님이 말해준 가게로 가서 기름을 산 다음 다시 산을 오르기 시작했다. 산을 오르면서도 동자승은 스님의 무서운 표정과 준엄한 당부의 말이 머릿속에서 떠나지 않았다. 기름을 가득 담은 항아리를 들고 한 발 한 발 조심스럽게 앞으로 내디뎠다.

눈에 절의 모습이 들어오자 마음이 풀어진 동자승은 그만 발을 헛디뎠고, 항아리에 들어있던 기름이 삼분의 일이나 쏟아져 버렸다. 동자승은 더 긴장이 되었고 손발이 떨리기 시작했다. 스님에게 기름이 든 항아리를 내밀었을 때는 이미 기름이 절반도 남지 않게 되었다.

스님은 아주 화가 나서 동자승을 호되게 야단쳤다. 야단을 맞은 동자승은 울면서 걸어가다가 방장스님을 만나게 되었다. 방장스님은 동자승에게 자초지종을 들은 다음 자비로운 목소리로 동자승에게 말했다. "한 번 더 산을 내려가 기름을 사오거라. 그렇지만 이번에는 산을 내려갔다 오면서 길에서 네가 만나는 사람과 눈으로 본 일이나 풍경을 잘 기억했다가 돌아와서 내게 자세하게 설명을 해 주거라."

다시 기름을 사러간 동자승은 돌아오는 길에 방장스님의 분부대로 주변의 풍경과 사람들을 자세하게 관찰했다. 우뚝 솟은 산봉우리와 밭을 가는 농부들, 산 아래 공터에서 즐겁게 뛰놀던 아이들, 바둑에 푹 빠져 있던 머리가 하얀 두 노인….

그런 광경을 바라보며 동자승은 절로 돌아왔다. 동자승이 기름을 방장스님에게 건넸을 때, 항아리의 기름은 한 방울도 밖으로 흐르지 않았었다.

공양간을 담당하던 스님의 무서운 호통으로 동자승은 아주 긴장되었고, 그 결과 기름을 절반이나 쏟게 된 것이다. 반대로 방장스님은 동자승의 마음을 아주 편안하게 해주었고, 그래서 항아리의 기름이 한 방울도 밖으로 쏟아지지 않은 것이다.

토 · 의 · 과 · 제

1. 교육사 연구의 필요성을 제시해 보시오.

2. 그리스 교육과 로마 교육을 비교 설명해 보시오.

3. 19세기 교육사상의 특징을 설명해 보시오.

4. 계몽주의 교육의 장·단점을 제시해 보시오.

03

교육의 철학적 기초

나를 지나치게 칭찬해 주는 사람이 있으면 이는 반드시 나를 해치는 사람이요, 내가 잘못한 것을 깨우쳐 주는 사람이 있으면 이것은 나의 스승이다.

– 명심보감 〈천명편(天命篇)〉 중에서

1 철학과 교육철학

'철학이란 무엇인가?'에 대한 일치된 의견은 없다. 철학의 역사는 인류의 역사만큼 길고 끊임없는 탐구의 영역으로 남아 있을 뿐이다. 그러나 철학은 현실적이어야 하며, 실제적인 문제를 해결하기 위한 통로가 되어야 한다는 주장은 철학의 현실성을 대변한다.

그렇다면 '철학(philosophy)이란 무엇인가?'에 대한 그 어원을 살펴보자. 우리가 지금 쓰고 있는 철학이라는 말은 독일어의 'Philosophie'를 옮겨 놓은 것이다. 이 말의 기원은 본디 그리스어의 'Philosophia'에서 유래되었다.

Philosophia라는 말은 Philos(사랑)와 Sophia(지혜)라는 두 말이 합성된 것이다. 그러므로 철학이란 '지혜를 사랑한다.'라는 뜻이다. 이 함축적인 뜻을 다시 풀어내면 철학자는 진리 혹은 지혜를 사랑하는 사람, 그것도 한 부분만이 아니고 전체를 사랑하는 사람이다. 이를테면, 자신이 무엇을 모르고 있는지를 깨닫고, 이데아(Idea)라는 영원 불변하는 절대 진리를 항상 그리워하고 그것을 알기 위해 끊임없이 노력하는 것이 바로 철학이다. 물론 철학을 단편적인 의미로 표현하기에는 그 한계가 있는 게 분명하다.

그러나 철학은 우리 인간에게 아름다운 삶이란 무엇이며, 가치란 무엇인가? 또 계승해야 할 지식이란 무엇이며 그것은 어떠한 탐구(探究) 과정을 거쳐 얻어야 하는가? 이러한 문제들로 끊임없이 생각하고 고민하게 만들고, 이를 통해서 조금씩 자신의 삶을 아름답게 가꾸어 나가게 하는 학문이라고 말할 수 있다.

그렇다면 교육철학은 무엇인가? 페닉스(P. H. Phenix)는 "교육철학이란 철학적 방법과 견해를 교육이라고 불리는 분야에 적용하는 것"이라고 하였으며, 브로우디(H. S. Broudy)는 "교육철학이란 교육문제를 철학적 수준에서 조직적으로 논의하는 것"으로 규정하고, 그 임무는 실재(實在), 지식(知識), 선(善), 미(美)와 같은 철학적 기초를 다루는 심층에까지 중요한 교육적 논점을 탐색하는 것으로 보았다. 즉 교육의 문제를 해결하고 그 방향을 제시하기 위한 철학적 해석과 안목이 요구됨을 의미한다.

국가의 교육목적을 설정하기 위해서는 교육의 현실과 미래에 관한 국가 차원의 철학적 판단이 필요하다. 뿐만 아니라 학교의 교육목적과 목표를 설정함에도 나름의 철학적인 판단이 필요하다. 뿐만 아니라 학교의 교육목적과 목표를 설정함에도 나름의 철학적인 바탕이 필요하다. 또한 한 학급의 수업에 임하는 교사는 당연히 나름의 교육철학적 관점을 지녀야 한다. 교육에 대한 철학적 관점을 갖지 못하면 가르치되 실패하는 교육이 된다. 국가의 교육철학에서부터 가르치는 사람의 교육철학에 이르기까지 교육의 현실적인 문제를 정확하게 진단하고 비전을 제시할 철학이 필요하다.

이런 관점에서 교육철학이란 교육개념·교육목적·교육과정·교육정책·교육평가 등 교육의 전 분야에 관련된 문제와 해결을 철학적 방법으로 접근하려는 학문이다. 그렇다면 교육철학이 교육과 교육학에 어떤 역할을 할 것인가? 교육활동 중에, 혹은 교육학의 학문적 영역에 있어서 교육철학이 필요하다는 것은 곧 고유한 역할이 있음을 말해준다(강갑원 외, 2005).

첫째, 교육철학은 교사의 비판정신과 지적 발전을 자극해 교육의 성장을 촉진한다.

둘째, 교육철학은 교육의 본질에 대한 문제에 올바른 세계관을 제공해준다.

셋째, 교육철학은 교육의 다양한 교육이론에 대한 검증과 교사들의 교육관을 정립해준다.

넷째, 교육철학은 교육목적을 확립시키며 교육과정에서의 문제를 이해하고 판단하게 한다.

다섯째, 교육철학은 인간의 사회성을 인식시키고 인간생활에서 교육의 중요성과 역할을 정립시켜준다.

그러므로 교육철학은 교육문제를 분석하고, 모순점을 검토하며, 개념을 정의하고, 다양한 이론들을 체계화하며, 가치판단의 근거를 명확히 해준다고 할 수 있다. 그리고 교육철학은 교육과학과는 구분되는데, 교육철학은 다른 교육이론(예컨대: 교육심리학, 교육사회학, 교육행정학, 교육공학, 교육평가, 교과과정 등)들의 위에서 그것들을 검토하는 작업을 하기 때문이다. 교육철학과 교육과학의 차이점은 <표 3-1>과 같다.

표 3-1 교육철학과 교육과학의 차이점

교육철학	교육과학
• 교육이념	• 교육목표
• 상위 개념	• 하위 개념
• 교육목표의 정립	• 교육의 수단과 방법의 정립
• 사변적 기능	• 분석적 기능
• 규범적/논리적	• 기술적/사실적
• 원리/개념 정의	• 실천성
• 내용과 목적의 논리적 관계를 규명	• 내용과 목적의 인과적 관계를 규명

2 교육철학의 기능

1) 분석적 기능

분석적 기능이란 이론적 혹은 일상적 언어의 의미와 거기에 포함된 논리적 관계를 명백히 하여 각종의 가치기준을 밝히는 행위를 의미한다. 예컨대 "준섭이는 컴퓨터를 잘 한다.", "은혜는 인간성이 좋고 미인이다.", "사랑을 하는 사람은 아름답다."라는 명제가 있다면 '잘 한다', '미인이다'에 대한 모호성을 밝히려 할 것이다. 또 '사랑을 하는 사람이 아름답다면, 사랑을 하지 않는 사람은 아름답지 않다는 말인가'의 모순을 밝히려 할 것이다.

분석적 기능은 개념의 애매성, 모호성, 논리적 모순 또는 동어(同語) 반복 등으로 그 뜻을 명확히 파악하지 못할 때 진술된 개념들의 논리적 모순을 밝혀 그 의미를 명백히 하는 것을 말한다. 따라서 분석적 기능은 무엇을 분해하는 기능이 아니고 이론적 또는 일상적 언어의 의미를 명백히 하는 기능이다.

그러므로 교육철학의 분석적 기능은 교육이론, 교육적 사고 또는 교육실천에서 사용되는 개념, 술어, 명제들의 애매성을 제거하고 모호성을 감소시켜 그 의미를 명백히 하고 논리적 모순을 가려내어 참된 진술이나 전제를 밝히는 작용이라고 할 수 있다.

2) 평가적 기능

평가적 기능이란 이론이나 주장, 명제, 원리, 실천 상황 등을 어떤 기준(基準)이나 준거(準據)를 기초로 판단하는 기능을 뜻한다. 따라서 교육문제에 대한 평가적 기능은 교육적인 합리성의 여부를 어떤 준거에 의해서 밝히는 것이다. 예컨대 우리가 「막차 탄 동기동창」 연극을 관람했을 때 '감동적인 연극', 혹은 '가슴에 와 닿는 연극'이라는 평가를 내리곤 한다. 그런데 이런 평가는 연극을 있는 그대로 받아들이는 것이 아니라 어떤 기준에 의해서 판단하는 활동이다. 그러므로 '감동적인 연극', 혹은 '가슴에 와 닿는 연극'이라는 평가는 기(旣) 경험된 연극의 감동이나 느낌의 기준이 된 표현이라고 할 수 있다.

그러므로 평가적 기능은 어떤 규범이나 준거 등에 비추어 어떤 실천, 이론, 주장, 원리의 만족도를 밝히는 가치평가의 행위인 것이다.

3) 사변적 기능

사변적 기능은 이론적·실천적 문제를 해결하기 위하여 새로운 가설과 제언을 성립시키거나 제시하는 것을 말한다. 교육의 과정에서는 추구해야 할 새로운 가치를 제언하고 문제해결의 새로운 방향을 모색하는 것은 보다 나은 교육을 위하여 요구되는 필연적 조건이다. 예컨대 본질주의 교육관에 대해 "교사중심의 교육에서 학생들은 지나치게 피동적일 수 있으므로 어느 정도의 질의응답과 토론수업이 요구된다."고 제언하는 것이 그 예이다.

사변적 기능이 가능하기 위해서는 평가적 기능이 우선된다. 왜냐하면 새로운 가설이나 제언이 제시되기 전에 기존 이론에 대한 평가가 우선되어야 하기 때문이다. 즉 위에서 제시한 '질의응답과 토론수업이 요구됨'은 '교사중심의 교육은 피동적일 수 있음'에 대한 평가가 전제되어야 가능하다는 의미이다.

그러므로 평가적 기능을 통해 평가한 바를 해석하고 교육적인 제안과 주장을 하는 것이 사변적 기능이라고 할 수 있다.

4) 종합적 기능

교육에 관한 이론적 연구나 실천과정에 있어서 전체적으로 종합하고 이해하는 능력이 요구되는데, 이를 종합적 기능이라고 부른다. 예컨대 어떤 문제나 과제를 단일한 시각에서만 조명한다면 효과적인 해결책을 찾기가 어렵다. 이때 요구되는 것이 바로 종합적인 시각이다. 교육문제와 관련된 여러 부분과 차원은 각각 그 자체의 기준과 관점을 가지고 있기 때문에 다른 것들과의 관계를 조절할 수 있는 기준이나 관점을 종합적으로 모색할 필요가 있다. 문제를 해결하기 위해 다양한 기준이나 관점을 조정하고 종합하여 어떤 일관성 있는 체계를 만들어내야 한다. 이렇게 탐구하는 것을 종합적 기능이라고 한다.

그러므로 종합적 기능이란 다양한 요소들을 동시에 종합적으로 고려하면서 일관성 있는 이해를 추구하는 사고활동이다. 즉, 분석적 기능, 평가적 기능, 사변적 기능, 그리고 또 다른 요소들이 복합적으로 검토되어 문제를 해결하는 통합과정인 것이다.

3 전통적 교육철학

1) 관념론적 교육철학

관념론(idealism)이란 우주의 본질적 실재(實在, reality)를 관념(idea), 정신(sprit), 마음에 있는 것으로 본 철학사상으로 이상주의(理想主義) 또는 유심론(唯心論)이라고도 한다. 즉, 현실세계인 물질의 세계와 감각의 세계는 끊임없이 변화하며 불완전한 것이기에 현실세계는 정신적 실재의 표상(表象)에 불과하다는 것이다. 따라서 관념론은 정신이나 마음에 최우선을 둔다.

정신 또는 마음이라고 할 때는 두 가지 뜻이 있다. 하나는 생각하는 경험의 주체로서의 마음·정신·이성·생명 등으로 우주의 섭리자·절대자로서의 신과 관련된 것이다. 다른 하나는 존재하는 모든 실재는 최종적으로 분석될 때 심적(mental)이거나 정신적(spiritual)인 것을 의미한다.

관념론에서 참된 인식은 현실세계에서 감각 경험을 통해서 얻어질 수 없고, 이성(理性)의 힘에 의해서 가능하다. 또 참된 가치는 감각적 현실세계에 있는 것이 아니라 이데아의 세계에 있다.

관념론을 대표하는 사상가로는 플라톤(Platon), 버클리(G. Berkeley: 1685~1753), 칸트(Kant), 헤겔(G.W.F. Hegel: 1770~1831) 등이 있다. 플라톤은 불변하는 관념의 세계, 즉 이데아의 세계를 시시각각으로 변하는 현실세계보다 우위에 두었으며, 이데아의 세계 안에서만이 보편적이고 절대적이며 영원한 진리를 발견할 수 있다고 보았다. 버클리는 사물이란 그것을 바라보는 사람의 마음에 지각되고 표상된 것에 지나지 않다고 보았다. 칸트도 경험의 세계와 초경험적인 세계를 구분한 후 참된 세계의 실재란 정신적인 것에 존재한다고 보았다. 헤겔 역시 정신을 절대시하여 이것이 인간의 역사를 움직여 나간다고 보았다.

이 같은 관념론은 교육이론과 실제에도 큰 영향을 미쳤다. 관념주의자들은 학생들에게 현실에 적응하는 능력을 길러주는 것보다 이데아적 이상을 제시하고 깨우쳐 주는 데 관심을 가졌으며, 이 교육관이 중요시 되는 교과목은 논리학, 형이상학, 문학 등으로 인간의 정신적 측면의 교양을 강조한다. 그러다보니 현대 산업사회에서 중시되는 직업교육이나 기술교육 등에 대해서는 등한시했다는 지적을 받는다.

2) 실재론적 교육철학

실재론(realism)은 우주만물의 궁극적인 실재가 물질이라고 보는 것으로 현실주의나 유물론(唯物論)과 같은 동의어를 뜻한다.

관념론과는 반대 개념으로 실재론은 인간의 마음이나 정신과 무관하게 독립적으로 존재하는 사물에 있다는 이론이다. 실재론에 의하면 물리적이고 자연적인 사물이나 현상은 사람의 정신과는 무관하게, 그것과는 별개로 어떤 성질을 가지고 존재하고 정해진 규칙에 따라 움직인다는 것이다. 즉 물질세계는 일정한 자연법칙에 따라 움직이는 불변의 세계이다. 예컨대 내가 들녘에 핀 야생화를 보든 보지 않든 야생화는 존재한다는 것이다. 내가 야생화를 보고 어떤 생각을 하든 야생화는 그 자체의 성질을 가지고 존재한다. 자연현상의 변화는 우연적이거나 개별적인 것이 아니고 정해진 규칙이나 원리를 따른다. 그러므로 중요한 것은 인간의 마음이나 정신이 아니고 물질세계이다. 물질세계를 관찰하여 그 법칙을 발견해야만 이 세계를 제대로, 그리고 참으로 알 수 있다는 것이다.

실재론을 대표하는 사상가로는 아리스토텔레스(Aristoteles), 토마스 아퀴나스(T. Aquinas), 베이컨(F. Bacon) 등이다. 이들 사상가들은 실재론에서 발견하고자 하는 궁극적인 본질이 무엇이며 그것을 어떻게 인식할 수 있는가에 따라 고전적 실재론, 종교적 실재론, 과학적 실재론으로 구분된다.

고전적 실재론은 인간의 이성에 의해서 파악할 수 있는 보편적인 법칙들이 존재하며, 이 법칙을 통해서 인류는 선한 삶을 추구할 수 있다고 본다. 그러므로 고전적 실재론을 강조한 아리스토텔레스는 이성의 힘을 강조하였다.

종교적 실재론은 인간의 이성에 의해 이해될 수 있는 보편적인 법칙들은 신(神)이 만든 것이기 때문에 인간의 이성만 가지고는 그것을 이해할 수 없다고 하였다. 따라서 토마스 아퀴나스는 구체적 사물들에 대한 탐구를 통해 근원적이고 궁극적인 신의 존재와 신에 대하여 이해할 수 있다고 하였다.

과학적 실재론은 자연계의 현실을 가장 확실한 존재, 즉 실재로 본다. 그리고 경험적 인식을 통한 과학적 지식이 참된 지식이라고 보는 과학적 실재주의를 강조한다. 그러므로 베이컨은 교육에 있어서 직접적인 실물을 관찰하는 직관적 교육방법을 중요시 하였다.

이러한 실재론은 교육 이론 및 실제에도 영향을 주었다. 실재론적 교육론자들은 교육이란 이성을 계발하기보다는 오히려 감각적 경험을 풍부히 하고, 인간의 지력(知力)을 계발하는 일이므로 인문교과와 더불어 과학교과도 가르쳐야 한다고 강조하였다.

3) 실용주의적 교육철학

실용주의(pragmatism)는 영원불변하는 실재는 없다고 본다. 인간의 감각 경험에 의해서 밝혀진 사실은 오직 변화할 뿐이므로, 합리론이나 관념론이 주장하는 선천적인 이성을 부정한다. 그러므로 인간의 이성은 주체로서의 인간과 객체로서의 사물과의 상호작용에 의해 형성되는 경험적 사실에 기인한다. 모든 지식과 가치는 끊임없이 변화하는 상황에 따라 제기되는 현상의 문제해결에 그 초점이 맞추어져야 한다는 것이다.

실용주의에 의하면, 언제 어디서나 늘 진리인 것도 없고, 언제 어디서나 무엇에도 영향을 받지 않고 가치론 것도 없다. 모든 사물은 끊임없이 변화하고 운동하며,

우리가 사는 세계는 변화의 과정에 있는 불완전한 세계로서 절대적인 것은 결코 없다. 실용주의는 진리를 인간의 경험과 관련짓는다. 진리는 인간의 경험에서 제기되는 문제를 풀기 위해 적용되는 하나의 가정(假定)이나 가설에 불과한 것이다. 그리고 그러한 가정을 적용함으로써 실제 문제가 해결되고 실생활 향상이라는 이로운 결과가 생겼을 때만 진리로 생각될 수 있다는 것이다.

실용주의의 대표적인 사상가는 헤라클레이토스(Herakleitos), 프로타고라스(Protagoras), 퍼어스(C.S. Peirce), 듀이(J. Dewey) 등이 있다. 헤라클레이토스는 만물은 유전(流轉)하는 것, 즉 모든 것은 끊임없이 변화하는 것이지 영원불변하며 고정된 것은 없다는 것이며, 프로타고라스는 인간은 만물의 척도, 즉 모든 가치는 인간의 현실적 필요성이나 유용성에 의해서 판단되어야 한다는 것이다. 피어스는 실험할 수 없거나 결과를 가져올 수 없는 관념은 무의미하다는 주장으로 가소성(可塑性)을 강조하였고, 듀이는 생활에 변화를 가져오지 못하는 지식은 의미가 없다고 하면서 유효한 지식이 가치 있음을 주장하였다.

이러한 실용주의 철학은 교육 분야에 상당한 영향을 미쳤다. 실용주의 교육자들은 교육을 생활 그 자체로 보았으며, 생활이란 개개인이 끊임없이 변화하는 환경에의 적응과정으로 간주하였다. 적응에는 인간 주체가 환경적 상황의 문제점을 판단하고 행동의 방식을 찾기 위한 숙고(熟考)가 요청되므로, 교육은 이러한 숙고를 통해 개인의 사회생활 능력과 적응능력을 성장시켜야 한다고 주장한다. 이를 반성적 사고(reflective thinking)라고 부른다.

그러므로 교사들은 주어진 지식과 기술만을 가르칠 것이 아니라 학생들 스스로가 경험을 재구성하고 문제를 해결할 수 있도록 도와주어야 한다고 본다.

4 현대의 교육철학

1) 진보주의 교육철학

진보주의(progressivism)는 20세기 미국을 대표하는 교육사조로 실용주의 철학과 경험주의, 과학주의 등을 배경으로 아동중심, 생활중심, 경험중심의 교육을 주장한 현대교육철학의 주요 학파이다. 진보주의는 일찍이 코메니우스(Comenius), 루소(Rousseau), 페스탈로치(Pestalozzi), 헤르바르트(Herbart), 프뢰벨(Frobel) 등의 교육사상에 기원을 두고 있지만, 이 이론의 성장과 발달에 결정적인 영향을 준 것은 듀이(J. Dewey)이며, 이를 계승 발전시킨 것은 킬패트릭(Kilpatrick), 카운츠(Counts), 차일즈(J. L. Childs) 등과 같은 교육이론가들이다.

본래 진보주의는 교사중심의 전통적인 교육의 경직성과 형식주의에 대한 반발로 등장한 것으로, 20세기 초에 형성되기 시작하여 1930년대에는 그 절정에 달하였으며, 아동중심의 교육사상으로 발전하였다. 아동의 진정한 성장이란 아동의 생활과 세계를 포기한 채 성인들의 생활과 미래의 생활을 준비함으로써 이루어지는 게 아니라, 오히려 아동이 각 발달단계에 맞추어 훌륭하고 만족스럽게 생활하는 과정을 통해서만 이루어진다는 것이다. 그리고 그들이 가지고 있는 흥미와 생활상의 문제점들을 파악하고, 그 결과를 토대로 하여 아동의 자연스러운 성장을 도울 수 있는 교육과정(教育課程)을 마련해야 함을 강조한다. 바로 이런 특성 때문에 진보주의 교육을 아동중심교육 또는 생활중심교육이라고도 말한다.

듀이는 진보주의 교육을 발전시키기 위하여 1896년 실험학교(laboratory school)를 세우고, 1897년 「나의 교육학적 신조」(My pedagogic creed)라는 글을 발표하여 혁신적인 교육사상을 주장하였고, 1916년 「민주주의와 교육」(democracy and education)을 발간하여 이 운동에 철학적 배경을 지원하였다. 또한 1918년에는 진보주의교육협회(progressive education association)가 조직되고, 1930년에 이르러 이 교육사상은 전 세계적으로 확산되었다.

진보주의자들은 1918년 진보주의교육협회를 결성하였는데, 다음과 같은 7개 항의 강령(綱領)을 채택하여 선포하였다.

❶ 학생은 외적 권위에 의하지 않고 자신의 사회적 필요에 의하여 자연스럽게 발전할 자유를 누려야 한다.

❷ 흥미(興味)가 모든 학습활동의 동기(動機)가 되어야 한다.

❸ 교사는 학생의 모든 활동을 고무(鼓舞)하고 적절한 정보를 제공해주는 안내자이어야 한다.

❹ 학생에 대한 평가는 교과에 대한 평가뿐만 아니라 학생의 신체·지성·사회성을 포함하는 넓은 것으로서의 학생의 지도를 돕는 것이 되어야 한다.

❺ 가장 중요시해야 할 것은 학생의 건강이므로 학교의 시설·환경·인적 조건은 밝고 명랑해야 한다.
❻ 학교는 학생의 교육을 학부모와의 긴밀한 협조관계 속에서 수행해야 한다.
❼ 진보주의 학교는 좋은 전통 위에 새로운 것을 첨가하는 실험학교로서 교육개혁 운동의 핵심이 되어야 한다.

진보주의자들은 학생 개인을 매우 중시하며 학생이 지니고 있는 흥미·호기심·관심·욕구들의 작용을 인정하고 존중한다. 학생이 개인이 갖고 있는 특성들은 곧 학생의 창조적 지성과 내재적 성장력의 표현이므로 그것은 변화와 진보의 핵심을 이루어야 한다. 교육에 있어서 아동을 중요시 하고 그들의 흥미와 필요를 교육의 출발점으로 삼아야 한다.

진보주의 교육원리는 다음과 같이 요약 정리할 수 있다(Kneller, 1989).

❶ 교육은 생활을 위한 준비가 아니라 생활 그 자체이다. 교육은 경험이 계속적으로 재구성되는 과정이다. 그리고 지적인 생활은 경험을 해석하고 재구성함으로써 이루어진다.
❷ 학습은 아동의 흥미와 직접 연관되어야 한다. 아이들은 자신의 문제를 해결해 줄 수 있는 것이나 자신의 흥미와 관련된 것이면 무엇이건 배우고자 하며, 강압적이라고 느껴지는 것에 대해서는 반발하려는 본성을 가지고 있다. 따라서 아동의 입장에서 그들이 배우고자 하는 것을 학습해야 한다.
❸ 교육내용을 주입하지 말고 문제해결을 통해 학습이 이루어지게 해야 한다. 교육은 과거의 지식을 흡수하는 것이 아니라 새로운 발견에 비추어 과거의 지식을 계속적으로 개조해가는 것이다.
❹ 교사의 역할은 지시하는 것이 아니라 조언해주는 일이다. 교사는 자신의 경험과 지식을 동원하여 아동을 도와주되(scaffolding), 권위자로서 지시하는 방식이 아니라 아동과 공동 목적을 달성하기 위한 안내자로서 협력하는 방식을 따라야 한다.
❺ 학교는 협력을 장려하고 불필요한 경쟁을 시키는 곳이 되어서는 안 된다. 인간은 사회적이고 원만한 대인관계 속에서 만족을 얻을 수 있으므로, 경쟁이나 개인적인 성공보다는 사랑과 협력이 교육에서 더욱 중요하다고 본다.

❻ 민주주의만이 인간의 참다운 성장에 필요한 사상의 교류와 인격적 상호작용을 허용하고 촉진한다. 민주주의는 사람들이 서로 협력해서 사는 생활방식이며 경험을 교환하는 방식이다. 민주주의를 가르치기 위해서는 우선 학교 자체가 민주적이어야 한다고 생각한다.

그러나 모든 교육이론이나 사상이 그렇듯 진보주의 교육사상도 그 자체에 많은 문제점을 지니고 있어 초창기부터 비판이 있었다. 진보주의 사상에 대한 보다 심각한 문제점을 제기하게 된 계기는 1957년 구소련의 스푸트니크 충격(sputnik shock)이다. 구소련이 미국을 앞질러 인공위성을 발사하게 되자 미국 사회는 그 당시 미국 교육을 주도해 온 진보주의 교육에 문제점을 제기하고 비판하였다.

진보주의가 교육에 공헌한 점도 크지만 그에 못지않은 비판의 대상이 되기도 하였다. 그 이유를 제시하면 다음과 같다(김정환, 1987).

❶ 아동에게 지나친 자유를 부여하고 그의 흥미를 존중한 나머지 아동으로 하여금 어려운 과목을 피하고 쉬운 교과목만을 택하게 하는 결과를 초래하였다.
❷ 자유를 존중한 나머지 교육의 방향감각을 경시하였고, 생활화를 중시한 결과 교육의 준비성을 너무 소홀히 했으며, 민주적인 방식을 과신한 나머지 가치의 절대적인 측면을 바라보는 관점을 길러주지 못했다.
❸ 문제해결 학습은 잘못하면 끊임없는 시행착오와 산만한 수업이 될 우려가 있으며, 현재의 삶을 중시한 나머지 아이들이 장차 살아가야 할 미래에 대한 감각을 길러주지 못했다.
❹ 학교는 특수한 교육기관이 되어야 하는데 오히려 바람직하지 못한 사회의 복사판이 되고 말았다.
❺ 협동을 지나치게 강조한 나머지 우수한 소수 학생의 지도성을 과소평가하였다.

2) 본질주의 교육철학

본질주의(essentialism) 교육은 진보주의 교육을 비판하며 대두된 교육사상이다. 진보주의 교육은 지나치게 아동중심주의를 강조한 나머지 사회적 훈련, 사회적 전통을 경시하는 풍조가 나타났고, 결국 이를 바꾸려는 데서 출발하였다. 본질주의 교육사상적 배경은 관념론과 실재론에 두고 있다. 인생에 가치 있는 것은 변화하는 현실에 적응하는 게 아니라 반영구적이고 전통적인 가치를 추구하는 데 있다.

본질주의의 대표적인 교육론자들은 배글리(W. C. Bagley), 브릭스(T. H. Briggs), 브리드(F. S. Breed), 칸델(I. L. Kandel) 등이다. 배글리를 중심으로 한 본질주의 교육운동은 1938년 「교육향상을 위한 본질주의 위원회」(The Essentialist Committee for the Advancement of American Education)가 조직되면서 일어났다.

본질주의 교육론자들은 교사는 가르쳐야 할 본질적인 지식에 정통해야 할 뿐만 아니라 그것을 전수하는 주체로서 책임을 다해야한다고 주장했다. 학생이 싫어하든 좋아하든 필수적으로 가르쳐야 할 공통된 학습내용은 교사가 지적 권위와 도덕적 권위를 가지고 전수해야 함을 강조하였다.

본질주의의 교육원리를 요약하여 제시하면 다음과 같다(Kneller, 1989).

❶ 학습은 본래 강한 훈련에 기초한다. 따라서 아동들이 싫어할지라도 반드시 시켜야 하며, 교사는 노력하고 적응할 수 있도록 이끌어주어야 한다.
❷ 교육의 주체는 교사이다. 아동들의 잠재력이 계발되려면 교사의 지도와 감독이 요구된다.
❸ 문화유산의 계승을 중요시 해야 한다. 과거의 민족, 사회, 국가적 경험과 전통은 중요한 문화유산이다.
❹ 교육내용은 체계적으로 조직된 교과로 진행하되 전통적 훈련방식에 기초해야 한다.

그러나 본질주의자들 역시 나름대로의 바람직한 교육관을 통해 진보주의에서 문제시 되었던 산만한 학급운영, 교사의 권위 무시, 방만한 교육과정 및 비효율성 등을 개선하고 실천하는 데 공헌하였지만 몇 가지 비판을 면하기는 어려웠다(강갑원 외, 2005).

❶ 지나친 보수성에 대한 한계점이다. 본질주의는 문화유산의 본질적인 것을 계승해야 한다고 하지만, 전통과 본질적인 것의 구분이 모호하고 그 가치를 보편화하기는 어렵다.
❷ 학생의 참여의식에 대한 결여이다. 교사중심의 교육이기 때문에 학생의 참여

와 흥미를 유발하기 어렵다. 또한 교사주도형 학습은 학생들의 독립심과 비판적 사고를 기르는 데 한계를 갖는다.

❸ 창의성의 저해 요인이 된다. 과거의 전통에 집착하여 창조적인 새로운 것으로 발전하기 어렵다. 전통문화 중에 가치 있는 것이 있다면 오늘날의 현실 속에 있을 것이다.

❹ 사회개혁에 대한 의지의 부재이다. 과거 전통을 중시하여 미래사회에 대한 준비가 부족하다. 이 점은 교육이 사회개혁과 인류를 위해 무엇을 공헌해야 하는지를 간과한 것이다.

❺ 사회과학의 경시(輕視)이다. 고전에 치중하고 학문적 훈련을 중시하였기 때문에 현실생활에 필요한 사회과학을 경시하였다.

3) 항존주의 교육철학

항존주의(perennialism)는 본질주의와 마찬가지로 진보주의의 교육사조에 대한 반발로부터 시작하였다. 항존주의의 교육사상은 현대문명의 물질주의, 기계주의, 현실주의, 과학숭배주의에 대한 비판으로 보았으며, 이러한 현대문명의 특징들은 인류를 파멸로 이끌어간다고 여겼다. 그러므로 인류의 위기에서 인류와 문화를 구출하려면 영원불멸하는 절대적 진리와 가치만을 교육해야 한다고 주장한다.

항존주의의 대표적인 교육론자들로는 허친스(R. H. Hutchins), 아들러(M. J. Adler), 마리땡(J. Maritain), 커닝햄(W. F. Cunningham) 등이며, 특히 허친스는 그의 저서 「민주사회에서의 교육의 갈등」에서 "인간다운 인간의 모습은 모든 시대와 모든 사회에서 같은 것이다. 그것은 인간의 본질에서 비롯되기 때문이다. 교육의 목적도 모든 시대와 모든 사회에 동일한 것이어야 한다. 왜냐하면 교육이란 인간을 인간답게 형성시키는 것이기 때문이다."라고 말했다.

그러므로 항존주의자들은 실재의 불멸성과 인간본성으로서의 이성을 강조하면서 교육은 지성의 계발에 그 본질이 있기 때문에 항구적인 지식만이 그 가치가 있다고 하였다.

항존주의의 교육원리를 요약하여 제시하면 다음과 같다(Kneller, 1989).

❶ 인간의 본성을 동일하기 때문에 교육은 모든 학생에게 동일하여야 한다. 인

간의 본성이 시공을 초월해서 똑같기 때문에 교육의 목적도 시공을 초월해서 같아야 하며, 동일한 교육목적이 모든 학생에게 동일하게 적용되어야 한다는 것이다.

❷ 인간은 이성을 계발하여 본능과 환경적 제약을 극복할 수 있도록 교육되어야 한다. 그러므로 교사는 학생들의 교육적 경험내용을 학생 스스로 결정하도록 교사가 허용해서는 안 된다.

❸ 교육의 임무는 영원불변한 진리에 인간을 적용시키는 일이다. 현실적 세계의 지식은 변하지만 진리는 영원히 변하지 않는 것이다. 진리는 어느 곳에서나 동일하다. 그러므로 교육은 어느 곳에서나 동일해야 한다. 이러한 교육의 궁극적인 목적은 인간을 진리에 적응시키는 일이다.

❹ 교육이란 생활의 모방이 아니라 생활을 위해서 준비하는 것이다. 항존주의는 현실적인 삶의 상황을 마련할 수 있거나 또는 마련해야 하는 곳이 학교라고 보지 않는다. 생활을 위한 준비로서의 교육은 이상적 삶을 위한 준비를 뜻하며, 이를 위해 학생들로 하여금 문화적 유산의 가치를 깨닫게 하고, 학생들 스스로가 그러한 가치를 성취할 수 있도록 하며, 문화유산 중에서 가장 좋은 것이 무엇인가를 알게 해주는 것을 의미한다.

❺ 학생들은 세계의 영원성을 깨닫게 해주는 기본적 교과를 철저히 이수해야 한다. 학생들에게 특정한 사실을 일시적으로 가르쳐서는 안 되며, 학생들이 특별히 관심을 가지고 있는 내용을 가르쳐서도 안 된다. 그러므로 흥미위주의 교육이나 직업교육과 같은 것은 학교교육의 목적이 될 수 없다. 항존주의에서 강조되는 교과는 교양교육의 성격을 지닌 것으로서 국어, 문학, 언어학, 역사, 수학, 자연과학, 예술, 철학 등이다.

❻ 영원불변하는 진리는 위대한 고전 속에서 발견할 수 있다. 항존주의에서는 과거의 전통이 결코 낡은 것이 아니라고 본다. 과거의 전통을 공부함으로써 오히려 학생들은 자기 자신의 흥미만을 추구하거나 현실생활에서 발견할 수 있는 것보다 훨씬 중요한 진리를 배울 수 있다.

항존주의는 진리의 절대성과 영속성, 그리고 인간의 이성적 본성에 기초하여 전개된 교육사상이다. 항존주의 교육이론은 '교양교육'에 초점을 두고 전개되었으며, 전통과 고전의 원리를 중시하는 보수적인 경향 갖는다.

한편, 항존주의는 다음과 같은 점에서 그 비판을 받기도 한다(이지헌 외. 2005).

❶ 항존주의는 민주주의를 위협하는 경향이 있다. 항존주의는 모든 인간에게 동일한 교육을 주장하고 절대적인 가치와 불변하는 진리를 주장하기 때문에 민주주의적 가치인 다양성과 개인 존중 등을 위협할 수 있다.

❷ 항존주의는 현실을 경시하는 경향이 있다. 항존주의는 현재를 영원성과 연관시킴으로써 현재의 문화적 경향성을 무가치하게 여기고 현실에 적응하려는 노력을 과소평가한다. 위대한 고전을 지나치게 강조한 나머지 현실의 학문을 무시하는 경향이 있다.

❸ 항존주의는 귀족주의적, 주지주의적 경향을 띤다. 항존주의는 모든 인간이 위대한 고전의 인물들처럼 생각하며 행동할 것을 기대한다. 특히 지적인 훈련을 매우 강조한다. 그러나 모든 인간이 지적인 탁월성을 발휘하기는 그리 쉽지만은 않다.

4) 재건주의 교육철학

재건주의(reconstructionism) 교육철학은 진보주의, 본질주의, 항존주의의 교육사상을 모두 비판하면서 등장하였다. 즉 인류와 문화의 위기의식에서 출발하여 오늘날의 문화를 재검토함으로써 새 문화에 대한 전망을 밝히고 이를 위하여 교육이 선도적·혁신적으로 이바지할 수 있다는 확신을 가지고 그 바탕을 마련하고자 하는 교육이념인 것이다.

재건주의 교육철학의 제창자인 브라멜드(T. Brameld, 1904~1971)에 의하면, 현대는 하나의 중대한 문화적 위기에 직면해 있다고 본다. 그리고 이 사회는 필연적으로 개조되어야 하며, 이 사회의 개조를 담당할 수 있는 것은 교육뿐이라고 역설한다. 다시 말해서 현대문명의 병폐를 정확히 진단하고 이에 대처해 쇠퇴하는 문화를 교육을 통해 재건해야 한다는 것이다. 따라서 브라멜드는 현대의 교육과제를 '① 교육에 대한 지원과 통제 ② 교육의 내용과 방법의 쇄신 ③ 학문적 자유의 존중 ④ 학교와 사회의 관계 강화'라는 네 가지로 집약하였다.

이에 미진했던 기존의 진보주의·본질주의·항존주의의 교육사상을 비판·절충·중용·종합하는 입장을 취하고 있다. 그리하여 '진보주의'로부터는 수단과 과정을 중시하는 사상을, '본질주의'로부터는 문화보존의 인류학적 가치를, '항존주의'로부터는 생의 목표를 추구하는 사실들을 수용하려는 입장을 취하였다. 이 점과 관련해서 브라멜드는 진보주의로부터 실험정신을, 본질주의로부터 체계적 지식을, 그리고 항존주의로부터 합리적인 분석을 배웠다고 하였다.

재건주의의 교육원리를 요약하여 제시하면 다음과 같다(Kneller, 1989).

❶ 교육은 문화의 기본적 가치를 실현할 새로운 사회질서를 창조하는 일에 전념해야 하며, 이와 동시에 현대세계의 사회적·경제적 세력과 조화를 이루어야 한다. 오늘의 문명은 파멸의 위기에 직면하고 있다. 이 긴박한 위기를 극복할 수 있는 것은 오직 교육의 힘을 통해서이다.

❷ 새로운 사회는 진정으로 민주적인 사회가 되어야 하고 그 사회의 주요기관들이나 자원들은 국민 스스로가 통제하여야 한다. 이상적인 사회는 민주주의 사회이며, 이러한 사회는 또한 민주적인 방법으로 실현되어야 한다.

❸ 아동, 학교, 교육 등은 사회적·문화적 세력에 의해 확고하게 조건 지어진다. 문명화된 생활은 대체로 집단생활이기 때문에 집단은 학교에서 중요한 역할을 해야 한다. 교육은 '사회적 자아실현'을 추구한다.

❹ 교사는 재건주의자들이 제시하는 새로운 사회건설의 긴급성과 타당성을 학생들에게 확신시켜야 한다. 교사는 자신이 구체적인 문제에 대하여 뚜렷한 해결방안을 공개적으로 피력해야 한다. 그리고 학생들에게는 그 의견에 대해 자신의 입장을 피력할 수 있도록 지도해야 한다.

❺ 교육의 목적과 수단은 현재의 문화적 위기를 극복할 수 있도록 철저히 개조되어야 하고 행동과학의 연구가 발견해 낸 모든 원리들에 적합해야 한다.

재건주의 교육이론은 현실을 냉철하게 비판하고 미래를 전망하는 일의 중요성과 긴박성을 강조하였다. 그리고 교육을 통해 새롭고 민주적인 세계질서가 만들어질 수 있다는 고무적인 주장을 하였다. 그러나 재건주의 교육이론 역시 몇 가지 비판점이 제기되었다. 그 비판점을 제시하면 다음과 같다.

❶ 다수의 합의에 의해서 새로운 교육을 한다는 것은 그 한계가 있다.

❷ 민주적인 교육방법을 강조하면서도 어느 정도의 주입식 교육방법을 허용하

고 있다.

❸ 교육의 힘만으로 사회질서의 수립과 새로운 사회건설이 가능할지의 의문을 갖고 있다.

❹ 지나치게 이상주의적 관점이 있어 현실적 적용이 어려워 보인다.

❺ 행동과학의 원리가 적용되어야 한다지만 행동과학자들의 통일된 의견을 수렴하지 못하였다.

❻ 미래사회를 어떤 가치관에 입각하여 건설할 것인지의 충분한 논증과 대안이 결여되어 있다.

5) 실존주의 교육철학

실존주의(existentialism) 교육철학은 제2차 세계대전 이후 유럽에 형성된 철학사조인데 이에 앞서 19세기 덴마크의 키에르케고르(S. Kierkegaard: 1813~1885년), 독일의 니이체(F.W. Nietsche: 1844~1900년)로부터 출발하였으며, 본격적인 활동은 1920년대 후반부터 1930년까지, 즉 제2차 세계대전이 시작되기 전까지 유럽의 불안하고 절망적인 상황에서 독일의 야스퍼스(K. Jaspers)와 하이데거(M. Heidegger)를 중심으로 활발히 진행되었다. 그러다가 제2차 세계대전 이후 프랑스의 사르트르(J.P. Sartre: 1905~1980년)를 중심으로 다시 독일과 프랑스에서 성행하여 마침내 거의 전 세계적인 철학적 중심과제로 등장함으로써 실존철학은 현대철학에 있어서 핵심적인 위치를 갖게 되었다.

실존주의는 문자 그대로 인간의 존재를 실존(實存)이라고 규정짓고, 인간은 신이나 절대자 등 외부 요소에 의해서 삶이 결정되는 게 아니라 인간 자신의 자유의사에 의해서 스스로의 존재를 결정하며, 자기 존재에 대한 책임 또한 자기 스스로 져야 한다는 것이다. 또한 인간은 스스로 자기 자신의 본질을 창조하기 위한 자유를 지닌 주체적 존재이다. 즉, 인간은 비록 한계 상황에 내던져진 존재이지만 자유로운 선택에 의하여 그 자신의 삶을 결정할 수 있는 절대적 자유를 지닌 존재라는 것이다.

이러한 실존주의가 등장한 배경은 현대 물질문명 속에 매몰된 비인간화이다. 두 차례의 세계 대전, 과학기술의 발달로 인한 물질만능의 풍조와 이기주의의 팽배, 관료화, 대중화 등 현대 사회의 특징은 인간을 기계화 조직의 부속품으로 전락시켜 비인간화 하였다. 실존주의는 일반적으로 전체성의 대비개념인 개체성, 지식뿐만 아니라 감정이나 의지까지도 포함한 체험의 세계를 중시한다. 그리고 엄연한 사실로 인정할 수밖에 없는 존재의 불합리성, 자기 삶을 스스로 개척해 가는 데 행사해야 할 선택의 자유와 결단, 인간이 도저히 피할 수 없는 불안·죽음·우울, 그리고 두 자유로운 개체 사이에서 이루어져야 할 공감적 관여의 문제 등을 철학의 연구주제로 삼는다.

실존주의 교육철학의 대표적인 학자인 부버(M. Buber)는 "만남은 교육에 선행한다."고 하였다. '대화, 만남, 관계'의 개념을 기초로 '윤리, 사회, 종교 및 교육'의 이루어져야 하며 그 중심은 '만남'이 되어야 한다고 강조한다. 즉 교육은 인격적인 만남과 세계인과의 대화 및 관계를 통해서 일어난다고 생각한 것이다.

이처럼 인간의 상호관계와 인격적인 만남을 중시하는 실존주의는 다음과 같은 이론을 중시하였다.

❶ 학생은 삶과 죽음에 대한 인간적 사색과 진지한 질문을 우선하여야 한다. 이를 위해 교사는 만남을 통해 의문을 제기하고 사고의 기회를 촉진해야 한다.
❷ 교육과정은 '대화'를 포함한 경험 및 주제로 구성하여야 한다. 이때 주제는 개인의 선택과정에 근거해야 한다. 적합한 교육과정의 주제는 미적, 감성적, 시적인 것들이 적합하다.
❸ 실존주의에서 지식은 인간 존재의 조건과 개인의 선택에 관한 것이다. 이 때 지식은 그 자체가 목적이 아니며, 선택은 책임을 동반할 것이다. 또한 진정한 교육은 전인교육이어야 한다.
❹ 학교는 학생들이 서로 만나고 자신의 개인적 선택을 주제로 대화하고 관계하는 토론의 공간이다.

위에서 살펴보았듯이, 실존주의는 인간 본연의 문제와 개인의 실존문제를 중심으로 주체적인 삶을 화두로 강조하였다. 특히 정치적·사회적 영향으로 20세기 초에 간과하기 쉬웠던 전인교육의 중요성과 학생 개인의 독자적·개성적 존재 가치를 일깨워 주었다. 그러나 다음과 같은 비판점도 받고 있다.

❶ 실존주의 교육은 인간의 사회적 존재양상의 측면을 객관적으로 분석해내지

못하고 있다.

❷ 실존주의는 비연속인 교육원리를 주장하지만 교육의 계속적인 원리도 있으므로 대중적인 교육으로는 적합하지 않는 측면이 있다.

❸ 교사는 교과를 가르치지 않는 사람이 아니라 인격적 자유인이라고 하지만 인류의 문화유산을 전달하는 데는 적합하지 않다.

❹ 실존주의는 인간의 자유를 강조하지만 그 자유를 어떻게 실현할 것인가의 구체적인 방안을 제시하지 못하고 있다.

❺ 실존주의는 현대교육의 모순점을 지적하고 있지만 체계적인 교육이론을 제시하지 못하기 때문에 적용하는데 그 한계를 갖는다.

표 3-2 현대 교육철학의 특징 비교

구분	진보주의	본질주의	항존주의	재건주의
개념	실용주의 철학과 실험주의 등을 배경으로 한 아동중심, 생활중심, 사회중심의 교육철학	지나친 아동 중심으로 본질적인 문화유산의 전달을 등한시한 진보주의 문제를 보완한 교육철학	급격한 현대문명의 변화 속에서 영원하고 절대적인 것을 추구하면서 이성의 훈련을 중시하는 교육철학	진보주의, 본질주의, 항존주의를 비판하면서 현대문명의 위기를 이상사회 건설로 극복하고자 한 교육철학
철학	• 루소의 성선설 아동관 • 자연주의 사상 • 존 듀이의 실용주의적 경험론(진화론에 기반)	• 관념론과 실재론 : 양자 모두 우주의 본질을 고정적인 것으로 파악한 철학	• 관념론 : 진리의 절대성과 영원성, 이성을 중시	• 이상사회 지향을 위한 합리적인 사상
배경	• 코메니우스와 루소의 자연주의 사상 • 심리적 계발주의 : 페스탈로찌, 프뢰벨, 헤르바르트 • 전통적인 교사중심의 교육탈피 • 미래 준비교육을 비판	• 플라톤, 에라스무스의 사상 • 진보주의를 비판하면서 성장 • 미국교육의 학문적 발전을 위한 새로운 본질주의 위원회 구성(1938)	• 토마스 아퀴나스, 안젤무스, 아리스토텔레스, 플라톤 등의 사상 • 현대문명의 무질서와 혼란 상황에서 항구적인 것을 추구	• 인문주의 교육 • 수단과 목적을 모두 중시 • 문화적 위기, 급변하는 사회 변화에 대처

구분	진보주의	본질주의	항존주의	재건주의
교육이론	• 교육목적 : 현실생활에 적응할 수 있는 전인적 인간 육성 • 교육내용 : 아동의 필요, 흥미, 사회문제가 중심이 됨 • 교육방법 : 아동의 생활 및 흥미 중심 교육 → 아동의 자발성에 의한 교육, 협동 및 개별학습 중시	• 교육목적 : 문화의 본질적인 요소 전달 • 교육내용 : 문화재 중심교육과정(고전 및 자연과학) • 교육방법 : 논리적인 체계에 따른 교사의 지시 및 감독(교사 중심의 교육)	• 교육목적 : 정신과 이성의 훈련(계발) • 교육내용 : 형이상학, 위대한 고전 중시 • 교육방법 : 훈련이나 강압에 의한 전통적 교육	• 교육목적 : 사회적 자아실현(사회개조를 통한 자아실현) • 교육내용 : 문화적 현실 및 문화적 재건을 위한 제안, 목적 달성을 위한 방법, 목표 추구를 위한 관심 부분 • 교육방법 : 가치 있는 교육을 위한 직·간접적 집단 활동
장점	• 교육의 민주화 • 민주적 교육방법 • 단선형 학제 도입	• 본질적인 문화유산의 전달 • 학문중심 교육과정에 영향	• 실용주의 전면 비판 → 항구성, 영원성 중시(인간의 본질 중시) • 학문의 정신적 방향 제시	• 급변하는 현대사회의 적응교육 • 교육의 기능에 대한 새로운 시각 • 미래사회의 필요한 지식의 중요성을 강조
단점	• 지나친 아동중심 교육 • 사회 통합 기능과 문화전통기능을 무시 • 절대적 진리의 경시 • 학력수준 저하 초래	• 보수적 → 변화에 정적이고 비판능력이 부족 • 지적 진보성 내포 • 창의성 저해 우려 • 사회과학 경시 • 참여의식 결여	• 비민주성 • 현실의 경시 • 귀족성 • 문화에 대한 역행	• 다수의 합의에 의한 교육 불가능 • 주입식 교육 • 지나친 교육의 역할에 대한 과신 • 행동과학적 지식과 교범성 결여
학자	듀이, 킬패트릭, 파크 등	베글리, 브릭스, 마리슨 등	허친스, 아들러, 마르틴 등	브라멜드, 카운츠 등

교육의 법칙 : 나무의 미학

나무는 줄곧 서서 일생을 보낸다. 위로 솟는 것이 나무의 욕망이다. 그러나 일방적이지는 않다. 어느 나무든 적당하게 가지를 뻗어 그늘을 만들 줄 안다. 그래야 쓰러지지 않는다는 것을 나무는 안다. 좌우의 평형감각을 갖추며 솟구치는 것처럼 중요한 것은 없다는 사실을.

멀리 솟구치는 나무의 뿌리는 땅 속 깊이까지 다다른다. 낮은 키의 나무는 땅 속 깊이까지 다다르기 위해 버둥거리지 않는다. 알맞음의 크기를 아는 것이다. 바람에 넘어지지 않을 정도의 알맞음. 주위의 나무들에게 자리를 내어주기 좋을 정도의 알맞음, 사람들에게 그늘을 내어줄 정도의 알맞음, 모든 알맞음의 크기를 나무는 안다.

나무는 교만하지 않고, 지친 내색을 하지도 않는다. 세월이 갈수록 서 있는 자의 늠름함과 품위를 갖출 뿐이다. 일생을 서서 보내는 나무는 편하게 앉아서 사는 꿈을 꾸지 않는다.

– 임동헌의 〈풍경〉 중에서

토 · 의 · 과 · 제

1. 교육철학의 필요성에 대하여 설명해 보시오.

2. 진보주의 교육이론과 항존주의 교육이론을 비교해 보시오.

3. 자신의 교육관을 지배하는 주된 교육철학적 이론은 무엇인지 생각해 보시오.

4. 우리나라의 지배적인 교육이론에 대하여 생각해 보시오.

04

교육의 심리적 기초

가능성을 발견하고 잘 할 것이라고 기대하면 상대방은 그 기대에 맞추기 위해 노력을 하게 된다. 마찬가지로, 문제아라는 낙인(labeling)이 찍히면 문제행동만 보이게 된다. 만약 교사가 학생을 긍정적으로 기대하면 기대에 부응하는 행동을 할 것이다. 교육심리학적 측면에서 학교는 학생들에게 자아존중감과 긍정적 기대를 심어주어야 함을 의미한다.

– 피그말리온 효과(pygmalion effect)

1 교육심리학의 개념

다양한 교육현상을 이해하고 교육문제를 해결하는 데 적합한 교육심리학의 정의는 어떤 입장에서 '교육을 파악하려고 하느냐' 혹은 '어디에 관심을 갖느냐'에 따라 개념적 차이가 있을 수 있다.

교육심리학의 초기단계에서는 심리학의 발견이나 원리들을 교육의 실제에 단순 응용이나 적용하는 데 관심이 있었기 때문에 '심리학의 원리를 교육에 응용하는 학문'으로 정의되었다. 이는 일반심리학의 지식체계를 단순히 적용하는 한계를 지니고 있었으므로, 교육에서의 중요한 목적과 가치가 내재된 교육활동을 통한 인간 행동의 변화를 이해하고 적용하기 위해 독립된 학문으로서의 교육심리학이 대두되기 시작하였다.

1910년에 출판된 「*Journal of Educational Psychology*」에 의하면 교육심리학이란 감각, 본능, 주의, 습관, 기억, 학습기술, 그리고 개념적인 문제들뿐만 아니라 아동과 청소년의 정신발달, 유전, 개인차, 발달, 특별학급, 정신능력의 측정, 정신능력의 관계성, 정신건강의 문제에 대해 실험적, 통계적, 문헌적인 방법으로 다루어져야 한다고 제시하고 있다.

이후 교육의 다양한 관심영역이 확대되면서 교육심리학을 단순히 심리학의 응용이나 적용분야로만 간주하지 않았다. 즉 개체의 발생에서 노년에 이르기까지의 교육적 발달 가운데서 진행되는 학습경험을 서술하고 설명하려 하였으며(Graw, 1949), 다양한 유형의 교육문제에 대하여 하나의 독립된 심리학적 원리를 창출해 내는 학문으로 정의되었다.

교육심리학이 하나의 독립된 학문으로 자리매김 됨에 따라 교육의 과정에서 발생하는 문제를 심리학적 측면에서 연구하여 그 원리와 방법을 밝히고 교육과정에 도움을 주고자 하였다. 에겐(Eggen)과 카우차크(Kauchak)는 교육심리학을 통해 학교현황과 관련된 지식과 경험을 체계화시키는 데 노력하였으며, 이러한 지식의 체계화를 토대로 실제 수업 상황에 접목시킴으로써 학교와 학습자, 그리고 교사의 효과적인 의사결정에 도움을 주었다.

또한 알렉산더(Alexander)는 교육심리학이 교수-학습, 그리고 그와 관련된 요인을 연구하는 주요 학문으로 정의하고, 학습자의 심리적 발달에 관한 이해와 학습과정, 그리고 학습자들이 습득해야 할 지식과 기술의 본질을 이해하는 데 노력하였으며, 학습자의 수행에 대한 평가와 측정에 유용한 기초 자료를 제공하는 데 그 토대를 구축하였다. 또한 최근 교육심리학에서 대두되는 주요 연구주제로는 교육환경, 수업매체, 인지능력, 조작적 교육목표, 교육평가 등 그 영역이 확대되었다. 최근 교육심리학은 독립된 학문영역으로서의 위치뿐만 아니라 교육의 실제 적용이라는 관심으로서의 변화를 동시에 이루어가고 있다.

이를 종합해 볼 때 교육심리학이란 교육의 목표를 효과적으로 달성하기 위하여 교육의 모든 현상을 연구대상으로 하여 필요한 이론과 실천적 방법을 체계적으로 연구하는 학문이라고 정의할 수 있을 것이다.

2 인간발달과 교육

1) 발달의 정의

발달(development)이란 인간이 '요람에서 무덤까지' 전 생애에 걸쳐 나타나는 모든 변화를 말한다. 여기에는 신체적 변화뿐만 아니라 지능, 언어, 정서, 사회성, 도덕성 등과 같은 심리적 변화도 포함된다. 그러므로 발달의 개념에는 성숙, 성장, 학습이라는 개념이 포함된다.

인간은 무한한 가능성을 지닌 무력한 유기체로 출생하여 비교적 장기간의 성장과 발달과정을 거쳐서 독립적인 인격을 갖춘 인간으로 형성된다. 그 발달과정은 유기체와 자신을 둘러싸고 있는 환경과의 부단한 상호작용의 과정이며, 그것은 성숙의 과정임과 동시에 많은 것을 배우는 학습과정을 의미한다.

발달은 정서적·사회적·지적 변화로 비교적 환경의 영향을 많이 받는 질적인 변화를 의미하지만, 일반적으로 발달이라 할 때는 신체적·정신적 양면도 포함하므로 성장과 성숙이 모두 발달에 포함될 수 있다. 그러므로 발달과 관련된 개념으로는 성숙(maturation), 성장(growth), 학습(learning)을 언급할 수 있다. 이 개념들의 차이를 살펴보면, 성숙은 외부환경과 무관하게 유기체가 지닌 유전적 속성의 유능화를, 성장은 신체적 측면의 양적 증대와 변화를 의미한다. 학습은 외부환경이나 경험에 의해 나타는 특정한 변화로 훈련이나 연습에 의한 결과이다. 즉 후천적인 행위로 언어·계산·습관, 유능화 등을 갖게 됨을 말한다. 이 같은 발달·성숙·성장의 관계를 제시하면 [그림 4-1]과 같다.

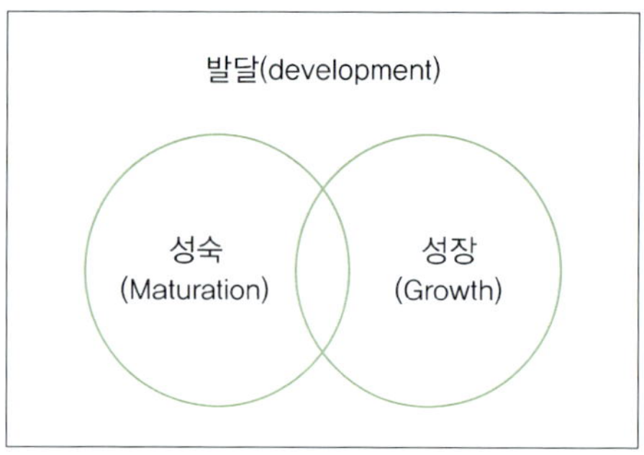

성숙 : 유기체의 유전적 속성의 변화 (선천적 · 내재적)
성장 : 신체적 측면의 양적 증대 및 변화
학습 : 유기체의 훈련과 경험에 의한 변화(후천적)

그림 4-1 발달·성숙·성장의 관계

2) 발달의 원리

교육심리학에서 발달의 원리는 일반적으로 맥코넬(McConnell)의 개념을 인용한다. 발달의 원리 다섯 가지를 요약하여 제시하면 다음과 같다.

첫째, 발달은 개체와 환경과의 상호작용의 결과이다. 인간의 발달은 선천적·유전적 내재법칙과 후천적 학습이라는 훈련과 경험을 통하여 이루어진다. 인간발달 과정에서 두 변인 간 어느 하나의 변인도 소홀히 다룰 수 없다.

둘째, 발달은 연속적이며 점진적인 과정이다. 인간의 발달은 지속적·점진적인 변화를 보인다. 물론 인간의 발달은 결정적 시기(critical period)가 있으므로 사춘기에는 급격한 신체적 발달, 유아기에는 언어발달과 같은 발달이 더 두드러지게 나타난다. 하지만 그러한 특정시기에도 인간발달은 연속성과 지속성을 유지하며 발달해 간다. 그러므로 발달의 연속성을 상실하거나 결정적시기에 발달장애를 수반하는 경우에는 결과적으로 발달상에 결핍을 나타내게 된다. 그 예로 야생아 아말라(Amala)와 카말라(Kamala)의 자매 이야기를 들 수 있다. 20세기 초 인도의 한 지방에 위치한 숲 속에서 두 여자 아이가 발견되었는데, 언니 아말라는 여덟 살이었고 동생 카말라는 두 살이었다. 이들 자매가 발견되었을 당시 두 소녀는 늑

대처럼 네 발로 기어 다녔으며, 울음소리도 늑대와 같은 울음소리를 냈다고 한다. 그들은 발견된 후 영국에서 6년 동안 교육을 받았지만 결국 적응에는 실패하고 조기에 죽었다.

셋째, 발달에는 일정한 방향과 순서가 있다. 인간의 발달은 신생아에서 쉽게 발견할 수 있다. 신생아의 경우에 머리는 크게 태어난다. 성장하면서 유치(乳齒)의 발생순서나 신체의 변화를 살펴보면 발달의 일정한 방향과 순서가 있음도 발견할 수 있다. 두미형(頭尾型)의 발달과 중심말초형의 발달의 경향을 확인할 수 있는데, 두미형의 발달이란 신체의 다른 부분보다 머리가 먼저 발달하고, 그 후로 점차 아래쪽으로 옮겨진다. 그래서 신생아들은 어느 부분보다도 머리 부분의 기관들(눈·코·입·귀)이 먼저 발달한다. 또 신체의 중심으로부터 말초기관이나 모세혈관의 방향으로 발달이 진행된다.

뿐만 아니라 유치라든가 언어의 발달(모음에서 자음으로 발달)은 모두 순서적으로 진행된다. 특히 신생아들의 반응을 살펴보면 처음에는 전체적이지만 발달이 이루어짐에 따라 점점 특수하고 분화된 부분 반응으로 나타난다. 예컨대 신생아에게 연필을 쥐어주면 처음엔 주먹을 쥐듯이 움켜잡지만 발달이 진행됨에 따라 손가락을 사용하는 반응을 볼 수 있다. 이와 같은 일련의 발달의 순서를 조직해 보면 [그림 4-2]와 같다.

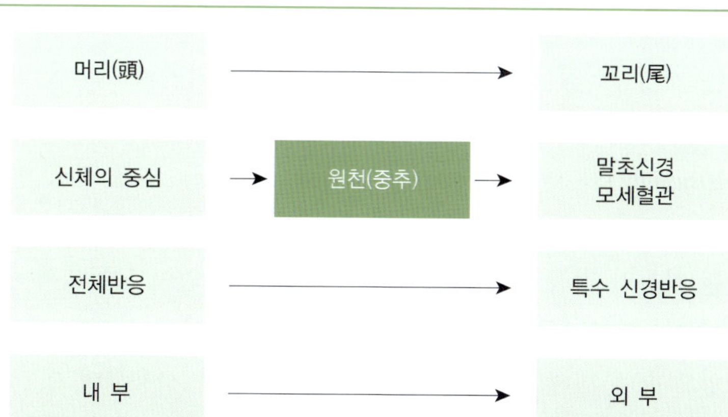

그림 4-2 발달의 방향성 및 순서

넷째, 발달은 개인차가 있다. 신체적·정신적 특성은 물론 지능과 성격 등의 차이에서 오는 발달의 차이가 있다.

다섯째, 발달은 성장함에 따라 예언 곤란성이 내재해 있다. 인간은 성장함에 따라 개인별 경험의 종류가 달라지고 환경도 다르므로 개인의 발달 경향과 행동의 예언이 더욱 어려워진다.

3) 발달의 이론

(1) 비고츠키의 인지발달이론

비고츠키(L.S. Vygotsky)는 아동이 타인과의 관계에서 영향을 받으며 성장하는 사회적 존재임을 강조함으로써, 인간에 대한 이해에 있어서 사회·문화·역사적인 측면을 중요시 하였다. 인간의 정신은 독립적 활동이 아니라 사회학습의 온전한 결과이며, 일상에서의 과제해결은 성인이나 또는 뛰어난 동료와의 대화로부터 영향을 받는다고 하였다. 이처럼 사회의 보다 성숙한 구성원들과의 상호작용을 하는 동안 자신의 문화에 적합한 인지과정이 아동들에게 전이된다. 결과적으로 비고츠키는 상호작용의 핵심적 요소인 언어습득을 아동 발달에 가장 중요한 변인으로 간주하였다.

❶ 사고와 언어의 관점

비고츠키는 자기중심적 언어의 사용이 단순하게 자기만의 생각을 표현하는 게 아니라 문제해결을 위한 사고의 도구라고 생각하였다. 그는 독립적으로 발생하기 시작한 사고(thought)와 언어(speech)는 일정시간이 지난 후에 서로 연합되고, 이러한 연합은 아동이 발달해 가는 과정에서 변화하고 성장한다.

비고츠키는 아동의 지적 발달이 내적 언어와 사회적 언어 모두에서 영향을 받는다고 강조하였다. 또한 그는 아동이 일정한 양의 비언어적 사고와 비인지적 언어를 가지고 있으며, 문제해결 초기에는 비언어적 사고가 사용되며 이 시기가 지난 후에는 구체적인 단어로 형성된다고 주장하였다. 또한 그는 인간의 사고에 중요한 역할을 하는 것은 내적 언어(inner speech)로 보았으며, 그 내적 언어는 스스로 자신에게 하는 언어라고 하였다. 예컨대 아동들은 몇 과목의 학습과제를 해결할 때 스스로 혼잣말을 할 것이다 '내게 제일 쉬운 과목인 수학부터 해결해야지, 그리고 다음에는 영어를 하고…, 맨 마지막에 국어를 해야겠다.'라는 식으로 말이다. 이처럼 목적 달성에 필요한 수단을 얻기 위해 내적 언어는 마음속에서 사용된다.

이 같은 사고와 언어의 결합은 아동의 단어에 대한 호기심과 어휘력의 빠른 습득 등으로 나타난다. 비고츠키의 사고와 언어의 발달과정을 제시하면 [그림 4-3]과 같다.

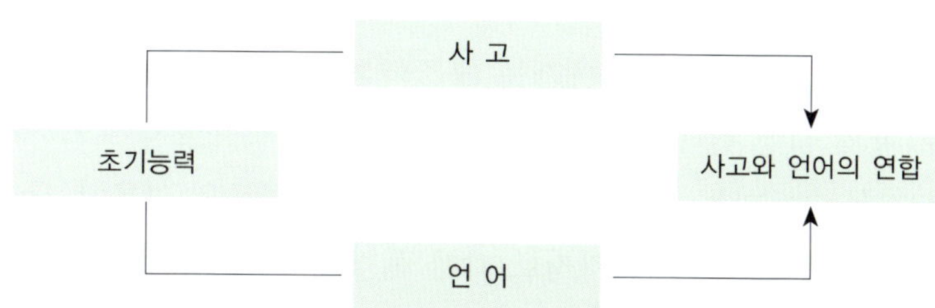

그림 4-3 사고와 언어의 발달과정

비고츠키에 의하면, 아동의 내적 언어 사용빈도는 과제수행의 시간이 진행됨에 따라 보다 증가하였고, 과제의 난이도와 정적 상관을 보인다고 하였다. 예컨대 문제해결 과정에서 난이도가 높을수록 문제해결에 어려움을 느끼고 내적 언어의 사용이 증가한다는 것이다. 그것은 내적 언어가 아동의 문제해결을 하는 데 중요한 기능을 한다는 사실을 말해준다.

❷ ZPD와 Scaffolding

아동은 발달과정에서 자신의 능력으로 해결할 수 없는 문제에 직면하는 경우가 종종 있다. 이러한 문제는 아무리 명료하게 설명된다고 하더라도 아동의 능력 밖의 문제들인 것이다.

비고츠키는 이러한 문제에 대하여 혼자는 해결할 수 없지만, 성인이나 자신보다 뛰어난 동료들과 함께 학습을 하게 되면 성공할 수 있는 영역이라고 하였다. 이러한 영역을 근접발달영역(Zone of Proximal Development : ZPD)이라고 하였다. 또한 아동이 지적으로 성장하는데 단서를 제공해주게 되는데, 이때 안내자 또는 교사의 역할을 발판(scaffolding)이라고 하였다. 근접발달영역과 발판의 관계를 제시하면 [그림 4-4]와 같다.

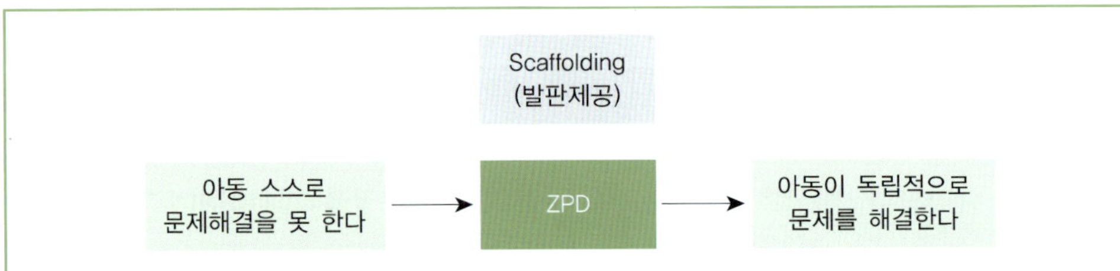

그림 4-4 ZPD와 Scaffolding

근접발달영역에 위치하는 아동에게는 구조화를 형성할 수 있는 단서를 제공하거나, 세부사항과 시행 단계를 기억할 수 있도록 도와줌으로써 포기하지 않고 꾸준히 시도하게끔 유도하는 게 중요하다. 예컨대 건축가들은 건물이 서고 나면 단계적으로 발판을 제거한다. 마찬가지로 과제 해결력을 지니고 있는 성인이나 연령이 높은 아동은 단계적으로 조언이나 힌트를 없앤다. 결국 아동 스스로가 독립적으로 문제해결을 할 수 있도록 하는 것이다.

비고츠키의 인지발달 이론을 교육적 적용함에 있어 첫째, 교사의 역할은 아동에게 현재의 능력을 넘어서는 과제를 부여하고 조언과 도움을 줌으로써 그들의 지적 발달을 촉진시키는 것이고, 둘째, 교육은 미래지향적이어야 하고 교수란 학생들에게 완전하고 정확한 이해의 틀을 받쳐주는 발판을 제공할 수 있어야 하며, 셋째, 아동의 인지발달은 상호작용을 통해서 가능함을 알 수 있었다.

(2) 피아제의 인지발달이론

피아제(J. Piajet)는 그의 인지발달이론에서 지적 기능과 지적 구조를 구별하고, 지적 기능은 지적 행위의 일반적인 특징을 뜻하고, 지적 구조는 연령에 따라 변화하는 지능의 조직된 국면을 말한다고 하였다. 따라서 그의 이론은 지적 구조의 발달이론이다.

피아제의 인지이론 중심개념을 지적 구조, 즉 인지 구조(도식: schema)로 보았다. 인지구조는 유기체가 주변세계를 이해하고 그것에 대하여 생각하는 하나의 양식을 말한다. 도식은 우리가 세계를 이해하고 반응하여 기능하기 위해 사용하는 지식, 절차, 관계 등을 뜻한다. 인간이 발달하는 것은 자기 자신과 그 주위에 있는 환경으로서의 세계를 구성하여 인지구조를 점차 변화해 가는 것이다.

신생아는 인지구조가 거의 없는 상태로 출생하지만 성장·발달하면서 인지구조가 형성되고 점차 분화되어 간다. 인지구조가 변한다는 것은 어린이가 그만큼 성장하게 됨을 의미한다. 발달은 동화(assimilation)와 조절(accommodation)의 과정을 거쳐 일어나며 상호작용은 계속된다. 동화란 새로운 정보, 혹은 새로운 경험을 접할 때, 그러한 정보와 경험을 이미 자신에게 구성되어 있는 도식에 흡수·통합시키려 하는 경향성을 말한다. 조절은 새로운 정보 혹은 새로운 경험을 인식하기 위해 기존의 도식을 수정하는 것을 의미한다. 다시 말해서 인지구조가 적응에 필요한 구조라고 한다면, 동화나 조절은 인지구조에 적응하는 기능 또는 과정인 것이다.

인간의 인지구조가 변화해 가는 것은 유기체가 자기조절을 통해 평형화를 유지하고자 하는 경향을 띠기 때문이다. 평형화(equilibrium)란 동화와 조절의 두 기능이 균형을 유지하는 것을 의미한다. 유기체는 그의 환경과의 상호작용을 통해 균형을 추구한다. 이 균형이 무너지면 동화나 조절이 나타나 균형을 깬 새로운 것을 이해하고 새로운 지식을 도입하면서 새로운 균형 상태를 유지하게 된다. 즉, 이미 자신이 알고 있는 개념과 새로운 정보간의 불균형에 대하여 갈등을 줄이고 인지적 평형을 유지하기 위해 인간은 완전한 마음의 안정 상태에 도달할 때까지 보다 높은 수준의 노력을 하게 된다는 것이다.

인지발달이란 모순 없는 새로운 지식은 동화시키고, 기존의 도식에 적절하지 않은 지식에 대해서는 도식을 변경하면서 끊임없이 도식을 확장시키는 과정이다.

도식을 변경하는 과정(예)

한 아이에게서 자신의 '보호모'는 머리가 길고 키가 큰 사람으로 도식을 가졌다고 생각해보자. 어느 날 길을 지나다가 길에 낯선 사람을 '보호모'라고 부를 것이다. 새로운 낯선 사람은 아동에게 새로운 정보내지는 새로운 경험이 되는데, 그 낯선 사람은 아동에게 형성되었던 기존의 구조에 적합하기 때문에 아동은 자연스럽게 동화를 적용하는 것이다. 그러나 곧 아동은 그 낯선 사람이 '보호모'가 아니라 다른 사람임을 수정받는다. 아동은 새로운 정보가 자신의 도식에 적합한지 아닌지를 다시 한번 검토한다. 이를테면, 새로운 정보가 자신의 도식에 비추어 정말 자신의 '보호모'만큼 머리가 긴지 또는 키가 큰지 등을 면밀히 검토할 것이다. 새로운 정보가 자신의 도식에 충분히 적합한데도 동화시킬 수 없게 되면, 아동은 기존의 도식을 변경하게 된다. 즉, 조절 기능이 발생하는 것이다. 이제 아동에게는 '보호모는 머리가 길고, 키가 크고, 우리 집에서 함께 생활하는 사람'이라는 새로운 도식이 형성될 것이다.

이러한 과정을 거쳐 아동은 자신의 도식을 확장시키게 된다. 피아제의 인지발달 단계는 4단계로 구분되며, 제1기는 감각운동기(sensorimotor stage), 제2기는 전조작기(preoperational stage), 제3기는 구체적 조작기(concrete operational stage), 및 제4기는 형식적 조작기(formal operational stage)이다. 인지발달 단계별 연령과 특징을 제시하면 <표 4-1>과 같다.

표 4-1 피아제의 인지발달단계

발달단계	연 령	특 징
감각운동기	0-2세	• 시각·청각 등의 경험과 동작에 의해 학습한다. • 모든 사물 및 대상을 자기중심으로 생각한다. • 사물에 대한 어떤 표상도 없고 모방력을 발전시키며, 모방력은 이후의 관찰학습을 위한 토대를 형성한다.
전조작기	2-7세	• 언어가 발달하기 시작한다. • 감각·동작행동에 대한 의존이 줄어들고, 그러한 능력이 정교화 된다. • 타인의 역할과 견해를 고려할 줄 모른다. • 대상을 한 가지 관점에서만 바라본다. • 항존성이 발달하지 못하여 동일한 것을 순서를 바꾸거나 형태를 바꾸어 제시하면 동일한 것으로 여기지 못한다. <주요 특징> 자기중심성(egocentrism), 집중성(concentration), 비가역성(irreversibility), 비전이(nontransformation)
구체적 조작기	7-11세	• 관찰에 근거하여 논리적 추리력을 발휘한다. • 자기중심성이 약화된다. • 항존성이 발달하여 가역성이 가능하다.
형식적 조작기	11-15세	• 구체적이고 실제적인 상황을 넘어서 문제를 다룰 수 있다. • 탈중심화, 가역성, 추상적인 사고가 충분히 발달하여 논리적이고 종합적인 사고를 한다.

표 4-2 비고츠키와 피아제의 이론 비교

비고츠키	피아제
역사적·문화적 환경에 관심	물리적 환경에 관심
대인간 과정 → 개인내의 과정	논리적 구조의 형성은 개인내의 평형화 작용
사회구조와 유기체 구조간의 역동적 산물	발달의 보편적·불변적 계열
발달의 개인차에 관심	발달의 개인차에 관심이 없음
나선형 팽창	포섭적 팽창
사고와 언어의 연합	사고가 언어에 반영

(3) 프로이트의 심리성적발달이론

프로이트(S. Freud)는 정신분석학을 처음 제창한 사람이다. 그의 정신분석학은 많은 학문영역에 중요한 영향을 끼쳤으며, 그의 이론은 생물학적 기제와 본능적인 충동을 기초로 하고 있다. 정신분석학이 전제하고 있는 점은 본질적으로 인간의 정신세계가 의식(conscious)과 무의식(unconscious)의 두 부분으로 구성되어 있다는 것이며, 특히 무의식의 본질과 기능에 관심을 두었는데, 인간은 90%가 물속에 잠긴 무의식 세계로 보았기 때문이다. 의식이란 한 개인이 현재 각성하고 있는 모든 행위의 감정이다. 무의식이란 개인이 자신의 힘으로 의식 상태로 떠올릴 수 없는 생각이나 감정들을 포함하고 있다. 즉 무의식 속에는 자신이나 사회에 의해 용납될 수 없는 분노, 욕망, 생각, 동기, 충동 등이 억압되어 있다. 이들 억압된 무의식의 내용들은 개인으로 하여금 내적 갈등을 경험하게 한다. 프로이트에 의하면, 인간은 소위 무의식 속에 쾌락을 추구하는 리비도(libido)라는 성적 충동 에너지를 태어나면서부터 가지고 있다는 것이다. 리비도가 작용하는 정신세계는 크게 세 가지로 구성되어 현실 속에서 끊임없는 갈등을 유발하게 된다. 우선 본능(id: 원초적 본능의 지배하에 있는 나)이란 쾌락을 따르는 원초적 충동이고, 자아(ego: 현실적인 나)는 본능의 충동을 억제하고 합리적인 방법으로 쾌락을 얻으려는 것이며, 초자아(super-ego: 도덕적인 나)는 자아로 하여금 현실적인 목표보다는 이상적인 목표를 지향하게 하는 것이다. 결국 인간은 이러한 정신세계의 작용들을 통해 행동의 원동력이 만들어진다고 간주한다.

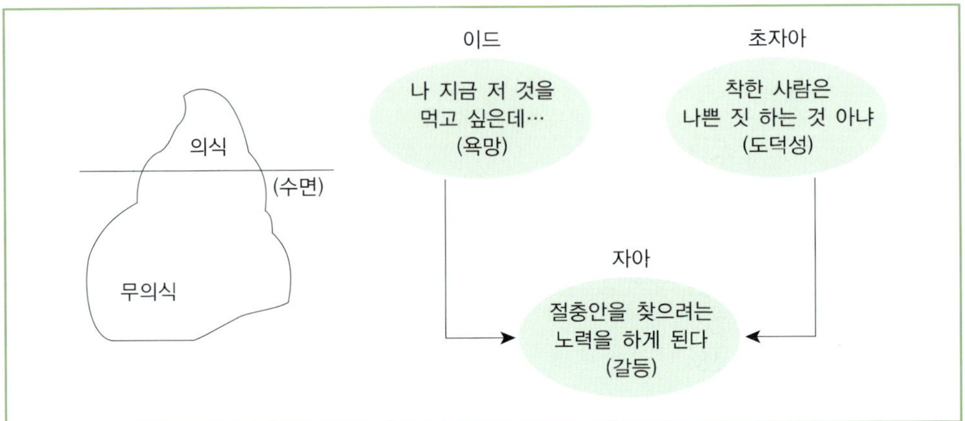

그림 4-5 인간의 정신, 이드, 자아, 초자아

■ 발달단계

프로이트의 성격발달이론은 출생으로부터 다섯 살까지의 경험을 중요시한다. 이 기간 동안 영·유아는 여러 단계의 심리·성적 단계를 거치게 되며, 발달 단계의 구분은 리비도가 집중적으로 모이는 성감대의 변화에 따라 구분된다. 그는 성적(性的) 발달에 대한 진행이 입, 항문, 성기 등의 순으로 성감대가 바뀌어 간다고 하였으며 구순기, 항문기, 남근기, 잠복기, 생식기 등으로 발달단계를 구분하였다. 이 시기를 성격형성의 결정적 시기(critical period)로 보았다.

❶ 구순기(oral stage : 0~1세)

구순기를 접유기라고도 하며, 이 시기에는 리비도가 구순이나 혀 등의 입에 중심되어 있으며, 욕구의 충족은 젖을 빠는 것이다. 이 시기에 형성되는 성격을 구순기 성격이라고 한다. 구순기 성격이란 접유를 매개로 어머니와의 일체감에 의해 발생하는 애정의 교환과 관련되어 있다. 만약 어머니의 적절한 보살핌을 받지 못하고 추구하는 쾌감을 얻지 못한다거나 과잉충족을 얻게 되면 성장과정에서 성격적 결함이 나타난다. 이를테면 애정욕구의 불만으로부터 발생하는 의존적 성격이나 과잉적 애정관계로부터 일어나는 낙천적 성격을 들 수 있는데, 발달과정에서 흡연·과음·과식·타인 험담하기 등의 반응을 보이는 미성숙한 성격이 나타난다.

❷ 항문기(anal stage : 2~3세)

구순기 이후 유아는 항문 괄약근의 조절이 가능하게 된다. 리비도는 항문 주위로 옮겨가서 대소변을 오래 견디기도 하고 배설하기도 하여 쾌감을 얻는다. 이 시기에 부모는 유아가 적절한 시기와 장소에서 배설할 경우 이에 적합한 보상을 주게 되며, 시간과 장소가 적절하지 않을 경우는 행위를 규제한다. 즉 대소변 훈련에 대한 부모의 훈육이 시작된다. 유아는 출생하여 처음으로 외부의 통제를 경험하게 된다. 만약 유아가 이 시기를 적절하게 보내지 못하면, 대소변을 더러운 것으로 생각할 뿐만 아니라 반동(reaction)이 형성되어 지나치게 규율을 준수하는 결벽성이나 청결주의 성격으로 된다.

❸ 남근기(phallic stage : 3~5세)

남근기에는 성감대가 주로 항문에서 남근으로 옮겨간다. 이 시기의 아동은 남녀의 신체 차이, 아기의 출생, 부모의 성 역할 등에 대해서 관심을 갖는다. 특히 남아들은 엄마에게 성적인 애정을 느끼고 아빠에게는 애정을 박탈당할까 걱정하는 외디푸스 콤플렉스(oedipus complex)를 갖게 되며, 아빠가 자신의 성기를 없애지나 않을까 하는 거세불안(castration anxiety)의 고민을 갖는다. 여아들은 처음에 엄마를 좋아하게 되나 곧 자신에게 남근이 없음을 알고, 이를 부러워하는 남근선망(penis envy)의 감정을 갖는다. 그리고 이 책임을 엄마에게 돌리고 아빠를 더 좋아하기 시작하는 엘렉트라 콤플렉스(electra complex)를 갖는다. 이러한 콤플렉스를 극복하는 과정에서 동일시(identification)현상이 나타난다. 이는 남아의 경우 엄마에 대한 성적 애정을 포기하고 아빠와 같은 남성다움을 갖기 위해 노력하며, 여아의 경우에는 남근이 없다는 사실을 인정하고 엄마처럼 여성스럽게 되고자 노력하는 것을 의미한다. 이 시기는 매우 복잡하고 자극적인 감정이 교차되는 특징을 보이며 성격형성에 매우 중요하다. 그러므로 이 시기를 잘 극복하지 못했을 경우 성 불감증, 동성애 등과 같은 신경성 질환을 유발시킬 수 있다.

❹ 잠복기(latent stage : 6~11세)

잠복기는 아동이 초등학교에 다니는 시기이며, 이 시기는 성적인 욕구가 억압되어 심리적으로는 평온한 안정적 시기이다. 이 시기에 아동들은 성적인 부분을 제외하고는 매우 활동적인 모습을 보인다. 이를테면 문화적으로 가치 있는 기술을 학습하게 되고 사회 속에서 또래집단과 생활하는 방법을 배우고, 자신의 역할을 배우며, 운동능력을 키워 논리적으로 사고하며 타인의 입장을 배려할 줄도 알게 된다. 이 시기를 총체적으로 잠복기라고 하며 성적으로만 침체된 시기임을 의미한다.

❺ 생식기(genital stage : 12세 이후)

생식기는 성적 리비도가 잠복기에서 다시 분출하는 시기이다. 이 시기에는 앞의 단계에서 나타난 단순한 쾌감이 아니고 진정한 이성을 찾아 만족을 추구하고자 한다. 아동들은 이성의 부모에 대한 지나친 밀착감과 애정이 불가능하고 더욱이 성적인 관계는 금기시됨을 인식하게 된다. 그래서 부모로부터 독립하려는 욕구가 발생하며 진정한 사랑을 나눌 대상으로서의 이성을 찾는다. 이 시기는 발달단계 중 가장 긴 시간이며 사춘기로부터 노년기까지 계속된다.

(4) 에릭슨의 성격발달이론

에릭슨(E. Erikson)은 아동이 어떻게 자아정체감을 발달시키고 어떻게 사회화되는지에 관심을 가졌다. 그래서 그의 이론을 '심리사회적 발달이론'(psychology social development theory)이라고 부른다.

에릭슨은 프로이트의 심리성적발달이론이 지나치게 초기결정론의 입장을 취한다는 점과 무의식에 내재한 성적 욕구를 강조한다는 점에서 의견을 달리했다. 에릭슨은 인간은 출생과 동시에 사회적 존재가 되며, 그 후 만나는 사람들과 겪어야 하는 일들에 따라 그의 사람 됨됨이가 변해 간다고 보았다. 그의 저서 「child and society」에서 인간의 일생을 출생으로부터 노년에 이르기까지 발달과정을 8단계로 구분하고, 각 단계에서 습득해야할 과업을 대칭적으로 제시하였다. 이들 과제를 습득할 경우 정상적인 발달을, 반대로 습득하지 못하였을 경우에는 부정적인 발달이 이루어져 각 단계에서 필연적으로 겪어야 하는 위기가 있음을 강조하였다. 즉, 인간이 성장하면서 직면하게 되는 위기를 수용하고 해결한다는 것은 개인이 지니고 있는 심리사회적 특징에서 긍정적인 면과 부정적인 면이 서로 적절한 비율로 나타나고 있음을 의미한다.

발달단계

❶ 신뢰감 대 불신감(trust vs. mistrust : 0~1세)

이 시기에 영아가 맺는 사회적 관계는 주로 보살펴주는 엄마와의 관계이다. 영아가 처음으로 접하는 사회관계에서 엄마가 영아의 신체적·심리적 욕구와 필요를 적절히 충족시켜 주면서 일관성 있게 돌봐주면 영아는 엄마나 보살펴주는 사람을 신뢰하게 된다. 반면 지속적이고 일관된 사랑과 보살핌을 받지 못한 영아들은 보통 타인과 주변세계에 대하여 불신감, 의심, 두려움 등을 갖게 된다. 이 시기에 형성된 기본적인 신뢰감은 성장과정에서 모든 사회관계의 적응에 지대한 영향을 미친다.

❷ 자율성 대 수치 및 회의감(autonomy vs. shame and doubt : 2~3세)

이 시기의 아동들은 여러 개의 상충된 충동 사이에서 스스로 선택을 하게 되며, 이러한 과정을 통해서 자신의 의지를 나타낸다. 이는 곧 자율성(autonomy)을 갖고자 하는 의지가 형성되는 증거이다. 이 시기의 아동은 배변통제가 가능하게 되고, 스스로 걷게 되며, 주위를 혼자서 열심히 탐색하고, 스스로 먹고 입기 시작하게 된다. 아동은 목표지향적인 행동을 하게 되며 언어로 의사소통(communication)을 하기 시작한다. 이는 아동이 더 이상 타인에게 의존하지 않고 스스로의 능력으로 무엇인가를 해보려는 시도이며, 이에 대하여 부모는 아동에게 칭찬이나 신뢰를 표현하여 용기를 주어야 한다. 반면 지나치게 엄격한 배변훈련이나 사소한 실수에 대한 부적절한 벌 등은 아동으로 하여금 수치심을 일으키며 자신의 능력에 대하여 회의감을 갖게 한다.

❸ 주도성 대 죄책감(initiative vs. guilt : 4~5세)

이 시기의 아동들은 어떤 목표나 계획을 세워 거기에서 성공하고자 노력한다. 그리하여 아동은 자율성이 증가하며 왕성한 지적 호기심을 갖는다. 부모를 모방하고자 하며 어머니가 부엌에서 요리할 때 주도적으로 참여하려는 등 자신이 주도적으로 일을 하여 인정받고 싶어 한다. 부모가 이러한 아동의 주도성을 비난하거나 질책을 하면 아동은 위축되고 자기주도적인 활동에 죄책감(guilt feeling)을 느낀다.

❹ 근면성 대 열등감(industry vs. inferiority : 6~11세)

이 시기의 아동들은 기초적인 인지적 기술과 사회적 기술을 습득하게 되며, 가족의 범주를 벗어나 보다 넓은 사회에서 통용되는 유용한 기술들을 열심히 배우고자 하는 자아가 형성되어 간다. 대부분의 시간을 학교에서 보내며 학교나 또래집단을 통해 일하는 것을 배운다.

이 시기에 교사는 아동의 긍정적인 자아개념을 발달시켜 주기 위해 아동이 높은 성취와 성공을 경험할 수 있도록 학습 환경을 계획하고 적합한 과제를 할당하는 등 아동의 활동에 관심을 가져야 한다. 이후 근면성은 전 생애에 걸쳐서 적응과 성공, 그리고 인간관계를 결정하는 데 매우 중요한 요인으로 작용한다. 만약 이 시기에 근면성이 결핍될 경우 성장과정에서 실패할 가능성이 높아지고, 열등감이나 부적절한 감정을 갖게 될 가능성이 있다.

❺ 정체감 대 역할 혼미(identity vs. role confusion : 12~18세)

이 시기는 급격한 신체적 변화와 함께 새로운 사회적 압력과 요구에 직면하게 된다. 이런 급작스런 상황변화는 청소년들이 어떻게 새로운 상황에 대처해 나가야 할지 당황하게 만든다. 이에 에릭슨은 청소년기의 중심과제를 자아정체감이라고 하였다. 자아정체감이란 자기존재, 위치, 역할 및 책임, 능력 등에 대한 자신만의 분명한 의식을 말한다.

이 시기의 청소년들은 자기 자신의 끊임없는 의문에 대해 해답을 찾으려고 애쓰지만 그 해답이 쉽게 얻어지지 않기 때문에 고민하거나 방황한다. 그래서 자아정체감이 형성되지 못하거나 상실하게 되면 자신에 대한 회의, 고민, 그리고 방황에 처해 역할혼미(role confusion)에 빠지게 된다. 그러므로 이 시기에는 청소년의 자아정체감 형성에 관심을 가져야한다.

❻ 친밀감 대 고립감(intimacy vs. isolation : 19~24세)

이 시기는 청소년기의 주 관심이었던 자아정체감을 벗어나 직업을 선택하고 배우자 결정 등 자신 외의 상대방을 통해 공유적 동일감을 찾으려 한다. 즉 성인 초기에 해당하는 이 시기에는 사회에 참여하게 되고 자유와 책임을 가지고 스스로의 삶을 영위하고자 하는 것이다.

에릭슨은 이 시기에 이르러 직업적이든 또는 배우자와의 관계에서든 성인들은 타인으로부터 공유된 정체감(shared identity)을 찾게 되고, 이러한 관계를 통해서 서로는 친밀감(intimacy)을 갖게 된다고 하였다. 청년기에 역할혼미가 없어 확실한 정체감을 형성하였을 경우 이 시기에 이르러 타인과 건전하고 친밀한 관계를 형성하기 쉬우나, 자아정체감의 상실이나 역할혼미가 있었던 경우에는 타인과의 만족한 관계를 맺지 못해 자기 자신에게만 몰입하는 고립감(isolation)에 빠지게 된다.

❼ 생산성 대 침체성(generativity vs. stagnation : 25~54세)

이 시기는 배우자를 선택하여 친밀성이 확립되고 나면, 그들의 관심은 두 사람만의 관계를 넘어서 그 밖의 타인에게로 관심이 확대되기 시작한다. 가정적으로는 자녀를 낳아 양육하게 되고, 사회적으로는 다음 세대를 양성하는데 관심과 노력을 기울이게 된다. 성인 후기의 중요 특징은 창조성, 생산성, 다음 세대를 지도하는 것에 대한 관심과 헌신이다. 생산적인 성인은 보다 좋은 사회를 만드는 데 기여하려 하고 깨끗한 환경조성, 안정된 사회, 자유와 인간존중의 원리를 지키기 위해 노력한다. 그렇지 못한 경우에는 침체성(stagnation)에 빠질 수 있다.

❽ 통정성 대 절망감(ego-integrity vs. despair : 54세 이상)

이 시기는 인생의 마지막 단계인 노년기에 해당된다. 인간은 이 시기가 되면 심신이 쇠약해지고 사회적으로 은퇴하게 되고 배우자와는 필연적으로 사별하게 된다. 통정성이란 자신의 삶을 후회 없이 가치 있게 살았다고 생각하는 사람이 지닌 특성을 말한다. 이 같은 사람은 자신이 지내온 과거의 삶에 책임감이 있으며 죽음 또한 겸허하게 받아들인다. 반면 자신의 살아온 삶이 후회스럽고 무가치하다고 생각하는 경우 새로운 생을 시작하기에는 너무 늦었다고 생각하며 절망감에 빠질 수 있다.

표 4-3 프로이트와 에릭슨의 발달단계 비교

프로이트의 심리성적발달이론		연 령	에릭슨의 심리사회적발달이론	
단 계	특 징		단 계	특 징
구강기	• 접유를 행위를 통한 쾌감 충족 • 의존적 성격 혹은 낙천적 성격	0~1세	신뢰감 대 불신감	• 경험의 일관성, 동일성을 통한 신뢰감 형성 또는 경험의 부적절성, 거부감을 통한 불신감, 의심, 두려움을 야기
항문기	• 배변훈련을 통한 본능적 욕구 통제 • 반동형성, 결벽증, 청결주의	2~3세	자율성 대 수치감	• 자기능력을 발휘하도록 격려받을 때 자율성이 생기는 반면, 과잉보호나 통제적인 환경은 수치심 유발
남근기	• 남근선망, 오이디푸스 콤플렉스 엘렉트라 콤플렉스 • 성불감증, 동성애	4~5세	주도성 대 죄책감	• 탐색 및 실험할 수 있는 환경을 허용할 때 주도성이 발달하고, 아동의 활동을 제한하고 귀찮아하면 죄책감이 나타남
잠복기	• 성적 욕구나 갈등의 평온상태, 사회적으로 용인 가능한 활동에 에너지 투여 • 사회성, 도덕성	6~11세	근면성 대 열등감	• 어떤 과업에 대해 타인에게서 받는 칭찬과 승인을 통해 근면성이 발달하는 반면, 거부적이고 비난을 받게 되면 열등감이 형성됨
생식기	• 이성에 대한 진정한 관심을 통해 성숙하고 이타적인 성격으로 발달 • 독립심, 아름다운 이성관계	12~18세 청년기	정체감 대 역할혼미	• 자신의 성격에 대한 동일시를 통해 정체감을 발달시키는 반면 신체적, 불안감, 성역할, 직업선택의 불안정은 역할혼미를 초래
		19~24세 성인초기	친밀감 대 고립감	• 직업을 선택하고 배우자를 찾으면서 친밀감이 발달하는 반면 경쟁적, 부정적 관계를 통해 고립감에 빠짐
		25~54세 성인중기	생산성 대 침체감	• 자녀교육과 사회봉사를 통해 생산성이 발달하는 반면 생산적 과정에 실패하면 침체감에 빠짐
		55세이상 노년기	통정성 대 절망감	• 개인의 생애를 조망하면서 만족스럽다고 통찰하면 자아통정감이 형성되지만 자신의 삶을 무의미한 것으로 보면 절망감에 빠짐

(5) 콜버그의 도덕성발달이론

콜버그(L. Kolberg)는 인간의 도덕성 발달을 위해서는 심리학적·철학적으로 정당화되는 도덕적 발달의 개념을 확립시키는 것에 있다고 보았다. 그래서 그의 이론을 '인지발달적 접근'(cognitive developmental approach)이라고 부르기도 한다.

콜버그는 도덕성을 타율적 도덕성과 자율적 도덕성으로 양분하고 어린이를 주된 연구대상으로 삼은 피아제의 도덕성 발달이론을 발전시켜 대상을 성인까지로 확대 적용하였다.

콜버그는 도덕성 연구에서 '도덕적 행위의 동기', '인간생명의 가치' 등 도덕적 문제를 담은 이렇게도 할 수 없고 저렇게도 할 수 없는 일련의 도덕적 딜레마(dilemma) 이야기를 제시한 후, 그러한 상태에서 '어떻게 하겠는가', '왜 그렇게 해야 하는가'를 질문하여 그 응답을 기초로 3수준 6단계로 구체화하였다.

발달단계

제 I 수준 : 인습이전 수준(preconventional level)

이 수준의 아동은 도덕적 규칙이나 선악의 개념을 알고 있지만 도덕적 준거는 도덕적 규칙을 강요하는 권위자의 힘이나 권력 또는 자신의 개인적 욕구를 충족시키는 것과 관련해서 해석한다.

❶ 1단계 : 벌과 복종에 의한 도덕성

도덕성 발달의 1단계에 해당하는 아동에게는 행위의 결과가 벌인가 칭찬인가, 아니면 행위를 강요하는 사람이 누구인가의 선악을 판별하는 주요 근거가 된다. 결국 이 단계의 아동들에게는 벌을 피한다든지 혹은 권력에 무조건 복종하는 그 자체가 가치론 것이다.

❷ 2단계 : 욕구 충족으로서의 도덕준수

자신의 필요나 욕구, 경우에 따라서는 타인의 필요나 욕구를 충족시켜 주는 행위이면 옳다고 판단한다. 이 시기의 인간관계는 일종의 교환 관계이다. 즉 실용적인 관점에서 상대방의 요구를 들어주어 자신의 욕구를 충족시키기 위하여 도덕을 지키게 된다. 예컨대 '네가 지우개를 빌려주면 나는 연필을 빌려주겠다.'는 식이다.

따뜻한 우정이 있을 수 있지만 주로 실용적인 관점에서 해석된다.

제Ⅱ수준 : 인습수준(Conventional level)

이 수준에서는 타인과의 상호작용을 고려한 사회지향의 도덕성으로 발전하게 된다. 따라서 이 수준에서는 가정, 집단 및 국가의 기대에 따르는 것이 도덕적으로 옳다고 생각한다.

❸ 3단계 : 대인관계 조화와 수단으로서의 도덕

대부분의 성인들에게 흔히 나타나는 생각으로 내가 다른 사람을 기쁘게 해주는 행위를 하면 다른 사람들이 나를 인정해 줄 것이며, 그것은 좋은 일이라고 판단하는 단계이다. 즉, 옳은 행위란 다른 사람을 기쁘게 하고 도와주는 행위이며, 좋은 의도로 그런 일을 했다는 생각이 중요시된다.

❹ 4단계 : 법과 질서의 수단으로서의 도덕

개인적인 문제보다 전체를 위한 의무감을 더욱 중요하게 여기는 시기이다. 예컨대 '이것은 법이다. 만약 모든 구성원들이 자신의 이기주의와 이익관계에 따라 행동한다면 세상은 어떻게 될 것인가'라고 생각하면서 주어진 사회질서를 유지하려는 행동을 나타내려는 시기이다. 즉, 권위나 고정된 규칙, 사회질서 유지의 중요성을 느끼고 주어진 사회질서를 유지하고자 하는 행동이 강하게 나타남을 말한다.

제Ⅲ수준 : 인습이후 수준(post-conventional level)

이 수준은 가장 발전된 수준으로 행동의 판단은 사회의 법 자체보다 인간으로서의 기본적인 원리에 따른다.

❺ 5단계 : 사회계약으로서의 도덕

법이 중요하지만 법의 사회적 유용성에 대한 합리적 고려에 따라 법이 바뀔 수도 있다는 것이다. 즉, 법이 사회적 용도에 따라 법이 바뀔 수 있다고 생각한다. 예컨대 '학교 내에서 과외는 법에 위배된다. 따라서 그것은 나쁜 일이다. 그러나 지나친 학원교육 및 방과 후 과외교육으로 학부모의 증가된 학비부담을 줄이기 위하여 정부차원에서 학교 내의 과외 교육을 승인한다면 그때는 도덕적으로 나쁠 것이 없다.'는 것이다.

❻ 6단계 : 보편적 도덕원리에 대한 확신으로서의 도덕성

자신이 선택한 도덕원리에 따른 양심적인 행위가 곧 올바른 행위이다. 도덕원리는 논리적이고 일관성이 있어야하며 모든 사람에게 적용 가능해야한다. 이를테면 올바른 행위란 스스로 선택한 도덕원리에 따른 양심의 결단으로 정의되기 때문이다.

콜버그의 연구에서 제시된 질문내용의 하나인 '하인즈(Heinz)가 약을 훔치다.'라는 내용을 통해서 도덕성 발달이론(3수준 6단계)에 대하여 살펴보고자 한다.

도덕성 발달이론 「하인즈가 약을 훔치다」

유럽의 어느 마을에 특수한 종류의 암으로 거의 죽음에 임박한 여인이 있었다. 의사의 생각으로는 의사를 구할 수 있는 약이 한 가지 있는데, 그것은 라디움의 일종으로서 같은 마을에 사는 한 약제사가 최근에 발견해낸 것이다. 그 약은 재료비도 비싸지만, 약제사가 원가의 10배나 비싸게 가격을 정해서 원가 200달러 약을 2,000달러에 팔았다. 하인즈는 아내의 약을 구하기 위해 자신의 절박한 상황을 말하고서 약을 싸게 팔든지 아니면 다음에 돈을 갚을 테니까 약을 달라고 부탁했다. 그러나 약제사는 이 약을 힘들게 개발했고, 자신은 많은 돈을 벌려고 하기 때문에 부탁을 들어 줄 수 없다고 하였다. 그리하여 하인즈는 절망한 나머지 약방을 부수고 들어가 약을 훔쳤다. 하인즈가 한 일은 정당한가? 아니면 부당한가? 만일 정당하다면 왜 그러하며, 부당하면 그 이유는 무엇인가?

표 4-4 콜버그의 도덕성 발달단계와 하인즈와의 관계

수 준		단 계	특 징
【수준 Ⅰ】 인습이전 수준	도덕적 선악의 개념은 있으나, 준거는 권위자의 힘이나 개인적 욕구에 관련시켜 해석한다.	1단계 : 벌과 복종지향	• 권위자의 벌을 피하고, 권위에 복종한다. ✍ 하인즈의 예 : 법에 어긋나니까 나쁘다. 훔치는 것은 나쁘다. 벌을 받을 것이니까 나쁘다.
		2단계 : 도구적 지향	• 자신의 욕구충족이 도덕판단의 기준이며, 욕구배분의 동기는 있으나 자신의 욕구충족을 우선적으로 생각한다. ✍ 하인즈가 아내를 사랑해서 약을 훔치는 것이므로 정당하다. 약제사는 돈을 벌기 위해 약을 제조한 것이기 때문에 정당하다.

수 준		단 계	특 징
【수준 II】 인습수준	다른 사람의 상호작용을 고려한 사회지향적 가치 기준을 갖는다.	3단계 : 조화로운 대인관계 지향	• 대인관계 및 타인의 승인을 중요시한다. ✍ 하인즈가 아내의 생명을 구하려고 애썼다. 아내를 사랑했다. 약제사는 탐욕스럽다. 자신의 이익만 추구했다. 다른 사람의 생명에는 무심하다.
		4단계 : 법과 질서 지향	• 법과 질서를 준수하며 사회 속에서 개인의 의무를 다한다. ✍ 하인즈가 아내를 사랑하여 약을 훔칠 수밖에 없었지만(3단계) 그는 약제사에게 약값을 치르고 감옥에 가야 한다. 안정된 사회를 위해 법은 존중되어야 하기 때문이다(4단계).
【수준 III】 인습이후 수준	인간으로서의 기본원리에 따라 행동한다.	5단계 : 사회계약 정신 지향	• 사회적 책임으로서의 공리주의 및 가치기준의 일반화를 추구한다. ✍ 하인즈의 행동이 법을 초월하는 '정당한 이유'를 가지고 있지만, 이 정당한 이유에 대한 포괄적인 설명을 내리지 못하는 혼란스런 반응을 보인다.
		6단계 : 보편적 도덕원리 지향	• 스스로 선택한 도덕원리에 양심의 결단을 따른다. ✍ 하인즈가 아내를 구하기 위해 도둑질할 법적 권리는 없지만 보다 상위의 도덕적 권리는 갖고 있다. 왜냐하면 모든 개인의 생명은 절대적으로 고유한 가치를 갖기 때문이다.

3 학습자의 개인차

1) 학습자의 인지적 특성

(1) 지능

학습자의 인지적 특성을 결정짓는 가장 중요한 요인 중에 하나가 지능임은 별 이견이 없다. 지능이라는 용어는 비교적 널리 알려진 인간의 심리적 특성 중의 하나이다. 그러나 지능이 무엇인지 정의하기란 그리 쉽지만은 않다. 그러나 학자들의 의견을 종합하여 지능을 정의하면 크게 네 가지로 구분할 수 있다.

❶ 정신적 적응능력으로 보려는 입장이다. 환경에 대한 적응 정도이며 생활의 새로운 문제나 사태에 대한 일반적인 행동을 보다 구체적으로 재조직하는 능력이다.
❷ 학교 학습능력으로 보려는 입장이다. 지적인 사람은 그렇지 못한 사람에 비해 학교 학습 효과가 높다. 따라서 학교 학습을 수행하는 능력으로 본다.
❸ 고등 정신능력으로 보려는 입장이다. 사물이나 사건들과의 관계를 해결하거나 파악하는 데 추론하는 능력으로 보려는 입장이다.
❹ 정보를 처리하는 조작적 능력으로 보려는 입장이다. 지능을 목적적으로 행동하고 합리적으로 사고를 하며 환경을 효과적으로 다루는 개인의 집합적 능력으로 보려는 관점이다.

지능의 본질을 파악하기 위한 전통적인 노력은 지능의 요인을 밝히는 것이었다. 스피어만(C.E. Spearman)은 지능의 요인을 분석하여 일반요인(g 요인)과 특수요인(s요인)으로 구분하였다. 일반요인은 여러 분야의 문제해결에 공통적으로 작용하는 일반적인 능력이고, 특수요인은 특수한 분야에서만 작용하는 특수지능이다.

써스톤(L. Thurstone)은 스피어만의 요인분석을 보다 발전시켜 지능의 군집요인설을 주장하였다. 그는 지능이 수많은 요소들로 구성되어 있다고 보고, 유사한 특성을 지닌 요인들의 묶음으로 분류하였다. 즉, 공간 지각력, 지각 속도력, 수리력,

언어 이해력, 언어 유창성, 연합적 기억력, 추리력이라는 일곱 가지 기본 정신능력을 발견하였다. 이러한 지능요인설은 길포드(J. P. Guilford)에 의해 더욱 확장되었다. 그는 지능을 내용, 조작, 산출 등의 3차원으로 파악하여 <그림 4-6>과 같은 지능구조모형을 제시하였다.

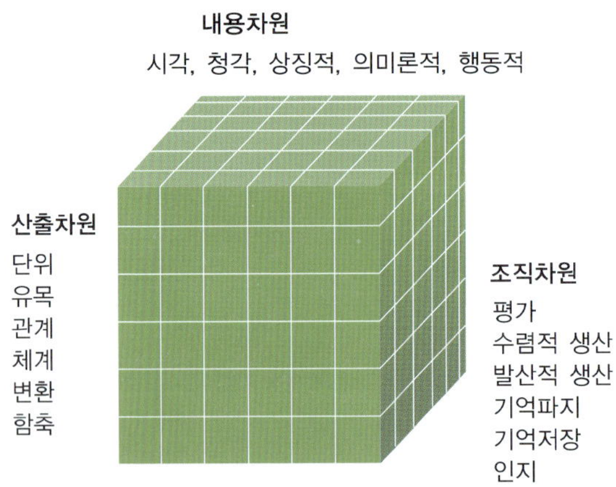

그림 4-6 길포드의 지능구조모형

길포드는 3차원으로 파악한 지능을 제시하였으며, ① 내용영역차원은 시각적, 청각적, 상징적, 의미론적, 행동적 5요인으로, 인지활동차원은 평가, 인지, 기억파지, 발산적 사고, 수렴적 사고, 기억저장 6요인으로, 결과영역차원은 단위, 유목, 관계, 체계, 변환, 함축 6요인으로 나누어 모두 180개의 서로 다른 요인을 제시하였다.

최근에는 가드너(H. Gardner)의 다중지능이론(theory of multiple intelligence)과 스턴버그(Sternberg)의 3위 일체 지능이론(triarchic theory of intelligence)이 널리 소개되고 있다. 가드너는 지능이란 한 문화권 또는 여러 문화권에서 인정되는 문제를 해결하고 창조하는 능력으로 일곱 가지 지능인 신체운동지능, 언어지능, 공간지능, 논리·수학지능, 음악지능, 대인관계지능, 내성지능을 말한다. 반면 스턴버그는 지능을 경험의 연속선상에서 적절한 행동을 나타낼 수 있는 능력으로 정의하여 분석적 지능·창의적 지능 등 삼위일체 지능구조를 강조한다.

(2) 창의력

창의력(creativity)이란 인간은 고차원적인 정신활동을 말한다. 모든 유기체는 자신의 주위 환경에 적응하려는 특성을 가지고 있다. 하지만 인간 유기체는 단순히 환경에 순응하는 것에 만족하지 않고 환경을 변화시켜 새로운 환경을 만들어냄으로써 자신의 욕구를 충족시키려 한다. 이러한 욕구 충족과 관련하여 요구되는 인간의 지적 능력이 바로 창의력이다. 즉, 창의성은 적어도 새롭고 독창적인 아이디어를 창출해내거나 문제를 해결하기 위한 능력인 셈이다.

길포드(J.P. Guilford)에 의하면 창의력이란 고도의 사회적 유용성 또는 좋은 형태를 갖는 참신한 사회를 만드는 능력을 의미한다. 또한 지능구조의 조작적인 차원 중 확산적(발산적) 사고를 말하는 것으로 유연성(flexibility), 유창성(fluency), 독창성(originality), 정교성(elaboration) 등을 특징으로 하는 사고를 말한다. 급속한 변화의 정보화 사회에서의 사회는 이에 대처할 수 있는 능력, 즉 창의력 있는 사람을 필요로 한다. 따라서 고차원적이고 생산적인 능력으로서의 창의력이 학습자에게 더 많이 요구된다. 학교도 시대의 흐름에 부응할 수 있는 창의력 신장의 교육에 관심을 가져야 할 것이다.

길포드의 창의력 관련 주요 요인을 제시하면 다음과 같다.

❶ 유창성(fluency) : 유창성은 주어진 자극에 대하여 제한된 시간 내에 얼마나 많은 양의 반응을 보일 수 있는가 하는 능력의 변인으로 반응의 질보다 반응의 양이 중요하다.

❷ 유연성(flexibility) : 유연성은 융통성이라고도 하며 한 가지 문제 사태에 대하여 접근하는 방법이 얼마나 다양한가 하는 사고능력이다.

❸ 독창성(originality) : 독창성은 사고의 결과로서 나타나는 반응의 '특이성'을 의미한다. 기존 지식의 통합이나 재구성이 아니라 새롭고 흔히 볼 수 없는 반응의 도출을 의미한다.

❹ 정교성(elaboration) : 정교성은 중심이 되는 생각을 정밀하게 가다듬거나 세부사항을 덧붙여 문제에 포함된 의미를 명확히 하고 부족한 것을 보충할 수 있는 능력이다.

❺ 재정의성(redefinition) : 재정의성은 새로운 절차나 구상을 꾸미거나 설계하는

능력이다.

❻ 민감성(sensitivity) : 민감성은 어떤 문제의 사태에 대하여 예민하고 신속하게 지각하는 능력이다.

2) 학습자의 정의적 특성

앤더슨(L. W. Anderson)은 정의적 특성을 '감정이나 정서를 나타내는 전형적인 인간 속성'이라고 말하였으며, 정의적 특성의 일반적 준거로 첫째, 개인의 감정이나 정서를 포함해야 하며, 둘째, 개인의 행동이나 사고의 근간이 되어야 하며, 셋째, 행동이나 사고는 인간의 정서상태가 계속 변함에도 불구하고 전형적인 감정을 가지려는 경향성을 보여야 한다는 것이다.

(1) 정의적 특성의 성질

❶ 정의적 특성은 추리된 개념이다. 정의적 특성이란 직접 관찰할 수 없는 것이다. 그것은 개인에게서 나타나는 행동을 관찰하여 추리된 개념에 불과하다. 이처럼 정의적 변인은 직접적으로 관찰되지 못하고 오직 행동을 매개로 해서만 추리될 수 있기 때문에 독립변인이나 종속변인이 아니라 중개변인이라고 할 수 있다.

❷ 정의적 특성은 방향을 결정해주는 개념이다. 지적 특성이 개인이 무엇을 얼마만큼 할 수 있는가를 나타내주는 데 반해서 정의적 특성은 어느 방향으로 가느냐를 결정해주는 개념이다.

❸ 정의적 특성은 주체와 객체와의 관계이다. 정의적 특성은 사물, 장소, 사상(事象), 추상적인 이념 등 개인의 환경 내에 있는 객체와의 관계를 나타낸 것이다.

❹ 정의적 특성은 학습된 것이다. 정의적 특성은 환경과의 접촉을 통해서 학습되고 습득된다.

❺ 정의적 특성은 일반성과 안정성을 지닌다. 정의적 특성은 계속적이며 일관된 반응을 나타낸다.

(2) 정의적 특성의 종류

❶ 흥미(interest) : 어떤 현상이나 사물에 대한 관심 또는 어떤 특정한 활동에 참여하려는 경향성이다.

❷ 태도(attitude) : 어떤 상황에서 반응의 준비상태 또는 경향이다.

❸ 가치관(values) : '좋다' 또는 '나쁘다'라는 평가적 요소를 가지며 행동의 방향과 동기에 영향을 주는 중개 변인적 개념이다.

❹ 자아개념(self-concept) : 크게 자신감과 자아존중감으로 구분되는데, 자신감은 어떤 과제를 수행할 수 있다는 자신의 능력에 대한 신념이며, 자아존중감은 자기 자신을 자기가 얼마나 좋아하느냐의 개념이다.

❺ 성격(personality) : 한 개인의 특성들의 독특한 패턴으로서 구체적 행동에서부터 개념화·일반화된 내면적 수준까지를 포함한다.

❻ 사회성(sociality) : 사회화 과정에서 형성되는 인간적 특성을 일컫는 것으로, 친구 혹은 민주시민으로서 가져야 할 성격적 특성을 지칭한다.

❼ 도덕성(morality) : 사회생활의 규범이며 인간행동의 준칙인 도덕기준에 따르는 행동을 말한다.

❽ 불안(anxiety) : 직접적인 위험이 없는 상황에서 어떤 위협을 느끼는 일반적 성향으로 개인의 정서수준을 나타낸다. 유기체의 일반적 성향으로 개인의 정서수준을 나타낸다. 유기체의 일반적 각성수준은 항상 긴장을 수반하여 그 긴장이 강해지면 불안상태를 일으킨다.

❾ 학습동기(learning motive) : 성취동기라고 부르기도 하며 특정과제를 학습하려는 추진력을 말한다. 학습동기 유발방법으로는 내적 동기유발과 의적 동기유발의 두 가지가 있는데, 학교학습에 있어서는 학습과제 자체에 관심을 기울이게 되는 내적 동기를 강조한다.

❿ 학습습관(study habit) : 여러 학습활동 상황에서 학습자가 특정한 행동을 선호하여 반복 수행한 결과 그에게 내면화되어 자연히 발생하게 되는 일관된 학습행동의 반응양식을 말한다.

(3) 동기

일반적으로 동기(motivation)란 환경의 내재적·외재적인 영향을 받아 자극된 목표를 지향하는 욕구로 일을 행하게 하는 원천이라고 말한다. '공무원 시험 준비를 하게 된 동기' 또는 '교사가 되게 된 동기' 등 어떤 일을 행하게 된 동기의 근원적 개념으로 사용된다.

이 같은 동기의 기능에는 활성적 기능(activating function), 지향적 기능(directive function), 강화적 기능(reinforcing function), 조절적 기능(regulatory function) 등이 있다.

첫째, 활성적 기능은 발생적 기능이라고도 하며 출발점 또는 시발점 기능으로 이해 될 수 있으며 모든 행동의 전제 조건이 된다. 둘째, 지향적 기능은 행동에 있어서 구체적인 방향을 정하고 자극에 대한 선별적 반응을 통해 순조롭게 목표를 달성하며 결과적으로 긴장을 완화시키는 기능을 한다. 셋째, 강화적 기능은 동기가 행동의 원동력이 되어 강화시키는 것으로서 칭찬이나 질책과 같은 외부적 상황이 특정한 행동을 수행하도록 유도하는 것이다. 넷째, 조절적 기능은 행동으로 옮김에 있어서 개인차와 개인 수준을 고려하여 적절히 시행하는 것을 의미한다.

이상의 네 가지 기능에 대하여 동기를 연구하는 심리학자들은 '인간의 행동을 일으키는 요소는 무엇인가?', '목표를 향한 원동력은 어디에서 나오는가?', 그리고 '목표에 도달할 때까지 지속적으로 노력하도록 만드는 것은 과연 무엇인가?' 등의 동기와 관련된 일반적인 질문을 한다.

따라서 동기란 인간행동 과정에서 행동의 활성을 증감시키고 행동의 방향을 정해주는 심리적 요인으로서 개체의 활동을 특정한 목표로 이끄는 내적 상태를 의미한다. 만일 사람에게서 동기가 유발되지 않는다면 '삶이나 행동은 바다에 표류하는 배처럼 방향을 잃고 떠밀려 다니는 무기력한 존재'에 불과할 것이다.

동기는 학습과 관련하여 일반 동기와 특수 동기로 구분된다. 학습에 대한 일반 동기(general motivation)는 학습상황에서 지식의 습득과 기능의 숙달을 위해 노력하는 지속적이고 폭넓은 경향을 의미한다. 이때 지속적이라는 용어는 중요한 의미를 갖는데, 일반 동기는 일단 형성되기 시작하면 초등학교와 중등학교를 거쳐 대학과 직장, 그리고 그 밖의 사회생활에까지 계속 유지되기 때문이다. 또 '폭넓은'이라는 의미는 일반 동기가 교육과정 전반에 영향을 준다는 뜻이다.

이와는 반대로 특수 동기(specific motivation)는 특정 영역이나 특정 내용의 학습에 대해서만 동기화가 이루어진다. 따라서 특수 동기는 교사의 통제범위 안에 있고, 특정 과목 혹은 특정 수업 시간의 학습에서만 학생들의 학습을 촉진시키게 된다.

한편 동기의 범주로 내재적 동기와 외재적 동기로 구분할 수 있다. 내재적 동기(intrinsic motivation)는 학습자가 본질적으로 가지고 있는 동기로서, 학업을 하면서 가치와 보람을 느끼고 학업과제를 이해하는데서 기쁨과 유능감을 느끼며, 도전적인 학업과제에 자율적으로 기꺼이 직면하는 동기를 말한다. 외재적 동기(extrinsic motivation)는 학습자가 외부로부터 받을 수 있는 강화자로서의 동기를 의미한다. 즉 미래의 성공을 이루기 위해 학교에 다니며 학습하는 것 자체에 의미와 만족을 두기보다는 진학, 직업선택, 경제적 성공이라는 외적 보상을 위하여 투자하는 마음으로 학교에 다니는 동기를 말한다.

교사는 이 두 가지 동기에 의한 내재적 보상과 외재적 보상을 접목하여 학습활동에 동기를 유발시켜 주어야 하고, 일부 학생들에게서 나타나는 무동기에 대해서는 소거해 줄 필요가 있다. 학교 현장에서 내재적 동기와 외재적 동기의 보상에 대한 절대적인 기준은 없지만 대체로 내재적 동기가 있는 학생에게는 내재적 보상을 경험하도록 하고, 내재적으로 동기화 되지 않은 학생에게는 외재적 보상을 맛보게 할 필요가 있다. 그러나 교사는 학생이 갖고 있는 최소한의 내재적 동기에 대해서 최대의 자신감이나 성취감을 갖도록 사회적 지지를 해줌으로써 내재적 동기를 육성시켜 주어야 하겠다.

(4) 자아개념

자아개념(self-concept)이란 자기 자신에 대하여 갖는 감정과 인지의 총체라고 할 수 있다. 이를테면 비교적 장기간에 걸쳐 얻어진 성공과 실패의 축적은 학생으로 하여금 자기 자신에 대한 관점을 형성하도록 할 것이다.

심리학에서 말하는 자아개념이란 자신에 대해 갖는 생각, 감정, 그리고 태도의 총체를 말한다(Hilgard at el, 1979). 이런 자아개념은 타인이 자기를 어떻게 평가하느냐에 대한 자각과 자신에 대한 자기 평가의 상호작용에 의해 형성된다. 개인이 지니고 있는 자아개념은 개인생활의 중심이 되어 자기 자신은 물론 자신이 접하는 모든 환경을 이해하고 해석하는 준거로 작용한다. 긍정적 자아개념은 학생으로 하여금 자신을 자기 행위를 결정하는 능동적인 인물로 평가하도록 하지만, 부정적 자아개념은 학생으로 하여금 자신을 보잘 것 없는 존재로 보게 하고 환경을 부정적으로 보게 한다.

자아개념의 구성에 대하여 학자마다 다소의 차이가 있으나, 일반적으로 학문적 자아개념, 사회적 자아개념, 정의적 자아개념, 신체적 자아개념으로 구분한다.

(5) 불안

심리학자들은 학교교육을 받고 있는 학생들에게 요구되는 불안을 시험불안(test anxiety)이라고 하였다. 시험불안은 수행(performance)에 영향을 미친다. 학교생활에 적응을 잘 못하는 학생들의 공통점은 학교의 과제에 대한 준비 부족으로 인하여 걱정하게 되는 것이다. 이러한 정서의 상태는 인지구조에 영향을 주고 이것으로 인해 공부를 열심히 했음에도 불구하고 시험당일에는 전혀 못 쓰는 패닉(panic) 상태가 발생한다.

예컨대 시험 전날까지만 해도 모든 것을 이해하고 완전히 파지(retention)까지 했는데도 시험지만 받으면 전혀 생각이 나지 않는다. 이처럼 평가 또는 시험과 관련해서 발생하는 불안한 상태가 시험불안인 것이다.

이러한 시험불안은 특성 불안(trait theory)과 상태 불안(state theory)으로 구분되는 데, 특성 불안은 비교적 인성적인 특징을 말하고, 상태 불안은 일시적인 정서 상태를 말한다. 이러한 시험불안은 성취불안에 영향을 주고 일상생활 속에서 불안이 확대되어 매사에 소극적이 되어 평가 상황을 회피하게 만든다.

실제 시험불안이 높은 학생과 낮은 학생간의 차이는 문제를 해결할 때 시간을 제한하였을 경우 시험불안이 높은 학생은 그렇지 않은 학생에 비해 실수는 세 배, 문제해결 시간도 두 배 정도 더 걸렸다(Hill & Eaton, 1977). 또한 불안을 가진 학생들의 20%가 학업에 실패하는 반면, 불안을 덜 가진 학생들은 6%정도가 실패하기 때문에 시험불안은 학업성취와도 밀접하게 관련되어 있다(Hill & Wigfield, 1984).

시험불안의 해소를 위해서는 학생 자신이 시험에 지나친 집착을 버리고 편안한 마음으로 임하며, 공부습관 역시 암기보다는 이해 위주로 핵심 내용을 파악한다. 그리고 파노라마식 연상법을 적용해 보는 것도 시도해 볼 만하다. 또한 학업성취도에 대하여 부모의 직접적인 개입보다는 긍정적인 학습동기를 자극한다거나 학습동기의 부정적인 요인을 소거해 주는 방향으로 지도되어야 한다. 교사 역시 학생들의 자아를 위협하는 실패 상황을 줄이도록 노력해야 할 것이다.

4 생활지도

1) 생활지도의 정의

생활지도의 개념은 영어의 guidance에서 유래되었으며 개념상으로 안내, 교도, 지도 등의 뜻을 가진 교육 용어의 하나이다. 대영 백과사전에서는 어떤 개인이 자신의 교육적·직업적·심리적 잠재가능성을 발견하고 발달시킴으로써 개인적 행복과 사회적 유용성을 적정 수준에 도달할 수 있도록 도와주는 과정으로 정의하고 있으며, 우리나라의 교육학 사전에서는 학생의 건전한 성장과 발달을 촉진하기 위해 생활과정에서 나타나는 현실적 문제를 학생의 특성에 맞게 지도하는 일로, 개인생활과 사회생활 측면에서 만족·행복·효능성을 높이고 개인의 자아실현을 돕는 것이라고 정의한다.

생활지도란 인간 개개인의 인지적·정의적·신체적 특성과 잠재가능성을 올바르게 이해하고 발달시켜서 개인이 교육적·직업적·사회적·심리적 발달을 가능한 최고수준까지 도달할 수 있도록 원조하는, 즉 자아실현을 원조하는 봉사활동이라고 하였다. 따라서 생활지도는 이런 봉사활동에 관한 학문적 이론과 실증적 연구의 총체로서 이 봉사활동의 과정과 절차를 모두 가리키며, 또한 그러한 목적을 달성하기 위해 제공하는 모든 교육적 경험을 포함한다.

이 같은 생활지도의 정의 속에는 첫째, 생활지도는 인간 발달의 전체 과정에서 개인이 직면한 모든 삶의 문제를 대상으로 하고, 둘째, 생활지도는 개인의 전인적 발달과 함께 사회적 존재로서 개인의 자아실현을 도모하는 것이고, 셋째, 생활지도는 권위적이거나 전체적 지도방식에 의존하는 것이 아니라 인간을 위한 봉사활동이라는 것이며, 넷째, 생활지도는 학문의 체계이며 실천적 과정인 동시에 실천의 구체적 내용을 가리키는 뜻을 지니고 있음을 알 수 있다.

2) 생활지도의 필요성

현대사회는 매우 빠른 속도로 변화하고 있다. 물론 경제적인 풍요와 더불어 가치관도 변화하고 있다. 오늘날 현대인들에게서 우리 고유의 도덕이나 사회규범을 찾아보기가 어려울 정도이다. 이러한 사회적 규범과 도덕성의 상실은 학교도 예외는 아니다. 그러다 보니 과거 어느 때보다도 생활지도의 필요를 공감하고 있다. 그것은 학생의 행동문제가 있을 때마다 항상 생활지도가 운운되는 것을 보면 알 수 있다. 하지만 생활지도의 의미를 무엇에서 찾으려 하는가에 따라 필요성 또한 달라질 수 있다. 생활지도의 필요성을 제시하면 <표 4-5>와 같다.

표 4-5 생활지도의 필요성

구분	필요성
교육 이념	• 교육은 전인적 발달의 기대에 부응해야 한다. - 아동의 건전한 발달과 전인적 성장 강조 - 교육을 사회화 혹은 자아실현의 가치추구로 인식 • 교육은 학생들의 생활에 적응이나 문제해결에 기여해야 한다. - 현대교육에서는 학생들의 실생활 적응과 적응된 행동양식에 대한 노력 추구 - 인간학적인 지식 요구
사회적 측면	• 인간 자원의 개발과 적절한 활용을 위해 필요하다. - 학교는 사회발전의 원동력인 무한한 지식자원의 보고임 - 사회적 요구에 부응한 인적자원 양성 • 변화하는 사회에 적응할 수 있는 인간의 양성문제에 관심을 가져야 한다. - 현실적이고 풍부한 경험 축적 - 올바른 가치관 및 태도 함양 • 청소년들이 일으키는 사회문제에 대한 관심이 요구된다. - 탈선, 반사회적 문제, 반인륜적 문제에 관한 사회적 요구 해결에 선도적 입장 • 학생인구의 급증과 교육의 확장으로 인하여 야기되는 문제의 해결을 위하여 필요하다. - 교육의 지나친 학력화 및 일반화로 인플레이션 현상 가속화
개인적 측면	• 개인의 특성이나 요구의 발견을 통한 지도자로서의 생활지도가 필요하다. - 개인의 특성이나 요구를 과학적이고 합리적인 방법을 통해 신장 및 발달 • 개개 학생의 건전한 성격 형성을 돕는다. • 자아발견과 자아실현을 돕는다. • 학생들의 인간적 권리의 향유를 위하여 필요하다. - 인간적 독립된 개체로서의 인격과 권리를 존중

이 같은 생활지도는 교육이념, 사회적인 측면, 개인적인 측면에서 필요성이 대두되고 있는 바 그 중요성이 높아지고 있다.

3) 생활지도의 목표

앞서 정의에서도 언급했듯이 생활지도의 목표는 학생으로 하여금 자신의 능력과 흥미를 파악하여 개인적인 발전을 도모하는 데 있다. 생활지도는 사회에서 원만하고 가치 있는 삶을 영위하고 더 나아가서는 민주사회의 바람직한 구성원으로 사회복지를 위해 기여할 수 있도록 하는 데 있다. 생활지도의 목표는 크게 두 가지로 구분되는데, 하나는 학생과 직접 관련된 목표이고 다른 하나는 학교·교사와 관련된 목표이다.

(1) 학생과 직접 관련된 목표

❶ 학생들이 자기 자신에 대한 이해를 통하여 자율적이고 자주적인 생활습관을 갖도록 하며 최대한 사회에 공헌하도록 하는 것이다.

❷ 학생들이 직면하는 자신의 문제 상태를 정확히 파악하고 해결할 수 있도록 하는 것이다.

❸ 학생들이 문제 상태에 직면할 경우 현명한 선택과 상황에 적응할 수 있도록 해야 한다.

❹ 학생들이 가능한 한 자신의 노력으로 그들이 타고난 여러 가지 자질을 발견하여 개발할 수 있도록 해야 한다.

❺ 학생들이 신체적·지적·정서적·사회적인 모든 면에서 안정되고 조화로운 삶을 누릴 수 있도록 해야 한다.

(2) 학교·교사와 관련된 목표

❶ 교사들은 학생들을 보다 명확하게 이해할 수 있어야 한다.

❷ 교사들은 학생의 행동을 분석하고 이해하는 과정을 통해 학생에 대한 긍정적인 태도를 가질 수 있어야 한다.

❸ 교사 자신이 취급하기 곤란한 문제를 가진 학생을 발견하면 그 학생을 전문적인 상담자에게 위탁할 수 있다.
❹ 학교행정가들이 생활지도를 통하여 학생의 요구를 반영할 수 있어야 한다.
❺ 생활지도는 교사교육연구와 학교 자체의 연구 활동에도 많은 도움을 주어야 한다.

4) 생활지도의 원리

생활지도는 모든 학생을 대상으로 예방을 목적으로 실시하고 있다. 생활지도에서 교사가 고려해야 할 일반적인 원리는 다음과 같다.

❶ 생활지도는 정상적인 모든 학생들을 대상으로 하는 활동이다. 이는 극히 일부의 문제를 야기 시키는 학생의 선도나 부적응 행동이나 이상행동을 나타내는 학생들의 치료적 지도가 아니라 정상적이고 건전한 모든 학생을 대상으로 하는 적극적인 교육활동이다.
❷ 생활지도는 학생의 자율적, 자발적인 행동을 돕는 데 있다. 학생들이 당면한 문제를 교사가 대신 해결하는 것이 아니라, 학생 스스로가 해결할 수 있도록 기회를 마련해 준다. 즉, 학생의 자율적 행동에 가치를 두며 스스로의 행동에 대한 책임이 수반되는 자기지도(self-guidance)를 할 수 있게 도와준다.
❸ 생활지도의 기본성격은 처벌이 아닌 지도노력이라는 점이다. 과거의 지도는 흔히 훈육(discipline)이라는 활동으로 특징 지워지는 것으로 바람직하지 않은 행동에 대하여, 권위에 의하여, 행동으로 나타난 결과에 대한 조치로, 기존의 질서에 동화시키기 위하여, 때로는 벌을 사용함으로써 지도하였으나 이와는 구별되는 특징이 있다. 생활지도에서는 개개인의 인격이 존중되며 그의 특성에 관심이 주어지며 도와준다는 교육적이고 인간적인 지도 노력인 것이다.
❹ 생활지도는 예방을 목적으로 한다. 생활지도는 학생들의 일상생활에서 발생할 수 있는 제 문제인 교육적·사회적·정서적 문제가 야기되기 전에 예방활동에 치중하는 것이다. 이를테면, 심리적 문제를 제거하거나 교정하는 일도 중요하지만 성장하는 세대의 바람직한 발달을 돕는 것은 더욱 중요한 일인 것이다. 따라서 생활지도는 당면 문제의 해결보다는 예방의 기능이 강조되고 있다.

❺ 생활지도는 심리학적이고 과학적인 근거로 편견이 없는 정확하고 객관적인 절차에 따라서 이루어져야 한다. 생활지도 활동은 복잡한 학생들의 행동문제와 관계된 것이다. 학생들을 이해하기 위하여 다양한 검사를 실시하기도 하고 심층적인 자료를 수집하기도 한다. 여러 가지 도구와 방법, 객관적인 분석을 통한 계획적 노력에서 그 지도효과를 기대할 수 있을 것이다.

5) 생활지도의 영역 및 활동

생활지도의 관심영역들로서는 일반적으로 그 기능에 따라 다음과 같은 영역으로 구분된다. 물론 이들 영역을 명확하게 구분 짓지 않고 적용되기도 하나 여기서는 활동내용에 따른 분류와 활동영역에 따른 분류로 구분하여 살펴보자.

(1) 활동내용에 따른 분류

❶ 교육지도(educational guidance)

일반적으로 교육지도는 학생들의 학업지도와 관련된 활동으로 신입생 지도, 학생의 학교생활, 각종검사 및 교육정보의 제공, 진학이나 장학과 관련된 지도, 또는 학습방법 및 기술의 지도 등이 해당된다. 즉, 학생이 학교생활에 보다 잘 적응하고 이를 효과적으로 지속해 가도록 하는 것을 목적으로 한 일체의 학교 내 생활을 지도하는 영역을 말한다.

❷ 직업지도(vocational guidance)

학생들의 장래직업과 관련된 직업준비, 진로, 직업정보의 제공 혹은 직업알선 등의 활동이다. 이 같은 진로지도에는 크게 진학지도와 직업지도로 나뉜다. 진로지도는 학생 개개인의 적성·능력·흥미·환경적 조건에 따라 상급학교 진학이나 직업의 선택·계획·적응을 돕는 활동이고, 직업지도는 상급학교에 대한 정보와 직업세계에 대한 정보제공·진학·취업을 위한 상담, 개인에 대한 인적조사, 기능계발, 현장지도, 실습지도, 추수지도 등이 속한다.

❸ 인성지도(personality guidance)

인성지도는 개인의 심리적·인성적 문제를 다루어 적응에 도움을 주는 것이다. 학생들의 건전한 성격의 형성, 발달과 관련된 활동 또는 특수한 경우에는 문제 성격의 지도들이 이 영역에 속하는 것으로 고도의 전문성과 기술이 요구되는 활동영역이다. 이를테면 개인이 원만한 성격의 소유자로 발달하도록 지도하는 것으로 개인적 습관과 태도, 생활의 목표와 계획 및 개인의 적응문제에 관한 지도를 말한다.

❹ 건강지도(health guidance)

건강지도에는 신체적 건강과 정신적 건강으로인 한 지도가 모두 포함된다. 신체적 건강에는 신체적 장애에 대한 상담, 각종질병의 예방 및 허약체질 개선과 건강한 신체유지를 위한 보건 및 건강교육, 사고의 예방을 위한 안전지도 및 교육이 있다. 정신적 건강에는 극심한 불안, 노이로제, 정신질환에 대한 이해 및 예방을 위한 정신위생 및 정신건강 교육이 있다. 또한 신체 및 정신적 건강 모두에 관련된 흡연, 음주, 약물 복용에 대한 지도도 여기에 속한다. 즉, 학생들의 신체적, 혹은 정신적 건강의 지도와 이와 관련된 지도가 이러한 영역의 활동이다.

❺ 사회성지도(social guidance)

학생들의 사회적 관계에서 갖게 되는 제 문제들, 교우관계나 이성 관계, 가족, 혹은 대인관계에서 나타나는 문제들에 대한 지도가 이러한 활동 속에 포함된다.

❻ 여가지도(leisure-time guidance)

일반적으로 학교에서 주어지는 교과활동 이외의 일체의 개인적, 혹은 집단적으로 행해지는 과외활동이 주된 내용이며, 최근에 주목을 끌기 시작하였다. 이는 단순히 쉬는 게 아니라 자기발견 및 창조를 통한 자아실현의 기회이기도 하다.

(2) 활동영역에 따른 분류

❶ 학생이해 활동

이는 학생이해의 기초 자료를 수집하는 활동으로 학생조사활동이라고도 부른다.

생활지도가 개인지도든, 혹은 집단지도든 간에 본래의 관심은 개인의 이상적 생활을 도우려고 하는 것이다. 성공적이고 효과적인 생활지도를 위해서는 교사나 카운슬러가 학생 개개인을 이해하는 것은 물론 스스로의 이해에 도움이 될 정보나 자료를 필요로 한다.

실제학습 이해방법은 매우 다양하다. 각종 표준화 심리검사, 학업성취도검사, 환경조사, 교우관계, 질병검사, 행동의 관찰기록 및 기타 필요하다고 생각되는 자료수집 방법이 활용된다. 그러나 생활지도 장면에는 하나의 방법만 사용되는 게 아니라 여러 가지 방법을 함께 활용된다. 학생 이해활동에서 유의해야 할 점은 다음과 같다.

첫째, 객관적이고 신뢰도가 높은 방법을 사용한다.

둘째, 생활지도의 목적에 일치해야 한다.

셋째, 여러 가지 가능한 방법이나 기법을 종합적으로 활용해야 한다.

넷째, 조사결과를 기록, 정리, 보관하여 실제지도에 활용될 수 있도록 해야 한다.

❷ 정보활동(information services)

학생들이 요구하는 일체의 교육적, 직업적 정보를 수집, 정리, 보관할 뿐만 아니라 그들의 요구에 부응하여 그것을 제공하고 조언하는 활동방법을 말한다. 여기에는 교육정보, 직업정보, 개인 및 사회정보가 있다.

교육에 관한 정보

- 상급학교 진학에 관한 정보
- 장학금 지급에 관한 정보
- 학습방법 및 전략에 관한 정보
- 학교생활에 관한 정보
- 도서관 이용에 관한 정보

직업에 관한 정보

- 직업적성에 관한 정보
- 직업전망에 관한 정보
- 직업의 분류, 혹은 직업의 종류에 관한 정보

개인 및 사회적응에 관한 정보

- 자기 이해에 관한 정보
- 성에 관한 정보
- 가족관계에 관한 정보
- 대인관계에 관한 정보

❸ 상담활동(counseling services)

학생들이 당면한 개인적인 문제를 상담과정을 통하여 스스로 해결할 수 있도록 지도하는 방법이다. 오늘날 상담활동은 직업지도, 개인 및 사회지도, 직업지도 등으로 확대되어 가고 있으며 상담활동이 생활지도에 차지하는 비중이 매우 커지고 있다.

❹ 정치활동(placement services)

학생들의 교육적, 직업적, 혹은 사회적 배치와 관련된 문제는 허다하게 많다. 이를테면, 진학·학급편성·학급배치와 같은 교육적 정치(educational placement)나 직업선정 및 알선, 취업하게 하는 등의 직업적 정치(vocational placement) 등이 이 영역에 속한다.

이 같은 정치활동은 개인과 사회의 요구에 따라 이루어지기 때문에 각종 조사활동, 정보활동에서 얻은 자료를 근거로 해야만 합리적인 정치활동을 기대할 수 있다.

❺ 추수활동(follow-up services)

교육적 측면에서 재학생, 졸업생, 그리고 중도탈락자나 포기자를 대상으로 시행한 생활지도 활동의 효과에 대한 정보수집 및 계속 지도활동을 말하며, 과거의 지도 받은 결과에 대한 평가노력도 요구되는 것이다. 즉 추수활동이란 일정기간 생활지도를 받았던 학생들이 진학하거나 또는 졸업한 후 건전하게 사회적 적응을 하고 있는가를 지속적으로 확인해 보고 지도·평가하는 활동이다. 또한 추수활동은 학생들의 계속적인 발전에 관심을 가진 상담자와 학교에서 생활지도의 효과성을 알아보기 위하여 실시되기도 한다.

해변 산책은 꼭 사람들에게만 적용되는 게 아니다. 발밑으로 느껴지는 갯벌의 부드러움, 바다의 운무 속을 거니는 여유거나 게으름은 모든 생명들의 유혹이다. 낮은 바다의 출렁임이 들려온다. 낮은 출렁임 앞에서는 천천히, 느릿느릿 걸어야 한다. 느릿느릿 걸을 때 살아온 생각, 살아가야 할 생각, 사유라는 것이 가능하다.

사람들은 환호성에 너무 익숙해져 버렸다. 화려하지 않는 것에는 눈길을 주지 않는데도 익숙해져 버렸으며, 빨리 달리는 것에 익숙해져 버렸다. 느림의 미학을 잊었거나, 적어도 방기하고 있다는 것을 그들은 아직 깨닫지 못하고 있다. 느림, 적요로움, 이런 말들은 정작 사람이 만들어 낸 이미지인 데도 그들은 그 이미지에 몸을 던지는 데 주저하면서 산다.

이곳은 다른 세상, 세상이 인기척을 기다린다. 내 자신을 자주 되돌아보고 생각해볼 시간을 갖는다는 것, 그것은 나의 인생을 더욱 풍요롭고 아름답게 가꾸는 느림의 미학은 아닌지요?

토 · 의 · 과 · 제

1. 피아제의 인지발달이론이 교육에 주는 시사점과 그 한계를 설명해 보시오.

2. 처벌은 절대 금지되어야 한다는 주장과 필요에 따라 허용되어야 한다는 주장의 관점에 대하여 생각해 보시오.

3. 학업성적에 영향을 미치는 지적·정의적 특성을 들고 각각에 대하여 설명해 보시오.

05

교육의 사회적 기초

자기 족한 것을 알아 항상 만족하게 여기면 한평생 욕을 보이지 않을 것이고, 그칠 곳을 알아 항상 그치고 보면 한평생 부끄러움이 없을 것이다.

– 〈경행록(景行錄)〉 중에서

1 교육사회학의 개념

2 교육사회학의 이론

3 사회화와 교육

4 사회계층과 교육

1 교육사회학의 개념

교육사회학은 규범적인 가치를 지향하는 교육학과 인간과 집단 간의 관계를 연구하는 사회학의 접점에 위치하고 있는 학문적 성격 때문에 개념 정립이 그리 쉽지만은 않다. 즉, 사회학의 지식을 교육실천에 응용하려는 실천 지향적 조류(교육적 사회학)와 교육현상에 대한 탐구를 통하여 사회학의 지식과 이론을 넓혀 나가려는 사회학 지향적 조류(교육의 사회학) 간에 논쟁이 있었기 때문이다.

교육적 사회학(educational sociology)은 교육사회학이 발달하던 초창기에 나온 것으로 주로 도덕 및 철학적 이론을 중시하는 입장이다. 그리고 교육체제에 사회학의 일반적 원리를 적용하려고 시도하였으며, 교육의 과정 및 행정에 사회학의 일반적 원리와 연구결과를 응용하였다. 그러므로 실제적 교육문제와 관련을 갖거나 논리적 연결을 갖고 있는 사회학 및 사회심리학적 지식과 관계된 연구영역을 가지며 주로 교육학에서 연구문제를 찾는 경향이 있다.

교육의 사회학(sociology of education)은 경험과학적인 방법을 중시하는 입장으로 교육실제의 사회학적 과정을 분석하며 연구문제를 사회학에서 찾는 경향이 있다. 주로 사회학자들이 주도한 사회지향적인 연구 동향을 의미한다.

교육사회학의 일반적인 개념을 종합해보면, 교육과 사회를 관련지어 연구하는 학문으로서 교육학의 영역이라고 볼 수 있고 사회학의 영역이라고도 볼 수 있다. 즉 교육에 대한 사회학적 연구라고 볼 수 있는 것이다. 일찍이 프리차드(K.W. Prichard)는 “교육사회학은 교육에 대한 사회학적 연구로써 교육체제와 교육의 과정에서 발생하는 집단관계를 사회학적인 연구에서 이룩된 지식과 기술 및 방법 등으로 연구하는 것”이라고 정의한 바 있다.

교육적 사회학과 교육의 사회학을 비교·제시하면 <표 5-1>과 같다.

표 5-1 교육적 사회학과 교육의 사회학 비교

구 분	교육적 사회학	교육의 사회학
학문명	Educational sociology	Sociology of Education
정 의	사회학적 지식을 교육현장에 적용하려는 것으로 실천지향적인 교육사회학이다.	교육적 현상과 교육체제의 사회학적인 국면을 실증적·과학적 방법을 사용하여 연구하는 것으로 학문지향적인 교육학이다.
내 용	❶ 사회사업적 지향 : 교육을 사회진보의 한 수단으로 봄으로써 학교는 사회변화의 매개체로 봉사한다.	❶ 전체지향 : 사회화 전 과정을 다루며 인류학으로부터 심리학에까지 관심영역을 확대하였다.
	❷ 기술훈련적 지향 : 사회학을 하나의 도구로 생각하여 이 분야의 전문가들은 교사와 교육행정가들에게 학교의 제 문제를 보다 잘 다룰 수 있는 지식을 제공한다.	❷ 연구지향 : 사회학 중심의 교육연구를 위하여 교육행정가나 교사들을 훈련시키는 데 관심이 있다. 교사·연구자·기타 교육관계자들에게 사회학적 방법과 기술을 훈련시킬 것을 필요로 한다.
	❸ 철학적 지향 : 사회 자체를 분석하고 사람들의 욕구를 학교목표와 교과과정에 반영할 철학을 형성하는 데 가장 관심이 있다.	❸ 사회학적 유형 지향 : 사회적 상호작용, 즉 사회 내의 사회적 역할 및 학교 내에 있어서 이들의 상호관계의 제 유형을 강조한다.

2 교육사회학의 이론

사회현상을 설명하려는 개념의 사회학의 이론은 크게 두 가지로 대별할 수 있는데, 기능이론과 갈등이론을 들 수 있다. 이 두 이론은 사회학의 주요이론으로서 서로 경쟁적으로 발전해 왔다. 두 이론 중 기능이론은 주류를 이루고 갈등이론은 이를 부정하는 비주류로 나타나고 있다.

1) 기능이론

기능이론은 사회학의 창시자인 콩트(A. Comte)와 스펜서(H. Spencer)에 의하여 기초가 형성되고 뒤르켐(E. Durkheim)에 의하여 발전되어 파슨스(T. Parsons)에 의해서 체계화 되었다. 기능이론에 관한 특징을 제시하면 다음과 같다(이병승 외, 2002).

❶ 기능이론은 사회를 인체와 같은 생물학적 유기체에 비유한다. 우리의 몸이 건강하게 유지되려면 호흡기관, 소화기관, 배설기관 등이 서로 조화를 이루고 상호작용 해야 하듯이 한 사회가 조화롭게 발전하려면 사회를 구성하고 있는 여러 요소들이 안정되고 질서 있게 유지되어야 한다는 것이다.

❷ 기능이론에 의하면, 사회는 인지 지향적이고, 구성원들은 각자에게 맡겨진 고유한 역할 및 기능을 가지며, 이들은 사회 안정과 발전을 위하여 상호작용한다. 여러 가지 사회적 갈등현상은 일시적이고 부분적인 현상으로 사회의 안정과 질서, 그리고 조화를 근본적으로 파괴할 수는 없다.

❸ 기능이론은 사회에서 높은 능력을 가진 사람이 인정받고 선발되는 기능사회인 동시에 전문가 지배사회로 본다. 각자가 가진 능력과 업적의 차이에 따라 다른 대우를 받는 것은 당연한 것이며 공정한 기회를 부여하는 조건에서 개인의 노력과 능력에 따라 차등적 보상을 받는 것은 정당하다고 생각한다.

❹ 기능이론은 교육이 자라나는 청소년들에게 그 사회의 바람직한 가치관, 신념, 태도 등을 내재화시키는 사회화 기능과 개인의 능력에 따른 선발의 기능을 수행한다고 본다. 즉, 교육은 인재를 양성하고 선발하는 중요한 기능을 가진다고 본다.

2) 갈등이론

갈등이론은 마르크스(K. Marx)와 베버(M. Weber)의 사상에 기초하였으며, 보울즈(S. Bowles)와 긴티스(H. Gintis) 등의 신마르크스주의자들에 의해서 이론적 토대를 이루었다.

갈등이론에 관한 일반적인 특징을 제시하면 다음과 같다(이병승 외, 2002).

❶ 갈등이론은 사회의 본질을 끊임없는 경쟁과 갈등의 연속이라고 본다. 특히 지배집단과 피지배집단 간의 권력의 차이는 이러한 갈등의 핵심적 요소이다. 또한 인간의 욕구는 무한한 데 비하여 욕구충족을 위한 재화는 제한되어 있

기 때문에 경쟁과 갈등은 불가피하다고 본다.

❷ 갈등이론은 사회가 안정되고 질서를 유지하는 것은 사회구성원 간의 합의에 의한 것이 아니고 일부 지배집단의 강제에 토대를 두고 있다고 본다. 즉, 지배집단들은 피지배집단들에게 그들의 신념이나 가치관을 교화시켜 정당화시키려 한다는 것이다.

❸ 갈등이론은 교육이 지배집단의 이익을 정당화하여 기존의 지배구조를 영속화시키고 재생산하는 도구적 기능으로 본다. 즉, 상류계층의 학생일수록 높은 교육기회를 차지하고 교육내용도 그들의 지배구조를 정당화하는 내용으로 구성되어 있다는 것이다.

❹ 갈등이론은 교육을 불평등한 사회구조를 확대 재생산하는 과정으로 본다. 교육은 능력 있는 사람들에게 공평한 기회를 주어 계층이동을 하게 하는 것이 아니라 지배계급에 속하는 특정 엘리트집단의 이익과 권력을 영속화시키는 도구로 보는 것이다.

이 외에 미시적 이론인 신교육사회학이 있는데, 영(M. Young)과 번스타인(B. B. Bernstein)에 의해 주창되었다. 이 이론은 교육을 정치, 경제, 사회, 문화 등에 종속되어 있는 것으로 보지 않고 안목을 학교와 구체적인 교실 상황으로 돌리는 것을 말한다. 그리하여 학교교육에 관한 이해는 물론 학교 교실 상황에서 교사와 학생간의 상호작용에 대하여 연구를 핵심으로 한다.

앞서 살펴본 기능이론과 갈등이론의 공통점과 차이점을 제시하면 <표 5-2>와 같다.

표 5-2 기능이론과 갈등이론의 공통점과 차이점 비교

<table>
<tr><th>구 분</th><th>기능이론</th><th>갈등이론</th></tr>
<tr><td>공통점</td><td colspan="2">❶ 교육을 정치경제적 구조의 종속변수로만 인식하고 있다는 점에서 공통적이다. 교육은 기존 사회구조와 문화를 그대로 반영한다고 본다.
❷ 교육을 설명하는 데 있어서 교육의 본질이 아닌 외적 기능에만 초점을 두고 있다는 점에서 공통적이다.</td></tr>
<tr><td>차이점</td><td>❶ 학교제도는 사회의 안정과 질서유지에 기여한다.</td><td>❶ 학교제도는 기득권층의 이익을 대변하는 도구이다.</td></tr>
</table>

구 분	기능이론	갈등이론
차이점	❷ 학교제도는 사회에서 요구하는 지식, 기술 등을 공동체에 전달하며 국가의 발전과 개인의 자아실현에 공헌한다.	❷ 학교제도는 현존하는 위계질서를 재생산하기 때문에 사회적 불평등을 영속화시킨다.
		❸ 학교교육을 통하여 가르치는 교육내용은 지배계급의 문화와 이익을 정당화한다.
	❸ 학교제도는 사회의 구조적 모순을 해결하고 사회평등을 도모하며 균등한 교육기회를 통하여 사회 불평등을 해소할 수 있다.	❹ 학교제도는 피지배층에게 기존의 불평등 구조에 순응하도록 강요한다.
	❹ 교육은 독립적이고 자율적인 민주주의에 기초하고 있으며 교육내용도 사회구성원의 합의에 의한 것이다.	❺ 학교제도는 인간을 타율적이고 수동적인 존재로 만든다.
	❺ 학교제도는 개인의 노력과 능력에 따라 공정한 평가를 통하여 정당한 보상이 주어진다.	❻ 학교제도는 지적인 활동과 기술보다는 지배계층의 가치관, 신념, 태도 등을 강조한다.
	❻ 학교제도는 개인의 지위 상승의 도구이며 공정한 사회이동을 촉진한다.	❼ 학교제도는 외형적으로는 공정하게 평가하는 것 같지만 실제로는 피지배층의 이동을 효과적으로 탈락시키고 현 지배계층을 정당화시키는 위장된 이념에 불과하다.
	❼ 학교교육을 통하여 여러 가지 사회문제를 해결할 수 있다.	

3 사회화와 교육

1) 사회화와 교육의 관계

사회화(socialization)는 자신이 소속해 있는 사회집단의 행동양식·가치관·신념·태도·규범 등과 같은 문화를 학습하여 내면화하고, 자기 자신이 그 사회의 한 성원이 되어가는 과정을 뜻한다. 이러한 사회는 개인과 사회의 상호작용의 과정이며 전 생애를 통하여 계속 이루어진다.

뒤르켐(E. Durkheim)은 사회화를 사회성원이 공유하고 있는 관념, 행동 유형, 태도와 가치 체계를 망라해서 학습해가는 과정이라고 정의하였고, 쿨리(C. H. Cooley)는 자아와 타인과의 접촉에서 사회적으로 형성되는 모든 것을 사회화로 보았다. 즉 자신과 직접적으로 상호작용하는 특정인의 태도를 취득하는 과정으로 본 것이다. 여기서 교육과 사회화의 개념상의 차이를 간단히 지적할 필요가 있을 것 같다.

사회화는 인간의 기본적인 습관의 학습이나 생활양식의 모방 등 사회적 발달과 관계되는 자연적인 생활과정이며 무의도적인 학습인 것이다. 반면 교육은 인간의 가치형성, 인격완성에 관련된 의도적·목적적 행위라고 할 수 있다. 하지만 교육이나 학습이 엄밀한 의미에서 모방으로부터 시작된다고 본다면, 사회화와 교육은 그렇게 뚜렷하게 구분되기 어렵다.

학교라는 사회의 모든 활동 속에는 사회화 차원과 교육적 차원이 있다. 여기서는 사회화보다는 교육이 더 넓은 개념이라는 입장을 취하고 있다. 그 이유는 사회화가 특정 집단의 문화에 치중함으로써 다른 집단의 사회화와 배타적 관계를 가지는데 비해서, 교육은 보다 넓은 세상을 편견 없이 보도록 함으로써 다른 집단의 교육과 많은 원리를 공유할 수 있기 때문이다. 예컨대 많은 사회가 아직까지 남성과 여성을 차별하는 방식의 사회화를 답습하고 있지만, 그것은 평등한 성문화의 정착을 위해서 바람직하지 않은 관행이다.

개인은 일생 동안 하나 이상의 문화 또는 부분 문화를 배우게 되며 또 다른 사회의 일원이 되어가는 것이다. 사회화의 목표를 완전히 성취하기란 결코 쉬운 일이 아니다. 그러나 사회구성원 모두가 보다 나은 사회공동체 형성을 위해 어떤 편견 없는 노력과 관심이 있어야 할 것이다.

2) 사회화의 대행자

누가 사회화를 하는가 하는 문제가 사회화 기관, 혹은 사회화 대행자의 문제이다. 사회화가 인간형성의 과정 그 자체를 의미하는 것이기 때문에 사회화의 대행자는 수없이 많다. 부모·친구·교사·이웃·친척·배우자·가정·학교·직장 등 수많은 사람들과 기관이 있다. 그러나 인간은 이러한 개인이나 기관에서만 배우는 것도 아니다. 영화·텔레비전·신문·라디오·잡지·인터넷 등 대중매체가 사회화의 촉진기관이 되기도 한다. 이러한 여러 가지의 사회화 기관을 크게 가정·학교·사회로 나누는 것이 보통이다. 어린이는 가정에서 이미 언어와 기본적인 생활태도 및 습관을 배운다. 그 후 학교에 가서 친구들과 어떻게 어울리는가를 배우고, 교사라는 권위를 가지고 있는 사람을 어떻게 대하는가를 배운다. 또 시간을 지키고 질서를 존중하고 자기의 차례를 기다리고 욕망을 억제하는 것을 배운다. 신문과 텔레비전을 통해서 사회가 돌아가는 모습을 알고, 영화를 보고 남녀관계를 배우며, 사회의 뒷골목이 어떤 것인가를 배운다.

그러나 여기서 지적하고 싶은 것은 사회화는 학교의 교사에 의해서만 이루어지지 않는다는 점과 가정·학교·사회의 개별 사회화의 대행자(agents)들이 서로 다른 방향으로 사회화를 촉진하는 경우, 이들 사이에서 갈등을 겪게 된다. 이들 사회화의 대행자는 대략 세 가지로 종합된다.

❶ 인간적 요소 : 부모, 가족성원, 친구, 교사, 이웃, 목사, 친척, 배우자 등이다.
❷ 장소적 요소 : 가정, 학교, 사회, 직장, 교회 등이다.
❸ 내용 매체적 요소 : 신문, 잡지, 영화, 책, 매스컴, 인터넷 등이다.

3) 사회화의 방법

(1) 인지 학습

인지 학습은 새로운 행동과 심리적 특성들이 형성되고 변화하는 과정에 작용하는 내부적인 의식의 과정을 의미한다. 이것은 행동을 유발하고 행동의 방향과 강도를 조정하고 통제하는 기능을 담당한다. 이 학습은 외부의 자극요소를 어떻게 지각하고 이해하느냐 하는 인지적 과정을 중시하는데, 이 같은 인지과정을 거쳐서 가치관·도덕성·신념·태도·자아개념 등을 형성하여 사회적으로 의미 있는 행동을 학습하게 된다.

(2) 모방 학습

흔히 아동의 사회화는 부모, 형제, 자매의 행동을 모방함으로서 시작된다. 아들은 아버지를, 딸은 어머니의 행동 특성을 모방하게 되는 것이 일반적인 예이다. 학교에서 학생은 교사나 다른 학생의 행동을 모방하며 드라마, 연극, 소설 등의 주인공 행동을 모방하여 사회적 행동을 학습한다.

모방 학습은 인간의 학습유형 중 가장 기본적인 행동이다. 인간은 자기에게 유리한 이점을 주는 타인과의 보상을 주는 타인을 모형으로 삼게 된다. 그리고 칭찬과 보상을 얻기 위하여 그 타인의 행동을 모방하게 된다.

(3) 역할 학습

개인은 사회 속에서 어떤 지위를 부여받게 되고, 또 그 지위에는 사회적 기대가 따르기 때문이다. 이같이 한 개인의 지위에 따른 사회적 기대를 역할 기대(role expectation)라고 하며, 이러한 역할을 학습하고 수행하는 과정이 역할학습이다.

역할 학습은 학습자가 능동적인 입장에서 학습을 하게 되며, 인간관계가 형성되는 사회의 어느 곳에서나 이루어지는 사회적 학습이 한 형태이다. 역할 학습은 지위에 부과되는 역할 기대가 분명할 때 촉진된다. 한 학생에게 부모가 요구하는 기대와 교사가 요구하는 기대가 일치할 때, 학습 후에 보상이 따를 때, 학습 후에 보상이 따를 때 등은 역할 학습이 촉진되고 그렇지 못할 경우에는 저해된다.

(4) 자아형성

자아형성의 방법은 한 개인이 사회화 과정에서 외부의 규범이나 기준을 점진적으로 자기의 내부적 행동규범으로 바꾸어가는 방법을 의미한다. 일반적으로 행동표준이나 규범은 주로 문화나 사회에서 규정된다. 즉, 사회적·문화적으로 규정되는 행동규범을 한 개인이 자기의 행동규범으로 바꾸어 자의적으로 수용하고 발달시켜 나가는 과정이다. 이것은 외부의 자극이나 영향보다는 자신이 무엇을 어떻게 해야 될 것인가를 스스로 확인하고 실천해 나가는 사회화 방법이다. 학자들에 의하면 이러한 자아의식의 발달을 자아동일체감, 혹은 자아정체감이라고 하였다. 이같은 자아형성의 방법은 지금까지 가정에서 부모, 학교에서 교사와 동료, 그리고 직장에서 상사가 기타 준변의 지도자가 중개 역할을 해주던 사회화 역할을 자신이 스스로 내재적 가능성을 발휘하여 가는 과정이다(김병성, 1997).

4) 교육의 사회적 기능

교육의 사회적 기능은 교육을 보는 관점과 기준에 따라 달리 생각해 볼 수 있다. 교육의 다양한 기능 중에서 가장 일반적인 사회적 기능으로서 ① 사회화 기능, ② 문화유산의 전승 및 창조기능, ③ 사회통제 및 통합의 기능, ④ 사회적 선발 및 배분의 기능, ⑤ 사회적 지위 이동의 기능, ⑥ 사회변화 및 개혁의 기능을 중심으로 살펴보고자 한다(권건일, 2000; 김정일 외, 2000; Bowles & Gintis, 1976).

(1) 사회화 기능

하나의 사회가 공동체감(통일감)을 가지고 존속하고 발전하기 위해서는 그 사회를 구성하는 사람들 사이에 공통된 가치관이나 행동양식이 존재하지 않으면 안 된다. 학교 교육은 의도적인 교수 활동, 교사와 또래 집단에 의한 모방과 동일시, 생활지도나 상담 등의 방법에 의해서 사회의 규범이나 가치관을 개인에게 심어주는 일을 보다 계획적으로 한다. 이것이 바로 교육의 사회화 기능이다. 즉 사회 구성원으로 하여금 그 사회가 인정하고 요구하는 언어·사고·감정·가치·행동 양식을 학습하게 하고, 건전한 사회생활을 할 수 있게 하는 기능은 교육의 중요한 사회적 기능이다. 교육은 이러한 사회적 기능을 통해서 사회 구성원들을 통합하는 데 기여한다.

(2) 문화유산 전승 및 창조기능

문화유산 전승 기능은 일종의 교육의 사회화(socialization) 기능이다. 학교교육의 문화전승(文化傳承) 기능은 사회화의 기능, 사회적응, 사회유지 기능 등을 모두 포괄하는 개념이다. 개인적인 차원에서 볼 때 어린이들은 사회구성원으로서 인정을 받기 위해 그 사회에 적응하여야 하고, 그 사회에 적응을 하기 위해서는 그 사회가 공인하는 언어·사고·감정·가치·행동양식을 학습하여 내면화(internalization)해야 한다. 이러한 학습은 주로 학교교육을 통해서 이루어진다.

학교 교육을 통해서 사람들은 각각 사회집단의 문화유산을 습득하고 이를 계승한다. 이와 같은 문화유산의 습득, 계승의 과정은 학교 교육에서 현재적 교육과정(顯在的 敎育課程)을 통하여 이루어지기도 하고, 잠재적 교육과정(潛在的 敎育課

程)을 통해서 이루어지기도 한다. 사회적 유산으로서의 문화는 사회구성원들의 끊임없는 상호작용을 통한 학습에 의해 전달된다. 이 같이 개인으로부터 개인으로, 세대로부터 세대로, 사회로부터 사회로 일정한 문화내용이 전달되는 기능은 교육의 전통적이며 보수적 기능이다. 인류학자들은 이러한 과정을 '문화화'라고 한다.

그러나 문화에 대한 인간관계는 늘 기존의 문화체계와 사회적 유산을 수동적으로 학습하고 문화화 하는 것만은 아니다. 문화의 축적은 새로운 사회문화를 개조, 발전시키는 가운데서 이루어지는 것이다. 이러한 문화의 창조, 발전의 기능은 교육의 적극적이고 창조적인 기능이기도 하다.

이처럼 교육은 그 사회의 전 세대가 가지고 있는 문화유산을 내면화하여 동화시키는 문화전수의 기능과 미래를 짊어질 젊은 세대에 대하여 행복과 발전을 지향하기 위한 진보의 시각을 가진 문화 창조라는 기능을 적절히 수행하지 않으면 안 된다.

(3) 사회통제 및 통합의 기능

교육은 사회적 형성력을 통해서 사회통제와 사회통합의 기능을 수행한다. 학교교육을 통하여 개인은 시간과 규율을 지키고 순종성, 근면성과 같은 생활태도를 기른다. 그 사회가 요구하는 중핵가치, 규범, 태도 등을 습득함으로써 훌륭한 시민으로 사회에 가입하게 되는 것이다. 이처럼 사회는 학교교육을 통하여 안정과 질서를 유지한다.

국가가 의무교육제도의 확충을 통하여 국민의 지적 수준과 문화수준을 향상시킴으로써 새로운 국가목표를 일반화시키고, 국민형성을 꾀하는 것도 이러한 맥락에서 이해할 수 있다. 또한 학교는 교육을 통하여 학생들에게 개인적으로 지위나 권력이 불평등하게 배분되는 것을 정당화하고 또 집단의 규범을 내면화시킴으로써 사회의 통제와 통합에 기여한다. 그러나 이러한 과정은 합의에 그 바탕을 두어야 한다.

(4) 사회변화 및 개혁의 기능

사회는 교육을 통해서 안정과 질서를 유지하기도 하지만 기존 사회를 개혁하고 혁신하는 힘도 교육으로부터 얻는다. 사회를 변화시키는 주체는 인간이다. 그런데 인간을 변화시키는 것은 교육이다. 그러므로 교육은 인간을 매개로 사회가 변화될 방향을 결정하고, 변화를 유도하며 변화를 촉진하기도 한다. 이것이 바로 교육의 사회변화 및 개혁의 기능이다. 교육의 사회화 기능이나 문화전달 기능이 교육의 수동적이고 소극적인 역할인 반면, 새로운 문화를 창조하고 사회의 변화를 꾀하는 교육의 기능은 교육의 적극적이고 능동적인 역할이다. 교육의 사회적 가치가 충분히 발휘될 수 있고, 그 덕택으로 사회가 바람직한 방향으로 발전하려면 교육이 사회에 대해서 행하는 소극적 역할과 적극적 역할이 어느 한쪽으로 치우침이 없이 조화를 이루어야 한다.

(5) 사회적 지위이동의 기능

사회이동에는 두 가지 양상이 있다. 하나는 상하 지위나 상하 계층으로서의 이동을 의미하는 수직 이동이며, 다른 하나는 지위나 계층의 이동 없이 직종이나 지역적으로 이동하는 수평적 이동이다. 이와 같은 사회이동에는 여러 가지 요인이 작용한다. 그러나 근대사회 이후 사회적 지위나 계층 이동에 있어서 가장 중요한 역할을 해온 것은 교육이다. 특히 학교 교육은 개인의 사회적 지위를 결정하는 데 가장 중요한 요인으로 작용한다. 학교 교육이 가정 배경이나 개인적 능력 요인에 비하여 개인의 사회적 성공이나 지위 획득에 더 중요한 역할을 한다는 것은 학교 교육과 사회적 지위의 관계에 관한 실증적 연구에 의해서 밝혀진 바 있다.

대부분의 사람들에게 교육은 계층이동의 통로로 간주되어 왔고, 신분 상승을 꿈꾸는 사람들 대부분은 교육을 도구로 신분 상승을 위한 자격이나 자질을 획득하려는 노력을 해왔다. 불우한 환경에서 가난하게 생활하는 많은 사람들이 높은 지위와 권력을 가지는 상류층으로 자리 잡기 위해 교육받고자 하였다. 우리나라의 경우 계층은 고정된 것이라는 통념이 한국전쟁 이후 무너졌고, 계층이동은 개인의 능력으로 여겨지게 되었다. 이에 따라 교육에 대한 요구도 높아지고, 실제로 교육을 통해서 계층이동이 이루어졌던 것도 사실이다.

(6) 사회적 선발 및 배분의 기능

사회 계층을 연구하는 대부분의 학자들은 사회 계층을 분류하는 기준으로서 학력수준을 들고 있다. 또한 개방사회에서는 학교의 졸업장이 사회적 선발과 지위의 배분에 있어서 거의 결정적인 요인으로 작용하고 있다. 고도산업사회가 되면서 교육에 대한 인력의 요청이 불가피하게 되었다. 사회의 직업 형태가 엄청나게 분화되어 공식적인 직업만도 수만 가지를 헤아리게 되었다. 어떤 사람들을 어떠한 사회적인 지위와 위치에 선발하여 배분하느냐의 문제가 제기되면서 학력은 그 증거로 중요시되게 되었다. 그러나 선발과 지위의 배분이 학력(學歷)에 의해서가 아니라 학력(學力)에 의해서 이루어지도록 국가와 사회는 노력해야만 한다.

4 사회 계층과 교육

1) 사회 계층의 개념과 결정요인

사회 계층(social stratification)은 비슷한 생활양식이나 가치관을 가진 사람들의 집단이라고 할 수 있다. 일반적으로 직업, 가정배경, 교육수준, 재산, 수입, 정치적 지위 등이 여러 가지 사회적 조건으로 인하여 불평등하게 분배되어 있는 사회체제 속에서 비슷한 위치에 있는 인구집단을 말한다. 반면 사회 계급이란 대체로 경제적 조건이 비슷한 사람들이 유사한 생활습관, 가치관, 태도를 가지는 것을 말한다. 이것은 집단적 응집력 또는 계급의식이 전제된 개념으로 생산수단과 권력의 유무에 따라 결정되는 것이다.

이러한 사회 계층의 결정요인은 일반적으로 재산, 수입, 직업, 권력, 교육수준, 가정문화 등이 종합평가 되어 결정된다. 이와 같이 사회 계층의 결정요인은 매우 많지만 그 중에서 가장 중요하게 다루어지는 요인은 재산과 수입, 직업, 교육수준이다.

마르크스(K. Marx)에 의하면 사회계층은 인간이 제도적으로 만들어 놓은 불평등의 체계라 하고, 계급은 생산수단의 소유여부와 생산관계의 지위와 역할의 차이에 의해서 구별된다고 하였으며, 베버(M. Weber)는 사회 계층은 경제적인 요인 외에 재산, 권력, 지위에 의해서도 구별된다고 하였다.

워너(W. L. Warner)는 사회 계층을 분류하는 기준으로 평정참여법(EP)과 지위

특성지표(ISC: Index of Status Characteristic)를 제시하였다. 워너의 지위특성지표 여섯 가지는 다음과 같다.

워너의 사회계층 분류지표		
❶ 직업	❷ 가옥의 형태	❸ 거주지역
❹ 수입정도	❺ 소득원	❻ 교육수준

2) 사회 계층의 특징

상류 계층(upper class) 사람들의 행동특성은 주로 가문과 전통을 존중하는 보수적인 성향이며 권위적이다. 이들은 대체로 선조로부터 물려받은 유산으로 생활하며 사회적으로 저명한 가정적 배경을 가지고 있다. 또한 정서적으로 안정되어 있고 생활태도도 긍정적이며 관용적이다. 그리고 조상숭배 의식이 강하며 전통과 명예를 존중한다. 상류 계층의 교육적 특징은 학교 교육에 대한 관심이 높고 교사에 대한 긍정적 태도를 가지고 있으며 자신의 지위와 품위를 유지하기 위한 교양교육에 관심을 갖는다. 그리고 자녀교육에서 대화를 중시하며 민주적인 양육태도를 가진다.

중류 계층(middle class) 사람들은 주로 전문직에 종사하고 있으며 성취동기가 높고 상류 계층으로의 상승이동 욕구가 매우 높다. 그러므로 사회활동에 적극적이며 미래지향적이다. 중류 계층의 교육적 특징은 자녀교육에 대한 기대가 매우 크다. 특히 자녀들에게 성취의욕과 자제력을 갖도록 지적인 압력을 가하며 행동을 통제하는 경우가 많다. 그리고 학교교육을 통하여 자녀를 계층상승 시키려는 부모들의 교육열이 높다.

하류 계층(lower class) 사람들은 몇 세대에 걸쳐 이루어진 하류 계층의 반복으로 막일로 생계를 유지하는 등 어려움을 겪는 계층이다. 이들에게는 미래의 꿈과 희망, 그리고 성취 기대수준이 낮고 경제적으로 안정되어 있지 못하다. 그러므로 현재 지향적인 가치관을 가지고 있어서 노력하지 않고 타인과 정부에 의존하는 경향이 강하다. 하류 계층의 교육적 특징은 자녀교육에 대한 투자를 거의 하지 못하는 처지이며 자녀들은 학교에서 일탈행위나 비행을 저지르는 경우도 있다. 이들의 자녀들은 학습부진과 학습지진의 문제를 안고 있는 경우가 많다(이병승 외, 2002).

3) 사회 계층의 형태

우리가 살아가는 지구상에는 인간이 향유하고자 하는 재화와 용역이 한정되어 있고, 여러 가지 가치가 제한되어 있기 때문에 어느 사회나 사회 계층은 존재하게 된다. 이처럼 한 사회의 계층들의 위계 관계를 우리는 계층 구조라고 하는데, 이것은 앞에서 이야기한 바와 같이 불평등하게 기초하고 있다. 계층 구조는 그 사회구성원의 각 계층에 속하는 사람들에 따라 다양하다. 일반적으로 계층 구조의 형태를 다음과 같은 네 가지 형태로 구분한다.

계층 구조				
계층명	완전계층형	완전평등형	부분계층형	부분평등형
특징	모든 성원이 일직선상에 상하로 배열되어 있는 형태로 실질적으로 불가능한 형태임.	모든 성원이 횡적으로 비슷한 위치에 놓여 있는 형태로 사회주의 국가의 이상형임.	피라미드형 구조로 후진사회에서 많이 나타나는 형태임.	중간층이 많은 다이아몬드형 구조로 현대 선진사회의 형태임.

그림 5-1 사회계층구조와 그 특징

4) 사회 계층과 교육과의 관계

일반적으로 교육은 사회적 이동을 촉진시키는 중요한 요인이다. 특히 교육을 통한 사회 계층의 상승은 영구적이고 안정적이기 때문에 교육에 대한 높은 관심과 기대를 가지고 있는 것이다. 또한 교육은 경제적·문화적 계층상승의 수단이 되기도 하며 국민의 생활 태도와 가치관, 그리고 신념을 변화시켜 계층 문화의 향상을 촉진시키기도 한다(이병승 외 2002).

마틴(L. Martin)은 사회 계층과 교육과의 관계를 다음과 같이 제시하였다.

❶ 각 계층은 고유의 문화를 가지고 있고 교육에 대한 태도도 다르다. 즉 계층에 따라 자녀들의 진학이나 선택하는 교육내용이 다르다.
❷ 학생들의 인성이나 사회적 행동의 특징들을 보면 사회 계층적 배경을 알 수 있다.
❸ 학교의 교육목적, 내용, 방법, 그리고 교사의 학생에 대한 태도에 있어서도 계층적 차이가 존재할 수도 있다.
❹ 학교는 사회계급에 있어서 사회이동과 관련성이 있다는 측면에서 볼 때 계층의 재생산 기능을 한다.

해비거스트(R. J. Havighurst)는 사회 계층과 교육과의 관계를 다음과 같이 제시하였다.

❶ 사회 계층에 따라서 교육에 대한 신념이나 가치관이 다르다.
❷ 어느 국가든 모든 사회계층은 교육의 중요성을 인식하고 있기 때문에 교육이 보편화되어 있다.
❸ 교육이 사회적 지위를 상승시키는 데 결정적인 조건이 되기 때문에 대학 진학은 물론 더 많은 기간의 교육을 통하여 좋은 직업을 가질 수 있다는 생각이 지배적이다.
❹ 학교에 대한 기대수준도 계층에 따라 다르다.
❺ 학교에 대한 태도나 자녀양육의 방법도 계층에 따라 다르다.

동화 속의 교훈, 「No Pain, NO Gain」

원숭이가 사는 골에는 망개, 머루, 다래, 잣 등 먹을 것이 많았습니다. 오소리는 원숭이의 먹이를 빼앗으려고 꾀를 썼습니다. 오소리는 원숭이에게 폭신한 꽃신을 선물했습니다. 원숭이가 꽃신을 신어보니 처음에는 둔하고 불편했지만 돌밭을 달리거나 작은 개울을 건너뛸 때는 발바닥이 아프지 않고 편리했습니다. 가을이 다 가고 찬바람이 가랑잎을 굴릴 무렵에 오소리는 원숭이에게 또 꽃신을 선물했습니다.

원숭이는 새 꽃신을 신고 겨울을 지내니 차디찬 눈 위를 걸어도 발이 시리지 않았습니다. 봄이 되자 두 번째 꽃신도 다 떨어졌기 때문에 맨발로 다니려고 했지만 아파서 쓰러지고 말았습니다. 그 사이 꽃신을 달라고 했지만 오소리는 이제부터는 공짜로 줄 수 없다고 했습니다. 원숭이는 잣 다섯 개를 주고 꽃신을 사 신었습니다. 다음에는 잣 열 개, 그 다음에는 잣 스무 개, 잣 백 개, 꽃신 값은 자꾸 올랐습니다.

원숭이는 겨울동안 제 손으로 꽃신을 만들어 보려고 했지만 좀처럼 되지 않았습니다. 봄이 다시 돌아왔습니다. 또 오소리한테 가서 꽃신을 사와야 합니다. 그러나 이제 잣이 없습니다. 그래도 꽃신은 신어야 합니다. 원숭이는 오소리에게서 1년에 네 켤레의 꽃신을 받는 대신 오소리네 집을 청소해주고 오소리가 개울을 건널 때는 업어주기로 하였습니다. 오늘도 원숭이는 오소리의 굴을 깨끗이 청소해 주었습니다. 또 원숭이는 오소리를 업고 걸었습니다. 이마에서 땀이 솟고 숨결이 고달파졌습니다. 바삭 바삭 바삭… 꽃신을 신은 원숭이의 두 발이 개울가 모래밭을 밟고 걸어갑니다. 원숭이는 개울물에 비친 제 꼴을 내려다보며 명치끝이 아리고 아픈 것을 느꼈습니다.

'내 손으로, 내 손으로…'

원숭이는 꽃신이 디디는 발자국마다 다짐을 했습니다.

토 · 의 · 과 · 제

1. 사회화의 의미를 밝히고, 교육과 사회화의 관계에 대하여 설명해 보시오.

2. 학교 교육 효과에 기능론적 입장과 갈등론적 입장을 비교·설명해 보시오.

3. 교육의 사회적 기능에 대하여 생각해 보시오.

06

교육과정

자기 몸을 굽힐 줄 아는 사람은 능히 중요한 위치에 있을 수 있고, 남을 이기는 것을 좋아하는 사람은 반드시 적을 만나게 된다.

– 〈경행록(景行錄)〉 중에서

1 교육과정의 개념

1) 교육과정의 어원적 의미

교육과정(敎育課程)을 의미하는 커리큘럼(curriculum)은 본래 '달리다'라는 뜻을 가진 라틴어의 '쿠레레'(currere)로부터 유래되었다. 명사로서 커리큘럼은 '달리는 코스', '경주 코스(race course)'를 의미한다. '커리큘럼'이라는 용어의 어원을 고려해 볼 때 아동이나 학생이 일정한 목표를 향해 달리는 과정(過程)으로 볼 수 있다. 즉, 일정한 목표를 향해 학습하는 진로나 내용을 의미한다.

그러나 커리큘럼이 단지 과정만을 의미하는 것만은 아니다. 아동이나 학생이 학습하는 코스(course)와 함께 학습내용이나 경험내용까지를 포함하는 의미로 사용되기 때문이다. 그러므로 커리큘럼이란 아동이나 학생이 일정한 교육목표를 달성하는 데 필요한 학습내용을 선택하여 수준에 알맞게 조직·배열하는 과정이다.

2) 교육과정의 개념

교육과정의 개념 규정은 근본적으로 그 개념을 사용하는 사람의 교육에 대한 철학적 신념이나 시대에 따라 다양하게 발전되어 왔다. 즉, 교육과정의 개념은 교육과정 구성에 미치는 세 가지 변수인 지식, 학습자, 사회에 대한 개념의 변화와 밀접한 관련을 가지고 발전해 왔다. 이러한 교육과정의 개념은 다음과 같이 몇 가지 관점에 따라 정의할 수 있다(이형행, 1998).

(1) 교육내용으로서의 교육과정

교육에서 교육과정이라는 용어가 처음으로 사용되기 시작하였을 때는 교육과정을 내용(content)으로 규정하였다. 이때의 교육과정은 학생들에게 가르쳐야 할 교수-학습내용으로 정의된다. 교수-학습내용은 지식의 체계일 수도 있고 지식의 구조일 수도 있다. 허친스(R. M. Hutchins: 1899~1977)는 교육과정을 학교에서 학생들에게 가르쳐야 할 내용으로 보았다. 즉, 교육과정은 영구불변의 교과로 구성하되 초·중등학교에서는 문법·문학·쓰기와 연구, 수학, 과학, 역사, 외국어와 같은 다섯 가지 영역으로 교육이 구성되어야 함을 강조하였다. 이 같은 개념규정은 가장 전통적이고 대표적인 정의라고 할 수 있다.

(2) 경험으로서의 교육과정

학교에서의 교육과정은 교사의 지도하에 학생들이 갖게 되는 모든 경험으로 구성되어야 한다는 새로운 개념규정이다. 교육과정을 경험으로 보는 입장은 진보주의 교육사조에 근거하고 있다. 이러한 주장을 처음 주장한 캐스웰(H. L. Caswell)과 캠벨(D. S. Campbell)은 1935년에 간행한 「교육과정의 발전」이라는 책에서 교육과정을 교사의 지도하에 학생들이 갖게 되는 모든 경험이라고 정의하였다. 교육과정에 대한 이 같은 정의는 그 이후 여러 학자들에 의하여 지지되었다. 이들은 교육과정이란 학교에서 사고(思考)와 행동의 집단과정을 통하여 학생들을 가르칠 목적으로 설정해 놓은 일련의 경험이라는 것이다. 이때의 경험은 반드시 학교 안의 교실 속에서만 이루어지는 것은 아니다. 학교 내의 교실 안과 밖 어디에서든지 학교가 주도하여 학생들에게 어떠한 바람직한 교수-학습결과를 가져오도록 하는 총체적인 경험이 곧 교육과정이다.

(3) 교육계획으로서의 교육과정

학교에서 학생들이 겪게 되는 모든 경험을 사전(事前)에 보다 철저하게 계획하는 일은 중요하다. 1950년 후반이후 타일러(R. W. Tyler)와 타바(H. Taba)에 의해 지지를 받아왔다. 타일러는 교육과정이란 교육목적을 달성하기 위하여 학교에 의하여 계획되는 모든 학습이라고 하였으며, 타바는 모든 학습을 위한 하나의 계획이라고 정의하였다. 세일러(J. G. Saylor)와 알렉산더(W. M. Alexander)는 교육과정이란 학교에서 학생들이 겪도록 준비해 놓은 경험의 총체로 보았다.

그러므로 교육과정은 특정한 교육기관에서 교육의 모든 과정을 마칠 때까지 요구되는 교육내용, 그 내용을 학습하기에 필요한 연한, 또 연한 내에 있어서의 학습시간 배당 등을 포함한 교육의 전체 계획이다. 즉, 학교의 교육목적을 달성하기 위하여 선택된 문화재 또는 생활경험을 교육적인 관점에서 편성하고, 교수-학습활동이 언제, 어디서, 어떻게 행하여질 것인가를 종합적으로 묶은 교육의 총체적인 교육이라고 할 수 있다.

(4) 교수-학습 결과로서의 교육과정

교육과정(敎育課程)을 교수-학습활동의 결과로 보는 관점이다. 결과로서의 교육과정에 대한 정의는 1960대와 1970년대 초에 교육프로그램의 성과에 대한 관심의 증대와 함께 나타났다. 특히 1970년대로 접어들면서 교육의 책무성에 대한 자기 비판적 운동이 일기 시작하였다. 교육이 수행해야 할 일들을 제대로 수행하고 있느냐에 대한 자기 성찰적 사고는 교육과정에 대한 새로운 관점의 정의를 내리게 하였다. 이러한 입장을 지지하는 학자로 포팸(W. J. Popham)과 베이커(E. L. Baker)를 들 수 있다. 이들은 교육과정을 학교가 책임져야 하는 모든 계획된 교수-학습결과라고 정의하였다. 따라서 교육과정을 계획된 결과로 봄으로써 결과를 더 강조하고 있으며, 계획은 그 결과를 가져오기 위한 수단적 절차로 보고 있다.

앞에서 살펴본 교육과정을 토대로 종합해 볼 때 교육과정을 교수-학습내용으로 볼 경우 가르치는 사람의 입장에서는 조직화된 지식으로, 배우는 사람의 입장에서는 학습경험으로 정의할 수 있다. 그리고 교수-학습의 운용적 측면에서 볼 경우 교육과정은 가르치는 사람의 입장에서는 교수계획, 배우는 사람의 입장에서는 학습결과로 정의할 수 있다. 그러나 교육과정의 개념이 반드시 이들 양자 간의 대립 속에서 선택적으로 사용되어야 하는 것은 아니다. 양자가 서로 배타적이기보다는 오히려 상호보완적 관계에서 교육과정의 복합적인 의미를 찾을 수 있기 때문이다.

2 교육과정의 유형

1) 교과중심 교육과정

교과중심 교육과정(subject-centered curriculum)이란 '지식의 체계'를 중시하는 교육과정으로서 학교에서 아동이나 학생들이 배우게 되는 모든 교과와 교재를 포함한다. 이 교육과정은 지식의 습득과 이성 계발을 가장 중요시하는 입장이다. 각 교과는 그 자체의 논리와 체계를 가지고 있으므로 교과를 체계적으로 학습하게 하는 것이 가장 중요한 방법이라고 생각한다.

전통적 교육사상에서 본 교육과정으로 교수요목(教授要目) 그 자체를 교육과정으로 간주한다. 이는 학생들 입장에서 본다면 학습해 나가야 할 과정이며, 교사 입장에서 본다면 교육내용을 가르쳐야 할 내용의 체계를 의미한다.

(1) 주요 특징

❶ 인류의 문화유산이 교육의 주된 내용이다.
❷ 교사중심의 교육과정이다. 교사는 학습자보다 월등히 많은 지식과 기술을 알고 있어야 하며 학습자에게 효과적으로 전달할 수 있어야 한다.
❸ 설명위주의 교수법을 요구하는 경우가 많다. 교사는 교과내용의 전문가로서 수업은 자연스럽게 교사의 설명이 핵심이 된다.
❹ 한정된 교과영역 안에서만 교수-학습활동이 이루어진다. 자신의 영역을 넘으면 다른 교과를 침범하는 것으로 간주된다.

(2) 장점

❶ 교육과정이 간단명료하게 구조화되어 이해하기가 쉽다.
❷ 교수-학습결과의 평가가 용이하며 개관적인 측정이 용이하다.
❸ 교육과정의 개정의 수월성이 있다.
❹ 교육과정에 대한 중앙집권적 통제가 수월하다.
❺ 전통적으로 교과중심 교육은 익숙해져 있으므로 교사, 학생, 학부모에게 심리적 안정감을 가져다준다.

(3) 단점

❶ 학습자의 욕구와 흥미가 무시되고 교사의 가치를 강요할 가능성이 높다.
❷ 학습자의 개인차를 무시한 학습지도가 이루어질 수 있고, 교사중심의 일방적

인 수업이 되기 쉬우므로 학습자의 피동적인 수업 참여가 이루어질 가능성이 높다.

❸ 단편적이고 분절적으로 조직되기 때문에 통일성과 연계성이 결여되기 쉽다.

❹ 문화유산을 담았으므로 과거 지향적인 수업이 되기 쉽고 현실 문제를 해결하는 데 소홀해질 수 있다.

❺ 학습자의 민주적인 가치와 태도를 기르기가 어렵다.

2) 경험중심 교육과정

교과중심 교육과정에 회의를 갖기 시작한 것은 1930년대 전후이며, 미국에서 듀이를 중심으로 진보주의 교육사조가 등장함에 따라, 전통적 교육과 교과중심 교육과정으로는 급변하는 사회에서 아동과 학생들이 적응할 수 없으며, 현실생활과 거리가 멀다는 비판이 일기 시작했다. 따라서 교과중심 교육과정을 대체할 교육과정이 검토되었는데, 그것이 새로운 경험중심 교육과정(experience-centered curriculum)이었다.

경험중심 교육과정이란 경험의 계열을 존중하는 과정을 말하는 것으로 학교의 지도하에 아동 및 학생들이 체험하게 되는 모든 경험을 말한다. 경험중심 교육과정에서는 교재보다는 생활을, 지식보다는 행동을, 분과보다는 종합을, 미래의 준비보다는 현재의 생활을, 교사의 가르침보다 학습자의 활동을 중요시하는 입장을 취한다.

(1) 주요 특징

❶ 교과활동 못지않게 과외활동을 중요시한다. 교과중심의 교육과정이 교실에서의 학습을 위주로 하는 것이라면 경험중심 교육과정은 교실 학습 못지않게 여행, 견학, 자치활동, 동아리 활동, 체험학습, 전시회 등을 중요시한다.

❷ 생활인의 육성을 목표로 한다. 학습을 통한 사회성, 공민적 책임, 자아실현 등의 가치를 부여한다.

❸ 현실생활 속에서 직면하게 되는 문제를 해결하는 능력을 기른다.

❹ 교재를 학습의 장에서 결정하며, 학습자의 협력과 참여를 중요시한다.

❺ 아동의 흥미 및 욕구를 기초로 교육과정을 구성한다.

❻ 아동의 개인차를 고려하여 교육과정을 구성한다.

(2) 장점

❶ 학습자의 흥미나 욕구를 고려하여 교육과정을 구성하기 때문에 학습자의 학습활동을 촉진시킨다.

❷ 학습자 스스로가 세운 목표와 계획에 따라 자신의 문제를 해결할 수 있는 능력을 기르는데 효과적이다.

❸ 현실 문제를 공동으로 해결하는 과정 안에서 사회성, 책임감, 협동심 등 민주적인 태도와 생활방식을 기르는데 효과적이다.

❹ 개인차를 고려한 학습이 가능하므로 학습자의 학습효과를 높일 수 있다.

❺ 다양한 형태의 학습이 전개되므로 경험의 폭을 넓힐 수 있다.

(3) 단점

❶ 교직에 대한 소양과 지도요령이 부족한 교사는 실패할 가능성이 높다.

❷ 학습자의 흥미 및 욕구에 입각하여 구성하게 되면 교육을 과소평가하는 결과를 낳기 쉽다.

❸ 행정적으로 통제하기가 어렵고 통일성을 갖기가 어렵다.

❹ 구체적 사항이나 경험에 관심이 많은 학습자들의 수준에서는 경험중심 교육과정이 유리하지만 일반적 경험이나 원리적 지식에 관심이 많은 학습자들에게는 적합하지 않다.

❺ 교육과정의 기본적인 분류가 명확하지 않다. 교과중심 교육과정은 각 교과를 중심으로 교육과정을 편성하지만 경험중심 교육과정에서는 학습자들의 흥미나 욕구를 고려한 것이므로 명확한 분류를 하기가 어렵다.

3) 학문중심 교육과정

학문중심 교육과정(discipline-centered curriculum)은 20세기 후반에 이르러 과학

과 기술의 발달로 지식의 폭발적인 증가와, 1957년 구소련의 스푸트니크(sputnik) 발사의 충격으로 경험주의(진보주의)를 비판하는 움직임이 시작되었다. 그리하여 1960년 이후 브루너(B. J. Bruner)를 중심으로 기초 학문에 충실하자는 자성이 일어났다. 그리고 교과를 충실하게 가르치되, 단순한 사실 전달과 암기방식이 아닌 탐구과정을 통해 지식의 구조를 파악하도록 해야 한다는 주장이 제기되었다. 즉 학습자 스스로 교과내용의 핵심이 되는 기본구조를 찾아내고 그것을 스스로 탐구해갈 수 있도록 조직하는 것이었다. 이러한 교육과정을 학문중심 교육과정이라고 한다.

(1) 주요 특징

❶ 지식의 구조를 중심으로 교육과정을 조직한다. 교육과정은 각 교과의 전문가들이 각 교과에서 찾을 수 있는 '지식의 구조'를 분명하게 나타내어 교과지식을 체계적으로 조직해 놓은 것이다.

❷ 나선형(螺旋形) 교육과정으로 구성한다. 나선형 교육과정은 교과에 담긴 핵심개념이나 기본 원리를 학습자들이 사고방식에 알맞게 가르치며, 학년의 진전에 따라 점차 심화·확대해 나가는 교육과정을 의미한다.

❸ 탐구과정을 중시한다. 교사는 주어진 개념, 원리 등을 제시하고 주입하는 것이 아니라 전공분야의 학자가 탐구한 것과 같은 방식으로 아동이 스스로 탐구하여 원리를 찾아내도록 한다.

❹ 내적 보상을 통해 학습동기를 유발하도록 강조한다. 외적 보상에 의한 학습동기보다 성공적인 문제해결에 따르는 희열과 성취감 등 보상을 중시한다.

(2) 장점

❶ 기본적이고 핵심적인 개념과 원리를 학습하기 때문에 기억이 쉽고 전이가 용이하다.

❷ 스스로 탐구하는 능력을 습득함으로써 학문탐구방법을 체득할 수 있고 학문 자체에 대한 즐거움과 행복감을 느낄 수 있다.

❸ 체계화된 지식을 교육내용으로 선정하여 교육과정을 구성하기 때문에 능률적인 교수-학습이 가능하다.

(3) 단점

❶ 지적 능력이 뛰어난 학습자들에게는 유리하지만 지적 능력이 낮거나 부진한 학습자들에게는 불리한 경향이 있다.
❷ 지적인 측면으로 편중하여 교육과정을 조직, 운영하기 때문에 정의적인 측면이 자칫 소홀할 수 있다.
❸ 단절된 교과목 수가 늘어날 가능성이 많고 그 결과 통합성이 상실될 수 있다.
❹ 각 학문에 내재한 지식의 구조를 학습자들이 학습하기란 쉬운 일이 아니며, 실생활과 유리된 내용은 별로 실용성을 갖지 못하는 편이다.
❺ 학습자의 욕구와 흥미를 경시할 가능성이 높다.

4) 인간중심교육과정

1970년대에 들어 로저스(C. Rogers)와 실버만(C. E. Silberman) 등과 같은 인본주의자들에 의해 제기되었으며, 인본주의 사상에 근거하여 교육과정을 '학교에서 학생들이 갖게 되는 모든 경험과 활동의 총체'로 보려는 입장이다. 즉 교육과정을 학생의 입장에서 바라보며 전인적 인간을 양성하는 데 목적을 둔다. 현대 산업사회의 거대화, 조직화, 관료화가 가져온 비인간화, 인간소외, 물화 현상을 바라보면서 수단화된 학교의 기능을 신랄하게 비판하고 교육을 인간화해야 할 것을 강조하였다.

(1) 주요 특징

❶ 인간존중을 핵심으로 한다.
❷ 학생의 자아실현을 실현하기 위한 내용으로 조직되고 구성되어야 한다.
❸ 전인적 인간을 육성하는 데 있다.
❹ 인간적인 학교환경을 위해 노력한다.
❺ 교육평가에서 교육의 결과보다는 과정을 더 중시한다.

(2) 장점

❶ 타인과의 원만한 인간관계를 유지함으로써 타인을 존중하고 수용할 수 있는 건전한 가치관을 형성하는 데 도움을 준다.
❷ 학습자들에게 자신에 대한 긍정적인 태도 및 자기계발의 능력을 부여해 준다.
❸ 학습자 간 신뢰론 인간관계를 형성하는 데 도움이 된다.

(3) 단점

❶ 교육과정이 추상적이고 미 체계화되어 있어 적용이 곤란하다.
❷ 기존의 학교체제를 전면 부인하는 경향이 있어서 현실성이 떨어진다.
❸ 개인의 경험 차이를 중요시하지만, 개인에게 적합한 경험이 무엇인지에 대하여 구체적인 대안을 제시하지 못하고 있다.

표 6-1 교육과정 비교

교육과정	시기	정의	실체	사상적 배경	개념의 폭
교과중심	1920~현재	교수요목	문서	본질주의	매우 좁다
경험중심	1930~현재	지도된 경험	경험	진보주의	넓다
학문중심	1960~현재	지식의 구조	문서	본질·항존주의	좁다
인간중심	1970~1980	경험의 총체	경험	실존·인본주의	매우 넓다

3 교육과정의 구성

교육과정의 구성요소를 규정하는 하는 것은 교육과정에 포함되어야 할 각 요소가 무엇이고 어떤 관계에 있는지를 파악하기 위함이다. 타일러(Tyler)는 그의 저서 「교육과정과 수업의 기본원리」에서 교육과정 개발이나 수업설계에 포함해야 할 요소로 교육목표의 설정, 학습경험의 선정, 학습경험의 조직, 평가의 네 가지를 강조하였다. 여기서 교육목표는 가장 먼저 결정되어야 하며 다음 절차를 수행하는 데 기준이 되는 중요한 요소라고 하였다. 본 절에서는 교육목표의 설정, 교육내용의 선정과 조직, 교수-학습과정, 평가로 규정하고 단계별로 살펴보기로 한다.

1) 교육목표의 설정

교육과정의 구성요소 중에서 가장 우선되는 요소로 교육목표를 선정하고 그것을 학습경험의 선정, 조직 및 학습지도에 어떻게 반영할 것인가를 고려하는 요소이다. 이 요소는 교육철학, 아동의 심리 및 학습수준, 사회적 요구, 교과의 전문성 등을 고려해야 한다. 교육목표를 설정하는 데 있어서 고려해야 할 사항은 다음과 같다(이병승 외, 2002).

(1) 목표설정의 자원

타일러는 교육목표 설정의 기본적인 자원은 학습자에 대한 연구, 사회에 대한 연구, 교과목에 대한 연구이고, 그것은 다시 철학과 심리학의 검증을 거쳐 설정된다고 주장하였다. 그러나 오늘날 교육과정의 목표는 철학, 사회변화 및 문화현상, 학습자의 심리적 특성, 교과전문가의 견해를 고려하여 설정한다.

(2) 교육목표의 수준

교육목표는 어느 정도의 일반성과 특수성을 지녔느냐에 따라서 지극히 포괄적이고도 일반적인 수준의 목표를 설정할 수도 있고, 특수하며 구체적인 수준의 목표를 설정할 수도 있다. 여기서 말하는 교육목표의 수준이란 교육목표 세분화에 관한 문제라고 볼 수 있다. 그 세분화의 정도에 의거, ① 국가 및 사회적 수준의 목표, ② 교과목 수준의 목표, ③ 단원 수준의 목표를 설정할 수 있다. 흔히 국가 사회 및 교과목표를 일반목표라고 하며, 단원목표를 중간목표, 수업목표를 특수목표라고 일컫는다.

(3) 교육목표의 설정과 기술

교육목표는 교육내용의 선정, 조직, 학습지도, 평가에 이르기까지 일관성 있게 반영되어야 한다. 교육목표를 설정하고 진술할 때 도움이 되는 일반적 지침, 혹은 기준 몇 가지를 제시하면 다음과 같다.

❶ 교육목표는 구체적이고 명료한 용어로 진술되어야 한다.
❷ 교육목표는 포괄적이어야 한다.
❸ 설정된 교육목표는 일관성이 있어야 한다.
❹ 설정된 교육목표는 실현 가능성이 있어야 한다.
❺ 교육목표는 모든 교직원의 교육활동 속에 내면화되어야 한다.
❻ 설정된 교육목표는 그 타당성을 언제나 검증받아야 하며, 언제나 수정될 수 있어야 한다.

2) 교육내용의 선정

교육목표가 설정되면 그 목표를 달성하기 위한 교육내용을 선정해야 한다. 예컨대 영양가 있는 밥을 지을 때 '내용물(무엇을)'을 무엇으로 할 것인가와 같은 것이며, 흑미, 현미, 콩, 조, 수수, 보리, 대추, 밤, 인삼 등의 식품을 체질과 경제적 수준, 기호도 등에 따라 최적의 상태로 선정하는 일과 같은 맥락이다. 그만큼 교육과정에서 다루어지는 교과내용은 신중을 기해서 선정해야 한다. 교육내용을 어떤 기준에 의해서 '무엇을' 선택하는 게 바람직한 것인지에 대해서는 의견이 분분하다. 하지만 일반적으로 합의되고 적용되는 몇 가지 원리를 제시하면 다음과 같다.

(1) 타당성과 유의미성의 원리

이 원리는 선정될 교육내용이 교육목표와 관련하여 해당 학문 분야에서 가장 본질적이며 기본적인 내용을 포함하고 있어야 한다는 것이다. 여기서 과연 무엇이 가장 본질적인 내용인가에 직면한다. 어느 학문에서든 본질적인 내용이 되는 것은 그 학문의 지속성과 관련된다. '기본 개념'은 그 학문의 여러 가지 다른 하위 개념들을 포괄하고 설명해낼 수 있어야 한다. 기본개념은 대체로 개념 그 자체로서 논리적 의미를 가지고 있는 것이지만, 동시에 그것은 학습자 개개인에게 의미 있는 것이어야 한다. 또한 내용의 타당성을 높이기 위해서는 내용의 깊이와 폭에 있어 균형이 확보되어야 한다.

(2) 일관성의 원리

바람직한 교육내용이란 교육목표가 지시하는바 대로 그 행동특성을 획득하거나 나타낼 수 있는 기회를 제공할 수 있어야 한다는 것이다. 예컨대 교육목표는 확산적·추리적 사고능력을 기르는 데 중점을 두었음에도 불구하고, 실제 선정된 교육내용이 폐쇄적·단편적 지식을 축적하는 데 그친다면 설정된 교육목표와의 일관성은 결여되어 있는 것이다.

(3) 학습 가능성의 원리

이 원리는 교육내용에서 기대하는 학생의 반응이 학생의 능력 수준에 적합해야 한다는 것이다. 선정된 교육내용을 학생들이 배울 수 있어야 한다. 제 아무리 양질의 훌륭한 교육내용이 선정되었다 하여도 학습 가능성이 없다면 그것은 적어도 교육내용으로서는 효용의 가치가 없다. 즉, 현실적으로 교수-학습지도가 불가능하다면 아무리 이상적인 교육내용이라도 쓸모가 없다는 것이다. 예컨대 이제 막 가감승수를 배운 초등학교 저학년 학생에게 함수를 학습시키려 한다면 그런 내용은 학습 가능성의 원칙을 벗어난 것이다.

(4) 일 경험 다 목표 달성의 원리

일 경험(一經驗) 다 목표(多目標)는 어떤 교육목표를 달성하기 위하여 선정된 교육내용이 그 목표를 성취하는 데 크게 공헌하는 동시에 다른 목표달성에도 기여한다는 원리이다. 이 같은 학습을 동시학습(concomitant learning) 또는 학습의 다과율(多果率)이라고 한다. 예컨대 금연교육 프로그램을 통해서 금연을 해야겠다는 태도를 갖게 되었다면, 금연의 효과와 함께 건강도 동시에 좋아지는 동시학습 효과가 이루어진 것이다.

(5) 일 목적 다 경험의 원리

일 목적(一目的) 다 경험(多經驗)은 교육목표를 달성하기 위해 다양한 경험을 활용할 수 있다는 원리이다. 이 원칙은 교사들이 교수-학습을 계획하는 데 있어서 무한한 창의성의 폭을 넓혀주어야 한다는 것이다. 이를테면 틀에 박힌 천편일률적인 교육내용으로부터 다양하고 독창적이며 생동감이 넘치는 수업을 수행할 수 있는 기회를 부여해야 한다.

이 외에도 교육내용을 선정하는 데 있어 학생의 흥미, 능력, 욕구 등이 충분히 고려되어야 할 것이며, 인간 발달의 통합적 원리라든지 교육내용의 유용성, 그리고 내적·외적 관련성 등도 고려되어야 한다.

3) 교육내용의 조직

교육내용이 선정된 이후 그 내용을 적절하게 조직해야 한다. 양질의 좋은 교육내용을 선정하였다고 하더라도 이를 제대로 조직하지 못한다면 교육목표를 달성하기란 곤란하다. 교육내용을 조직하는 데 반드시 고려해야 할 원리를 제시하면 다음과 같다.

(1) 계속성의 원리

계속성(繼續性: continuity)의 원리는 교육내용을 일정한 순서로 조직할 때 '어떤 내용을 얼마나 계속 학습하게 할 것인가'의 문제이다. 그렇다고 모든 학생들에게 똑같은 내용을 일정하게 계속적으로 투입하라는 것은 아니다. 교과내용을 조직하는 데 계속성을 추구하는 일은 단위학교 수준, 학습자의 개별 경험 등을 고려하여 다양한 방식으로 접근 및 모색할 필요가 있다. 이러한 계속적인 반복은 인지학습에도 중요하지만 기능이나 태도의 학습에서도 유의미하다.

(2) 계열성의 원리

계열성(系列性: sequence)은 원리는 학습의 수직적 조직에서 매우 중요하다. 계열성이란 이해, 기능, 태도 등을 포함하는 교육내용의 여러 요소가 그 깊이와 너비에 있어서 점진적인 증가가 이루어질 수 있도록 조직해야 한다는 것이다. 교육과정의 구성에서 중시되는 계열에는 교과목의 논리적 계열, 학습자의 발달단계와 과업을 중시하는 계열, 문화사적 시대구분에 초점을 맞춘 계열, 생활영역에 초점을 맞춘 계열 등이 있다.

(3) 범위의 원리

범위(範圍: scope)의 원리는 교육과정 내용의 폭(breadth)과 깊이(depth)에 관련되는 원리이다. 많은 교과목들을 그냥 일렬로 나열해 놓기만 한다고 해서 교육과정이 조직되는 것은 아니다. 교육내용의 폭이 넓어지면 깊이는 그만큼 얕아지고, 깊이가 깊어질수록 폭은 좁아질 것이라는 점을 고려하여 교육내용을 조직해야 한다. 제한된 시간과 학습량을 충분히 고려하여야 한다.

(4) 통합성의 원리

통합성(統合性: integration)의 원리는 교육내용의 수평적 조직을 위한 원리이다. 통합성은 어떻게 하면 학생들에게 통합 조정된 교수-학습경험을 제공할 것인가에 관심을 갖는다. 예컨대 수학시간에 학습한 내용을 물리 과목이나 기술 과목과 같은 교과에서도 효과적으로 활용할 수 있어야 할 것이다. 여러 학습장면에서 획득한 교육내용들은 서로 연결되고 통합됨으로써 학습의 정도가 깊어지고 넓어질 수 있다.

(5) 균형성의 원리

이 원리는 교육과정을 조직할 때 내용의 종적·횡적 차원과 수직적·수평적 차원을 균형 있게 반영해야 한다는 원리이다. 균형성을 유지하기 위해서는 융통성 있는 수업시간 계획이나 수업시수 배당계획이 필요하다. 전인교육이 지·덕·체의 조화로운 교육을 하듯 교육과정 조직에 있어서도 어느 한쪽으로 치우침 없는 조화로운 균형성이 유지될 필요가 있다.

4) 단원의 계획

교육과정을 계획하는 데 있어서 교육목표가 설정되고 교육내용의 선정 및 조직이 마무리되면 단원을 계획해야 한다. 단원계획은 교육과정이 학생들에게 전달되는 구체적 계획으로서 이를 '단원전개 계획', '단원 전개안', '수업안', '학습지도안'이라고 일컫는다. 단원계획에 의거 교육과정은 학생들의 경험이 될 수 있다.

일반적으로 단원이란 교육과정을 구성하는 최소 단위의 구조로서 통일성, 단일성, 전체성, 통합성을 지닌다. 단원을 계획한다는 것은 수업을 준비하기 위해 수업안을 작성하는 것이다. 즉 단원의 전개는 곧 수업과정 자체를 일컫는 말이다.

(1) 단원의 유형

❶ 자료단원 : 자료단원은 교사가 학습단원을 계획·전개시키고 평가함에 있어서 도움이 될 여러 가지 자료를 체계적·종합적으로 조직해 놓은 것을 말한다. 이를테면 교사가 단원학습을 이끌어 나갈 때 필요한 생각이나 자료를 끌어다 쓸 수 있도록 준비해 놓은 학습 자료의 보고(寶庫)라고 할 수 있다. 자료단원은 교사들의 협동적 노력에 의하여 지역별·학교별로 작성되는 것이 가장 바람직하다.

❷ 학습단원 : 자료단원을 참고로 하여 교사가 수업을 전개하기 위하여 지역사회 실태, 학교의 설비, 학생의 특성을 고려하여 자기 학습에 알맞게 계획한 단원이다. 다시 말해서 교사가 주어진 수업시간을 전개하기 위해 계획한 '학습지도안'이다.

❸ 교과단원 : 교과단원(교재단원)은 교과중심 교육과정에 관련되는 단원으로서 체계적이고 논리적인 '지식의 덩어리'이다. 예컨대 교과내용 중 분절된 학습 단위인 과(課: lesson)를 말한다.

❹ 탐구학습단원 : 탐구학습단원은 교재의 배후에 있는 기본적인 개념을 발견적

으로 깨닫게 하려는 의도를 가지고 문제를 해결하는 과정을 통일성 있게 단원으로 구성한 것이다. 이 단원의 특징은 교재에 담긴 특정한 사실을 습득하도록 하기보다는 학생 스스로 탐구하도록 함으로써 기본 개념, 원리, 법칙을 발견하도록 하는데 있다.

(2) 단원계획의 절차

단원계획이란 자료단원을 참고로 하여 학습단원을 작성하는 과정을 말한다. 단원을 계획하는 데는 단원목표의 설정, 학습과제의 분석, 출발점행동의 분석, 보충과정 등을 고려해야 한다.

❶ 단원의 목표설정

단원목표는 교과의 지식이나 경험을 통일성 있게 모아 놓은 소단위이며, 이 단위의 교육내용과 활동방향을 설정해 놓은 것으로 수업목표를 도출하고 수업의 전략과 방법을 결정하는 데 직접적으로 영향을 주는 목표이다.

❷ 학습과제 분석

학습목표가 지적하고 있는 과제는 여러 가지 하위 요소들로 이루어져 있는데, 이 요소들을 체계화하고 상호관련성을 찾아내는 것을 말한다. 이 분석은 가르칠 학습요소가 무엇인지를 분명히 하고, 학습의 순서를 밝혀주고, 형성평가의 기준이 되며 선수학습 능력이 무엇인지를 밝혀 준다는 점에서 중요하다.

❸ 출발점행동 분석

출발점행동은 투입행동(input behavior)이라는 말로 사용되며, 학생들이 새로운 특정 도착점행동을 습득하기 전에 사전에 습득해 있어야 할 행동을 의미한다. 즉 준비성의 개념과 일치한다. 출발점 행동진단의 단계는 학습자가 이미 습득하고 있는 학습내용에 대해 진단함으로써 실제 수업상황에서 학습자의 특성과 개인차를 고려한 수업을 진행해야 함을 시사한다.

출발점행동은 선행학습의 정도, 적성, 지능 등의 인지요인과 흥미, 태도, 자아개념과 같은 정의적 요인이 있으며, 이들은 학습의 결과에 중요한 영향을 미친다. 수업절차에 앞서서 출발점행동의 진단을 위한 진단평가를 실시하여 학습 결손아를 발견하고 처치방안을 강구할 필요가 있다. 그리고 수업절차에서의 학습지도방법이 모색되어야 한다.

(3) 수업전략

출발점행동의 진단과 보충진단과정이 끝나면 수업에 대한 구체적인 수업전략을 마련해야 하는데, 이를 수업전략이라고 부른다. 교사가 수업을 보다 효과적이고 효율적이고 매력적으로 진행하기 위해서는 자신의 수업에 대하여 보다 철저한 준비와 계획이 있어야 한다. 수업은 다양한 교육내용을 학습자의 특성에 적합하게 조직하고 전달하고 관리해야 하기 때문이다. 여기에는 학습자의 개인차를 반영해야 하며 적합한 매체 선정도 이루어져야 한다. 이 같은 다양한 수업에 대한 고려요인을 통해서 수업의 효과를 극대화시키기 위해서는 교사 스스로 수업전략에 대하여 성실한 자세를 보여야 한다. 수업전략에서 고려할 요소는 시간계획, 교수-학습 집단의 조직, 시청각 매체의 활용, 수업의 형태나 흐름 등이다.

(4) 평가계획

평가계획은 최종단계에서만 이루어지는 것이 아니라 각 단계에서 계속적으로 이루어지며, 여기에는 진단평가, 형성평가, 그리고 총괄평가가 있다.

진단평가는 단원전개에 앞서 평가하는 기능이며, 형성평가는 단원전개 과정에서 평가하는 기능이며, 총괄평가란 단원전개가 종결된 후에 실시하는 종합적인 평가로 차후의 바람직한 의사결정과 정책수립, 학습목표 달성여부, 피드백을 위해 실시된다. 따라서 평가계획은 학습목표에 대하여 종합적이고 총체적인 평가가 이루어지도록 면밀하게 준비되어야 할 것이다.

단순하게 뻗어 올라가는 일이 쉽다는 의미에서 단순한 일인가. 제 몸에 일정한 마디를 이루는 일이 쉽다는 의미에서 단순한 일인가. 가장 부드러운 것의 이름. 죽순에서 벗어나 가장 단단한 것의 이름 대나무 죽(竹)이 되는 일이 쉽다는 의미에서 단순한 일인가.

단순해기지 위해서는 완벽한 습도·온도·햇볕이 필요하다. 거기에 한 가지 더, 단순함을 볼 줄 아는 눈이 필요하다. 단순함을 단순하다고 보아내는 눈이 없다면 단순한 것이 존재할 방법이 없다.

단순한 것을 단순하게 보는 눈이 필요하다. 아무리 단단한 것도 처음에는 매우 부드러운 것이었다는 사실을 보는 눈이 필요하다. 눈의 관찰 경험을 잘 기억하기만 한다면 세상에 오류 혹은 과장이 끼어들 틈이 없다.

도대체 무엇이 문제인가. 단순해지지 않는 것이 문제인 것이다.

– 임동헌의 〈풍경〉 중에서

토·의·과·제

1. 교육과정이론의 세 가지 유형의 특성과 장단점을 비교·분석해 보시오.

2. 대학생을 위한 바람직한 교양교육과정은 무엇인지에 대하여 생각해 보시오.

07

수업과 교육공학

사람이 비록 아무리 어리석다 해도 남의 잘못하는 과실을 책망하는 것은 분명히 하는 것이요, 제아무리 총명하다 해도 자기의 잘못을 깨닫는 데에는 어두운 법이다. 그러나 너희들은 마땅히 남의 과실을 책망하는 마음으로 자기 몸을 책망하고 자기 잘못을 용서하는 마음으로 남의 잘못을 용서한다면 근심 걱정할 것이 없다.

– 범충선공(范忠宣公)의 말 중에서

1 수업의 개념

우리는 수업에 관련된 몇 가지 용어들이 서로 혼용되어 사용되고 있음을 볼 수 있다. 수업과 교수가 그 대표적인 예이다. 수업과 교수는 우리말에서는 물론 영어에서도 마찬가지인 것 같다. 우리나라에서는 사람에 따라 '가르치는 것'(teaching)을 교수 또는 수업으로 번역하기도 하고, 또 'instruction' 같은 개념으로 번역하기도 한다. 이러한 혼란은 아마도 두 용어가 담고 있는 의미를 엄격히 구분하기 어렵다는 점을 들 수 있다. 두 개념이 서로 공통적인 부분을 내포할 뿐만 아니라, 바라보는 관점에 따라 하나를 포괄하기도 하고 그 반대 현상이 나타날 수도 있다. 이 두 개념을 보다 분명히 규명하기 위하여 학자들이 정의한 개념을 살펴본다.

우선 수업에 대하여 살펴보면 다음과 같다. 코레이(Corey)는 수업이란 학습자가 특정한 조건하에서 특정한 행동을 학습할 수 있도록 학습자의 환경을 계획적으로 조정하는 과정이라고 하였으며, 가네(Gagne)는 학습이 일어날 수 있도록 내·외적 조건을 체계적으로 조정하는 것이고, 로버트슨(Robertson)은 타인의 학습을 유발하기 위한 의도를 가지고 행하는 활동이라고 하였다. 그러므로 수업이란 여러 다양한 수단들을 동원하여 학습자의 성장과 발달을 돕는 것이며, 학습을 최적화하기 위한 환경의 정비라고 말할 수 있다.

다음으로 교수에 대한 개념에 대하여, 코레이는 교수란 개인이 특정한 조건하에서 특정행동을 수행하기 위하여 학습할 수 있도록 개인을 둘러싼 환경을 의도적·계획적으로 조작하는 과정이라고 정의하였으며, 레이겔루드(Reigeluth)는 교수란 설계·개발·실행·관리·평가를 포함하며, 수업은 교수의 영역 중에서 교사의 적용과 실행에 중점을 두는 것으로 교수를 수업보다 포괄적인 개념으로 보았다.

이를 종합해 볼 때 교수는 수업보다 더 포괄적이며, 수업의 결과로 학습자의 행동양식을 바람직한 방향으로 변화되도록 학습의 전 과정을 안내·통제·발전시켜 나가는 일체의 행위라고 할 수 있으며, 수업은 학습자의 지적 탐구 특성을 자극하는 내용을 전달하는 데 적용된다고 볼 수 있다. 그러나 최근 들어 교수라는 용어에 더 비중을 두고 사용하나 수업과 혼용하여 사용하기도 한다.

기존의 교수나 수업의 개념이 가르치는 입장에 있는 교사를 중심으로 하는 것이라면, 최근에는 학습자를 중심으로 하는 개념으로서 학습지도라는 용어를 많이 사용한다. 전통적인 교육에서는 교사의 역할이 지식전달에 치우쳤으며, 그에 따라 교사의 권위가 중시되었던 시대의 산물로 '교수'라는 용어가 사용되었다. 그러나 최근에는 학습자를 존중하며, 학습자의 학습을 돕고 안내한다는 의미의 '학습지도'라는 용어로 사용되고 있다.

2 교수와 학습

일반적으로 수업과 학습은 다음과 같은 몇 가지 기준으로 구분하고 있다. 이를 살펴보면 다음과 같다.

❶ 수업에는 일정한 목표가 있으나 학습에는 목표가 있을 수도 있고 없을 수도 있다. 수업에 목표가 있어야 한다는 말은 수업은 의도적·계획적 작용이라는 것이며, 학습은 외적인 경우도 있고 아무 의미도 없는 상태에서도 이루어 질 수 있음을 시사한다. 즉, 수업이 있는 곳에는 반드시 학습이 있으나 수업이 없는 곳에서도 학습은 이루어진다는 것이다. 아이들은 가정에서, 거리에서, 또는 잡지나 TV에서 많은 것을 배운다. 그러나 그것은 반드시 의도적인 수업결과는 아니다. 수업보다 학습이 넓은 개념임을 알 수 있다.

❷ 수업은 독립변수이고 학습은 종속변수이다. 독립변수라 함은 작용하는 변수이며, 종속변수는 작용하는 결과에 나타나는 변수이다. 수업은 작용하는 것이며, 학습은 작용결과로 나타나는 행동의 변화를 뜻한다. 좋은 수업이란 독립변수에 예상되는 종속변수가 나타남을 의미한다. 그러나 흔히 작용하는 목표가 분명치 않거나 작용하는 방법이 잘못되었기 때문에 또는 의도한 이외의 변인이 너무 강해서 나타난 결과, 즉 학습은 다른 방향으로 지향되는 수가 많다.

❸ 수업은 일의적이지만 학습은 다의적이다. 교사가 가르치는 것은 하나이지만 학생은 제각기 다르게 배우는 것이다. 한 학급에서 30명의 학생이 있을 경우에 동일 교사의 행동에서 영향을 받은 학생의 학습은 30개의 다른 것일 수 있다. 학생들은 제각기 준비성이나 출발점행동이 다르기 때문에 교사의 수업

을 학생은 모두 달리 해석할 수 있다.

❹ 수업은 처방적이지만 학습은 기술적이다. 수업은 학생의 문제점을 찾아내어 이를 고치기 위한 처방적 행동이라고 할 수 있다. 또한 목표에 접근시키기 위한 처방적 행동이라고 할 수 있다. 그러나 학습은 학생 행동의 변화된 모습을 있는 그대로 기술할 뿐이다.

❺ 수업연구는 있는 그대로의 수업상태를 대상으로 하나, 학습연구는 동물을 대상으로 하는 경우가 많다.

그러나 사실은 기술 결과에 따라 새로운 처방을 취하게 되므로 양자는 분리된 관계가 아니라 밀접한 상호관련성이 있다. 실제 교실 장면에서 학습내용이 잘 진단되어 기술되어지면, 이에 적절한 처방이 이루어지게 되고 좋은 성과로 이어지므로 교수와 학습은 불가분의 관계를 갖는다.

3 교수체제모형

1) 글레이저의 교수모형

글레이저(Glaser)의 교수이론은 학습내용을 일종의 정보로 간주하고 수업과정을 신속하고 정확하게 정보를 처리하는 컴퓨터의 구조와 기능에 유추시킨 것이다. 그는 수업의 과정을 하나의 체제(system)로 보고, 체계적이고 계획적인 교수모형을 최초로 개발하였다. 그는 수업의 과정을 수업목표의 설정, 출발점행동의 진단, 수업절차, 그리고 학습평가로 구분하였다. 그리고 각 단계에 대한 피드백이 이루어져 그 산출을 평가하고 수정하도록 한다. 즉, 수업의 과정을 하나의 시스템으로 볼 때 교육목표는 시스템 목표(system input)가 되고, 수업절차는 시스템 조정자(system operator)가 되고 성취도 평가는 산출 조사자(output monitor)가 되는 셈이다. 글레이저의 모형을 도식화하면 다음과 같다.

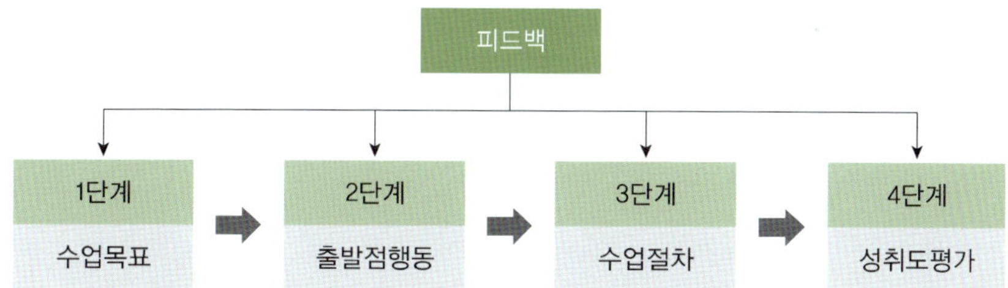

그림 7-1 글레이저의 수업모형

이 모형의 특징은 수업의 매 단계가 바로 후속하는 단계들의 활동을 결정하는 계속적인 결정과 수정의 모형이 된다. 즉, ① 한 단원의 수업목표가 결정되면, ② 수업목표의 달성에 관련된 학생들의 출발점 행동의 양상이 정확히 예진되며, ③ 그에 따라 학생들에게 어떤 학습지도가 주어져야 할 것인가가 처방되고, ④ 최종적으로 학습지도의 성과가 평가되도록 되어 있다.

글레이저의 수업모형은 컴퓨터의 구조와 기능에서 아이디어를 얻었을 뿐만 아니라 피드백 회로를 강조한 것을 보더라도 두뇌공학의 원리를 많이 이용하고 있음을 알 수 있다. 그의 수업이론은 두뇌 공학원리(theory of cybernetics), 정보처리이론(information processing theory), 그리고 의사결정론(decision making theory)에 입각하여 개발되었다. 따라서 컴퓨터 프로그래밍 과정에서 흐름표(flow chart)를 작성하듯 수업과정의 흐름이 흐름표로 설계되어 수업이론과 모형들은 본질적으로 같다.

물론 글레이저의 수업모형이 너무 개괄적인 면이 있기 때문에 실제 적용 간에 문제가 없는 것은 아니지만, 커리큘럼과 학습지도, 교육평가를 하나의 통일된 시스템으로 보았다는 점에서 수업이론의 정립에 기여하였다. 오늘날 개발되어 있는 수업모형의 대부분이 이 이론에 근거하였다는 점에서 높이 평가할 만하다. 모형의 각 단계별로 살펴보면 다음과 같다.

(1) 수업목표

수업목표는 교육이 궁극적으로 달성해야 할 가치실현의 인간행동을 포함하는데, 이는 컴퓨터의 입력장치에 해당된다. 컴퓨터의 입력장치를 통해 정보와 자료가 투입되듯이 수업에서도 내용선정의 토대인 수업목표가 설정되어야 한다. 이때 수업목표는 도착점 행동(terminal behavior)으로 설명된다. 도착점 행동이란 어떤 교수과정이 끝났을 때 학생들이 보여줄 수 있는 성취를 의미한다. 수업목표는 반드시 구체적이고 행동적인 수업목표, 즉 명세적 수업목표로 진술되어야 한다. 만약 수업목표가 애매모호하게 진술되면 수업과정 역시 효과적이지 못하게 된다. 그러므로 최저의 성취기준을 마련하여 많은 학생들이 도착점 행동에 도달하도록 해야 한다.

(2) 출발점행동

출발점행동은 투입행동(input behavior)이라는 용어로 사용되며, 학생들이 새로운 특정도착점 행동을 습득하기 전에 습득해야 할 행동을 의미한다. 즉, 준비성의 개념과 일치한다. 출발점행동 진단단계는 학습자가 이미 습득하고 있는 학습내용에 대해 진단해 봄으로써, 실제 수업상황에서 학습자의 특성과 개인차를 반영한 수업을 가능하게 할 것이다.

출발점행동은 선수학습의 정도·적성·지능 등의 인지요인과 흥미·태도·자아개념과 같은 정의적 요인이 있으며, 이들 요인은 학습결과에 중요한 영향을 미친다. 수업절차에 선행하여 출발점행동 진단을 하고, 그 결과를 기초로 학습 결손아를 발견하고 처치방안을 강구할 필요가 있다. 그리고 수업절차에서 구체적인 학습지도방안이 모색될 필요가 있다.

(3) 수업절차

수업절차는 교사의 수업전개 활동을 내포하고 있으며, 학습자의 출발점행동으로부터 학습자가 수업을 마치고 그 상황을 떠나기 전까지의 전 과정으로서 학습지도의 장, 즉 가르치고 배우는 수업과정을 의미한다. 수업절차에는 목표달성을 위한 수업의 계획으로서 수업활동, 집단유지의 결정, 시청각 매체의 활용 등이 있다. 수업절차 단계는 일련의 수업과정 중에서 가장 중심적인 단계로 교사는 자신이 수립·가능한 수업계획에 따라 수업을 전개해 나간다. 글레이저는 설정된 수업목표에 점진적으로 접근시킬 보조행동의 활용을 강조한다. 그러므로 이 단계에서는 학습지도 방안과 형성평가에 의한 교정학습을 중시한다.

(4) 성취도 평가

학습 성과의 평가단계는 컴퓨터의 출력장치에 해당한다. 수업절차가 종료된 이후 설정된 수업목표에 비추어 학습평가를 한다. 이때의 평가는 총합평가로서 도착점 행동의 성취를 살펴보는 것이다. 또한 이러한 일련의 과정체제에서 평가에 의한 계속적인 피드백이 제공된다.

(5) 피드백

피드백(feedback)은 수업과정에서 각 단계의 작업 결과를 평가하고 수정·보완하는 데 필요한 정보를 송환하는 기능을 말한다. 송환회로(feedback loop)는 학습자가 수업목표에 도달하였다는 사실이 판명될 때까지 계속 가동된다. 예컨대 수업목표가 세 개라고 가정한다면 일련의 피드백 과정이 세 번 반복되어야 함을 의미한다. 이 과정은 각 단계의 적절성 여부에 대한 정보제공과 더불어 다음 단계의 수업과정 설계에 대한 중요한 정보를 제공한다.

2) 캐롤의 교수모형

학교에서 이루어지는 여러 가지 형태의 학습 가운데 지적 학습에 작용하는 중요 변인들을 추출한 다음 그들 변인 간의 상호관계를 기초로 하여 학교학습의 방안을 조직적으로 체계화시킨 것이 캐롤(Carroll)의 교수모형이다.

캐롤의 교수모형은 학교에서 이루어지는 지적 학습을 결정하는 변인들을 추출하여 이론화하는 데에 있지만, 그보다는 완전학습의 가능성을 뒷받침하는 이론적 기초를 제공한다. 캐롤의 학습정도는 학습자가 주어진 과제를 해결하기 위해 필요로 하는 시간량에 비추어 실제 학습에 사용한 시간의 비율로 나타낸다. 여기서 학습의 정도는 수업목표에 대한 실제 학업성취도를, 학습에 사용된 시간량은 단순한 수업 경과 시간이 아니라 학습자가 능동적으로 학습과제에 주의집중하며 학습에 열중한 시간량을, 학습에 필요한 시간량은 주어진 과제를 도달점까지 학습하는 데 요구되는 총 시간량을 의미한다.

캐롤의 교수모형에서 중요한 역할을 하는 변인들로는 적성·지속력·학습기회·

수업의 질·수업의 이해력을 들 수 있다. 학습에 필요한 시간을 결정하는 변인에는 적성·수업의 이해력·수업의 질이라는 세 가지 변인이 포함되고, 학습에서 사용된 시간을 결정하는 변인에는 학습기회와 지속력이 있다. 캐롤은 적성·수업의 이해력·학습의 지구력을 개인차 변인(individual variables)이라 하였고, 수업의 질과 학습기회를 수업변인(instructional variables)이라 하였다. 이 같은 캐롤의 명제를 방정식으로 나타내면 다음과 같다.

$$\text{학습정도} = f\ \frac{\text{학습에 사용된 시간(학습기회·지구력)}}{\text{학습에 필요한 시간(적성·수업이해력·수업의 질)}}$$

위 공식에 의거 학습의 정도를 백분율로 표시하면, 그것은 학습자가 주어진 과제를 도착점까지 학습하는 데 필요한 시간에 비해서 '학습에 얼마만큼의 시간을 사용했느냐'를 의미한다. 학습에 필요한 시간은 학습자의 적성·수업의 이해력·수업의 질이라는 세 변인에 의해서 결정된다. 수업의 질이 낮아질수록 요구되는 수업이해력이 커지며, 그에 따라 학습에 필요한 시간도 증가한다.

한 학습자에게 있어서 실제로 학습에 사용한 시간량이 학습에 필요한 시간량과 같을 때 학습의 정도는 1로서 완전학습이 되며, 실제로 학습에 사용되는 시간량이 학습에 요구되는 시간량에 비해서 줄어들수록 학습정도는 그만큼 낮아진다는 것을 보여준다. 캐롤의 교수모형에서 제시되는 제 변인들에 대하여 보다 구체적으로 살펴보면 다음과 같다.

(1) 적성

적성이란 최적의 수업 조건하에서 주어진 과제를 완전학습 하는 데 필요한 시간을 의미한다. 어떤 과제를 학습하는 데 있어서 적성이 높으면 주어진 과제를 보다 빨리 학습해 낼 수 있고, 반대로 적성이 낮으면 그만큼 학습하는 데 소요되는 시간이 길어진다. 학습자의 학습적성이 완전학습을 하는 데 필요한 시간량을 결정해 준다.

(2) 수업의 이해력

수업의 이해력은 학습과제의 성질과 교사의 수업절차를 이해하는 데 필요한 시간을 의미한다. 따라서 수업의 이해력은 학습 절차나 교과 또는 교재의 이해를 위해서 필수적이다. 수업의 이해력을 결정하는 중요한 하위요인으로는 학습자의 일반지능과 언어능력을 들 수 있다. 수업내용의 대부분은 교사의 언어적 설명에 의해 이루어지므로, 교사가 제시하는 각종 학습 자료를 해석하고 이해하는 언어능력이 학습에 필요한 시간량을 결정하는 주요 요인이 된다.

(3) 수업의 질

학습과제와 제시단계, 교사의 교수방법 등을 포함하여 교수하는 내용과 방법이 학습을 쉽게 할 수 있도록 정비되어 있느냐의 문제이다. 캐롤은 수업의 질을 특정한 학습자에 대한 '교수자의 학습과제 제시, 설명 및 조직화가 최적에 접근된 정도'로 보았다. 수업의 질과 관련된 변인으로는 교사언어의 적절성, 학습자의 수업매체, 학습 자료에 대한 적절한 접근성, 학습과제 제시 순서와 순서의 적절성, 그리고 수업과제의 적합성 등을 들 수 있다. 따라서 수업의 질은 학습자 개개인의 학습능력과 수준을 고려하여 준비되어야 한다.

(4) 학습기회

학습자들이 그들에게 주어진 특정 과제를 학습할 수 있도록 허용된 총 시간량을 의미한다. 학습기회는 캐롤의 교수모형에서 완전학습을 성취하는 데 가장 필요한 변인으로 고려된다. 이는 학습시간이 충분히 확보되지 않는다면 학습정도는 낮아질 수밖에 없기 때문이다.

(5) 지구력

지구력이란 지속력이라고도 하며, 학습자가 스스로 인내를 갖고 학습에 투자하는 시간을 최대화하려는 학습의욕과 태도를 의미한다. 일정한 수준의 성취를 할 때까지 학습자가 학습에 적극적으로 사용하는 시간으로써 학습동기 또는 흥미와 높은 관련이 있다. 학습 지구력은 학습자에 따라 달라지며, 동일한 학습자라 할지라도 학습과제에 따라 다르게 나타나기도 한다.

앞에서 살펴본 캐롤이 제시한 다섯 가지 변인은 개념상으로 상호독립적인 것으로 보이지만, 실제는 이들 변인 간에 상호작용이 있고, 변인 간의 중복이 있다는 점을 간과해서는 안 된다. 캐롤은 적성과 수업이해력을 구별하고 학습자 개인이 갖는 여러 과제에 대한 적성은 서로 다를 수 있으나, 수업의 이해력만큼은 원칙적으로 여러 유형의 수업장면에서도 불변한다고 생각하였다. 그러나 실제 수업장면에서는 이 두 가지 변인이 반드시 구별되는 것은 아니며, 경우에 따라서는 전적으로 동일한 요인이 될 수도 있음을 인식해야 한다.

3) 브루너의 교수이론

브루너(Bruner)는 1960년 이후 미국의 교육과정 및 수업의 개혁운동에 가장 큰 영향을 주었으며, 지식의 구조화에 대한 중요성과 당위성을 강조하였고 학문중심 교육과정에 지대한 공헌을 하였다. 브루너는 학습이론이나 발달이론은 근본적으로 기술적인 성격을 가지고 있는 반면에 교수이론은 처방적이고 규범적이어야 한다고 주장하였다. 이는 교수이론이 지식이나 기능을 성취하는 데 가장 효과적인 방법을 제시해 주어야 하며, 특정 교수-학습 방법을 평가할 수 있는 기준을 마련해 주어야 함을 의미한다.

교수이론은 학습자에게 학습되어야 할 지식이나 기술 수준의 준거(criteria)는 물론 정해진 학습목표에 도달하는 데 필요한 조건을 제시해 주어야 한다. 그 조건들이 학년별로 교과에 따라 하나하나 개별적으로 명시되어서는 안 되고, 모든 학년에 공통적으로 적용되는 일반성(generality)의 관점에서 수준 높게 진술되어야 한다고 주장하였으며, 이를 '규범적'이라고 정의하였다. 그러므로 브루너의 교수이론은 학생들에게 지식이나 기능을 학습시키는 가장 효과적인 방법에 관한 일반적인 원리와 규칙을 제시해 주는 처방적·규범적 이론이라 할 수 있다. 이러한 면에서 브루너의 교수이론은 네 가지 특징인 선행 경향성·지식의 구조·학습 계열·강화를 관리하는 방법과 법칙을 탐색하는 데 중점을 두고 있다.

(1) 선행학습 경향성

선행학습 경향성(predisposition to learning)이란 학습하고자 하는 의욕 또는 경향성을 뜻하며 사회 계층, 인종과 같은 문화적 특징, 내·외적 동기 체제, 그리고 학습자의 개인적 요인들과 관련된다.

학습 경향성에 관하여 브루너가 가장 중요시하는 것은 '여러 가지 가능성을 탐색하는 경향'이다. 교수활동에서는 경향을 극대화하려는 조건을 필히 마련해야 한다. 이 조건을 세 가지로 구분하여 설명할 수 있다. 즉, 가능성의 탐색을 자극하는 것, 그 영향을 계속 유지하는 것, 그리고 가능성 탐색의 방향감을 주는 것이다. 그러기 위해서는 선행경향성에 대한 적어도 세 가지 가정이 전제되어야 한다. 첫째, 교사와 학생의 관계로서 학습자의 사전 성향 파악은 교사와 학생의 상호작용 시에 도움이 된다. 수업은 교사와 학생의 상호작용이라는 사회적 관계로부터 출발하는 것이므로, 교사와 학생의 관계를 어떻게 규정하느냐에 따라 학습의 성격이나 학습능력 등에 영향을 미친다. 둘째, 학생들의 학습활동 방식, 유형 및 태도는 사회계층이나 성, 연령, 그리고 종족에 따라 다르므로 수업이론은 이미 주어진 문화적 행동양식의 적절한 활용 방안에 중점을 두어야 한다. 셋째, 수업은 학습자의 문제해결능력을 개발하고 촉진할 수 있어야 하며, 이를 위해서는 활동성, 지속성, 그리고 방향성 등이 상호 유기적으로 조화를 이루어야 한다.

브루너가 제안한 발견학습은 교사가 학습과제를 최종적인 형태로 제공하는 것이 아니라 학습자 스스로 답을 찾아 조직해 나가는 과정에서 이뤄지는 학습이기 때문에 과제에 대하여 학습자가 탐구하려는 선행학습 경향성은 매우 중요하다.

(2) 지식의 구조

브루너는 지식구조(structure of knowledge)를 '학습해야 할 많은 정보들을 몇 개의 기본 개념이나 아이디어로 정형화한 것'이라고 규정하였다. 이를테면 지식의 구조는 지식의 영역에서 가장 기본적이며 핵심적인 개념이나 법칙, 원리, 그리고 아이디어라 할 수 있다. 교수 활동에 있어서 지식의 구조는 중요하게 작용하는데, 브루너는 학생들에게 가르칠 내용은 교과내용이 아니라 지식의 구조라고 강조하면서 그 이유를 다음과 같이 설명하였다.

첫째, 어떤 관념이나 문제 또는 지식들을 특정 학습자가 충분히 이해할 수 있도록 단순화시켜 제시해야 한다. 어떤 교과든지 지적으로 적절한 형태를 제시함으로써 각 발달단계의 학생들에게 효과적으로 전달할 수 있다. 이를 위해서 교육과정은 나선형으로 조직될 필요가 있는데, '나선형 교육과정'이란 동일한 개념이나 원리 등을 점진적으로 그 깊이를 더하고, 그 폭을 넓혀가면서 심화되도록 조직하는 것을 말한다. 둘째, 어떤 영역에서든 지식구조의 특징은 '표현양식·표현의 경제성·표현의 생성력'으로 대별할 수 있으며, 이는 학습자의 나이, 학습스타일, 그리고 학습과제에 따라 달라진다.

표현양식(mode of representation)에는 사물의 활동을 통해 결과를 얻는 작동적 표상(enactive representation), 그림이나 심상으로 결과를 얻는 영상적 표현(iconic representation), 법칙이나 원리에 지배되는 상징체제로부터 나온 상징이나 논리적 명제로 결과를 얻는 상징적 표상(symbolic representation)이 있다. 발달단계를 고려한다면 '유아기'에는 작동적 표상방법이 효과적일 것이고, '아동기'에는 영상적 표상이, 그리고 '성인기'에는 높은 추리와 문제해결력이 요구되는 상징적 표상이 보다 효과적일 것이다.

경제성(economy of representation)이란 어떤 문제를 해결하거나 이해하는 데 학습자가 소유해야할 정보의 양으로, 정보의 양이 적거나 처리단계가 적은 지식일수록 경제적이다. 예컨대 물리학이나 수학과목에 비해 사회과학의 교과목들은 간단하게 표현하기가 힘들며, 작동적 표현보다는 상징적 표상이 더 경제적이다.

표현의 생성력(power of representation)은 일련의 명제나 지식이 그와 관계되는 다른 명제나 지식을 찾아내기 쉬운 정도를 말한다. 즉, 학습자가 학습한 명제들이 얼마나 응용력이 있으며 전이가 높은지를 의미한다. 구조화된 교과지식을 학습할 때 경제성과 생성력이 극대화될 것이다.

(3) 학습의 계열화

학습의 계열화(sequence of learning)란 학습자가 학습내용을 이해·변형·전이하는 능력을 스스로 발휘할 수 있도록 조직된 학습과제의 제시 순서를 말한다. 학습과제의 제시 순서는 학습과제의 모호성과 난이도를 좌우하게 되며 학습장면에서 문제해결의 가능성을 탐색하려는 학습자의 의욕과 태도에 많은 영향을 주게 되므로, 주어진 문제의 이해·변형·전이가 용이하도록 조직되어야 한다. 학습의 계열을 결정할 때 고려해야 할 기본 전제는 다음과 같다.

❶ 모든 학습자에게 적용되는 단일한 계열은 없다. 계열은 학습자들의 학습경험, 발달단계, 학습 자료의 성격, 그리고 개인차 등에 따라 다르게 조직되어야 한다.
❷ 학습자들의 지적 발달을 고려해야 한다. 일반적으로 학습과제는 작동적 표상으로부터 상징적 표상 순으로 나타내는 것이 좋다.
❸ 적절한 수준의 불확실성과 긴장 수준을 유지할 수 있는 계열을 조직하는 것이 필요하다. 이를 통해 학습의욕과 동기를 유발시킬 수 있기 때문이다.
❹ 계열을 선정할 때 학습의 속도, 망각에 대한 저항, 전이 가능성, 표현양식, 학습내용의 경제성 및 생성력 등의 준거를 고려해야 한다.

(4) 강화

브루너는 학습의 증진을 위해 상과 벌의 성격과 그 적용으로서 강화(inforcement)가 필요하다고 하였다. 이러한 강화는 내적 보상과 외적 보상에 의한 두 가지 형태로 구분된다. 브루너는 내적 보상에 의한 강화를 우위에 두고 있으며, 학습을 통하여 경험하게 되는 발견의 희열과 성취감을 바탕으로 하는 내적 보상은 다른 어떤 외적 보상보다 강화력이 크다고 하였다.

이상에서 살펴보았듯이, 브루너의 교수이론은 수업내용과 수업과정을 개방하는 동시에 규범적이어야 한다는 데 새로운 의미를 부여하였다. 그러나 수업이론의 개방성은 처방적인 기능을 약화시킬 우려도 있으므로 보다 세분화되어야 하는 측면도 있다.

4) 가네와 브릭스의 교수모형

가네와 브릭스(Gagne & Briggs)의 교수이론은 인간의 학습이 단순한 것에서 복잡한 것으로, 저차원에서 고차원으로 발전하는 위계를 이루고 있으며, 한 단계의 학습은 다음 단계의 학습에 필수적인 선행요건이 된다는 학습위계(learning hierarchy)에 기초를 두고 있다. 가네의 학습위계이론은 교수목표 분석, 학습과제 분석, 그리고 교수이론의 정립에 기여한바가 크다.

가네(Gagne)는 학습유형을 여덟 가지로 분류하였는데, 신호학습(signal learning), 자극반응학습(stimulus response learning), 운동연쇄(motor-chaining), 언어연상(verbal association), 변별학습(multiple discrimination), 개념학습(concept learning), 규칙학습(rule learning), 문제해결학습(problem solving learning)이다. 이들 여덟 가지 학습유형은 학습위계가 낮은 것으로부터 높은 것으로 열거되었다.

가네에 의하면 학습과제는 위계적으로 구성되어 있으며, 위계 순서가 다른 학습과제는 유형이 다른 학습 형태를 요구하므로, 주어진 학습 과제를 효과적으로 학습시키기 위해서는 무엇보다 그 학습 과제를 면밀히 분석하여 그것을 학습하는 데 필요한 학습 유형을 밝혀야 하며, 그런 후 그것을 위계적 순서에 따라 정리해야 한다고 강조하였다. 또 그는 여러 가지 종류의 학습된 능력을 축적하기 위해선 각기 다른 학습조건이 수업을 통해 제공되어야 하며, 그러한 수업이 수행되기 위해 각 학습단계에서 학습자를 자극하고 지원해 주는 내·외적 조건이 우선적으로 선행되어야 한다고 주장하였다.

내적 조건이란 선행학습·학습동기·자아개념·주의집중 등을 의미하고, 외적 조건은 자극과 반응의 연결 및 제시방법, 반복과 연습, 강화계획 등을 말한다. 특히 가네는 학습의 결과로 획득된 능력을 '학습된 능력'이라 하였고, 이를 운동기능(psycho-motor skill), 언어정보(verbal information), 지적 기능(intellection skill), 인지전략(cognitive strategy), 태도(attitude)의 다섯 영역으로 분류하였다.

지적기능 영역은 문제해결을 위하여 개념과 규칙들을 활용하는 것이며, 인지전략 영역은 문제에 대한 새로운 해결방안을 모색하는 것, 즉 자신의 사고나 학습과정을 통제하기 위한 다양한 방법들을 활용하는 것이다. 언어정보 영역은 정보를 진술하는 것, 태도영역은 독특한 방식으로 행동할 것을 선택하는 것이며, 마지막으로 운동기능영역은 신체적 운동을 순조롭게, 그리고 적절한 계열에 따라 실행하는 것을 그 실천내용으로 한다.

가네와 브릭스가 개발한 수업의 9단계는 최소 단위의 수업조건, 즉 부분 수업의 절차를 제시하여 특정 단계의 수업에서 이뤄질 수업 수업활동을 구체화하였다. 가네와 브릭스의 수업활동 절차 9단계를 제시하면 다음과 같다.

교수사태	학습과정	단계
주의집중하기	주의집중 및 정신집중	도입단계
수업목표 고지하기	기대	도입단계
선행학습 재생자극	작업기억으로 인출	도입단계
자극자료 제시하기	선택적 지각	전개단계
학습안내 제공하기	부호화 : 장기기억 저장고에 입력	전개단계
수행유도하기	반응	전개단계
피드백 제공하기	강화	전개단계
수행측정하기	강화	정리단계
파지 및 전이 촉진하기	단서인출	정리단계

그림 7-2 가네와 브릭스의 교수모형과 수업사태

5) 오수벨의 유의미학습

(1) 유의미학습

오수벨(Ausubel)은 언어적인 정보, 혹은 관념들 간의 관련성이나 결합을 통해서 유의미한 학습이 발생한다고 설명하였으며, 인지구조와 학습과제 두 변인을 상호 관련 짓고 있다. 그에 따르면 인지구조(cognitive structure)란 지각하는 현상을 통합적·위계적으로 조직화 한 것을 의미한다. 즉, 학습자가 지닌 구조화된 개념이나 관념의 집합체가 인지구조인 것이다. 새로운 학습내용이 인지구조에 포섭될 수 있

는 관련성이 있으면 학습은 촉진되고, 기존의 지식은 새로운 지식을 포섭하여 지식의 폭을 넓혀간다. 이러한 유의미학습이 이루어지기 위해서는 우선 학습자의 인지구조가 갖추어져 있어야 한다. '인식구조'란 학습자가 특정과제를 학습하는 데 있어서 언제라도 사용할 수 있는 현재의 지식체계를 의미한다.

다음으로 학습자에게 제공되는 학습과제가 학습자에게 유의미해야 하는데, 학습과제가 유의미하다는 것은 그 과제가 실사성과 구속성을 띠고 있다는 것이다. '실사성'(substantiveness)은 그 어느 명제나 과제를 어떻게 표현하더라도 그 본질이 변하지 않는 성질을 의미한다. 예컨대 법칙, 이론, 명제의 본질적 속성이나 전류, 전압, 저항 등의 개념과 그 관계는 어떤 부호나 문장 및 언어로 표현하더라도 그 것의 본질적 속성은 변하지 않는 것이다.

'구속성'(nonarbitrariness)이란 어떤 대상의 성질과 인지구조와 관계가 확고하여 임의로 변경될 수 없는 성질을 의미한다. 예컨대 '정삼각형은 내각의 합이 180°이다' 또는 '사물에 어떤 이름을 부여할 경우 나중에는 그 사물과 이름이 서로 분리되지 않고 하나로 인식된다.' 등이다.

이 같은 개념을 통해서 학습된 것은 기계적 암기를 통해 학습되었다고 볼 수 없다는 것이 유의미학습이론이다.

(2) 선행조직자

수업설계에 있어서 선행조직자란 학습과제를 제시하기 전에 제시되는 일종의 언어적 설명 자료로 학습과제보다 더 높은 수준의 포괄적·추상적·일반개념이나 명제이다. '선행조직자'는 사전에 학습한 내용, 즉 인지구조에 새로운 학습과제를 관련시키고 설명하며, 통합시키거나 변별시키는 일을 한다.

가장 효과적인 선행조직자란 적절한 설명과 유추, 그리고 학생이 이미 알고 있는 개념이나 원리를 사용하여 만들어진 조직자이다. 예컨대 학습지도안 작성을 설명하는 수업에서 선행조직자는 교수-학습방법, 교수방법의 유형, 교수매체 등을 중심으로 조직될 수 있다. 이러한 선행조직자는 학습과제의 성질 및 학습자의 기존 인지구조의 수준 등에 따라 설명조직자와 비교조직자로 활용될 수 있다. 설명조직자는 학습과제와 인지구조 사이에 전혀 관련성이 없을 때 사용하는데, 보다 구체적인 내용을 설명하기 전에 일반적인 관계를 우선하여 설명함으로써 개념의 정착

근거지를 마련해 준다. 비교조직자는 학습과제와 인지구조 간에 어떤 유사성이 있을 때 사용하는데, 양자 간의 유사성과 차이점을 지적하고, 전후 과제 간의 상호 변별력을 증대시킬 목적으로 사용한다.

(3) 학습과제의 제시방법

유의미학습에 있어서 학습과제를 보다 효과적으로 인지구조에 정착시킬 수 있도록 학습과제 또는 교과내용을 구안할 때, 교재내용의 조직 원리로 점진적 분화의 원리와 통합적 조정의 원리가 제안된다.

'점진적 분화의 원리'란 학습과제의 위계상 상위에 위치하고 있는 포괄적이고 일반적인 지식을 먼저 제시하고, 그 다음에 점진적으로 세부적이고 특수한 것으로 분화시켜 나가는 것을 말한다. 그 이유는 포괄성이 높은 지식이 포괄성이 낮은 지식을 포섭하는 종속적 포섭형태가 가장 능률적이며, 또한 인지구조도 그에 따라 위계적인 형태를 갖추기 때문이라는 것이다.

'통합적 조정의 원리'란 먼저 제시된 학습과제와 그 다음에 제시되는 과제 간의 중요한 유사점이나 차이점을 인식시켜 불일치한 점이 사전에 조정되도록 학습과제를 조직하고 제시하는 방법을 의미한다.

이와 같이 선행학습자를 적절히 활용하여 새로운 학습과제를 관련시킬 수 있는 포섭자를 학습자의 인지구조에 도입하거나 기존의 인지구조를 조정시키고, 교과내용을 학습자의 발달단계에 적합하게 선정하여 점진적 분화의 원리를 통합 조정의 원리에 따라 조직하고 제시하면 중학교 이상의 학생들에게 설명적 교수가 구체적 경험이나 직관에 의한 교수방법보다 훨씬 효과적일 수 있다.

4 교육공학

1) 교육공학의 의미

교육공학(educational technology)이라는 용어는 1920년대부터 사용되어 왔지만, 핀(Finn)이 미국교육연합회(NEA)에서 처음으로 교수공학(instructional technology)이라는 용어를 사용하면서 보다 본격적으로 사용되기 시작하였다. 그러나 이 때만 하더라도 교수공학은 오늘날의 교육공학에 비하여 협의의 개념이었고 체계적이질 못하였다. 1980년대 이후 정보통신기술과 지식정보사회로의 발전이 급진적으로 이루어짐으로써 교육공학은 그 의미가 확장되고 체계화되었다.

그렇다면 교육공학이란 무엇인가. 우선 공학(technology)이란 라틴어의 기예 또는 기술을 뜻하는'techne'와 학문에 대한 탐구를 의미하는 'logos'가 합성된 말이다. 그러므로 공학이란 용어는 구조 역학이나 기계 역학 등에 필요한 기술이나 기예만은 아님을 알 수 있다. 교육공학의 의미에 대하여 주요 학자들의 개념을 보면 하인니히(Heinich)는 "공학이란 기계류와 관련된 하드웨어나 소프웨어를 포함할 수도 그렇지 않을 수도 있는 것으로서, 어떤 특정 과제에 대하여 수행 간에 요구되는 실천적 문제해결기법"을 의미한다고 하였으며, 갈브레이드(Galbraith)는 과학적이고 잘 조직된 지식을 현실적인 문제해결에 체계적으로 적용하는 것이라고 하였다.

이를 종합해 볼 때 교육공학이란 '체계적인 과학적 기술이나 방법 등에 의해서 어떠한 문제를 해결하기 위한 실천적 기법'이라고 정의할 수 있다. 즉, 교육공학은 교육의 여러 문제를 해결하기 위한 실천적 접목 기술 또는 기법임을 의미한다.

2) 교육공학의 영역

교육공학의 영역에 대한 언급은 학자에 따라 의견 차이가 있을 수 있으나, 일반적으로 설계·개발·활용·관리·평가의 다섯 가지 영역으로 구분한다. 이들 영역은 서로 보완적 관계이며 세부 하위영역의 관련요소와 밀접한 관련을 갖는다. 교육공학의 5대 영역을 그림으로 제시하면 다음과 같다.

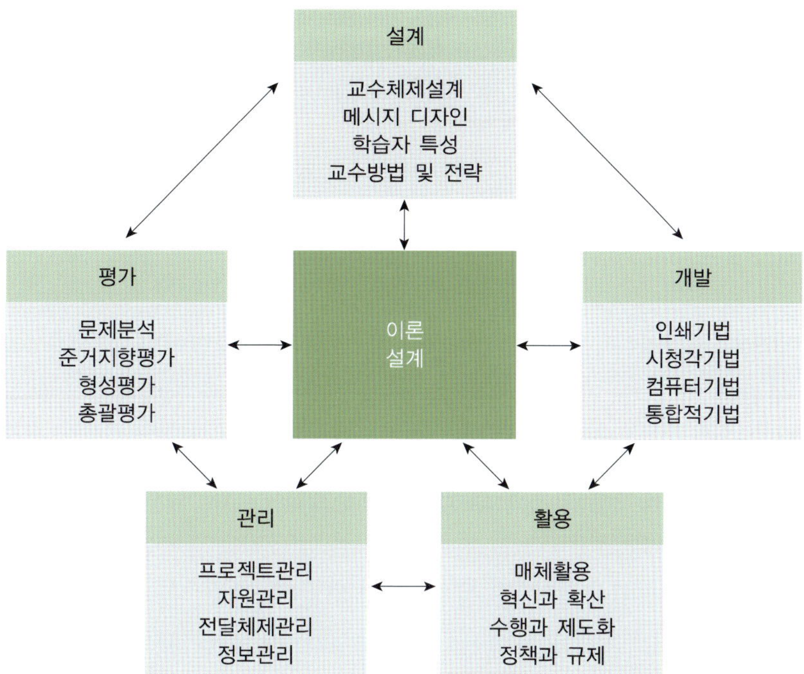

그림 7-3 교수공학 하위영역의 관계

(1) 설계영역

설계영역은 건축을 위한 도면과 같고 교육방법의 청사진에 해당한다. 설계의 하위영역은 교수체제설계, 메시지 디자인, 학습자 특성, 그리고 교수방법 및 전략을 포함한다.

'교수체제설계'는 수업을 분석하고, 설계하고, 개발하고, 시행하고, 평가하는 단계로 구성된다. 분석은 무엇을(what to) 배울 것인가를 결정하는 과정이고, 설계는 이를 어떻게(how to) 학습해야 할지를 결정하는 과정이다. 개발은 필요한 수업자료의 제작과 개발을 수행하는 과정이며, 실행은 수업이라는 상황을 통해 실제로 자료와 전략을 활용하는 과정이다. 그리고 평가는 수업의 적절성 또는 적합성을 평가하는 과정이다. '메시지 디자인'이란 인지과학의 원리를 고려한 학습자의 주의집중력, 기억력, 지각, 인지력의 향상에 관심을 갖고 교수자와 학습자 간의 의사소통을 위한 실물화 계획수립을 일컫는다. '학습자 특성'이란 학습에 직접적으로 영향을 미치는 학습자가 가지고 있는 능력, 동기, 환경, 선수학습경험 정도 등 다양한 개인차를 총괄적으로 설명할 수 있다. 마지막으로 '교수방법 및 전략'이란 교수목표를 달성하기 위해 교수와 학습의 상황에 가장 적절한 학습내용을 선정하고 계열화하는 전 과정을 말한다.

(2) 개발영역

개발영역은 설계라는 청사진을 바탕으로 실제적인 개발이나 생성을 이뤄내는 과정을 뜻한다. 우리가 건물을 지을 때 가장 먼저 도면을 설계하고, 그 청사진을 기초로 실제 벽돌을 쌓고 창문을 만들어가듯이 개발은 설계에 대한 실행을 해 가는 과정이다. 개발의 하위영역에는 인쇄기법, 시청각기법, 컴퓨터기법, 그리고 통합적 기법을 포함한다.

'인쇄기법'이란 책이나 사진 등 문자, 그래픽 등의 각종 테크놀로지를 활용하여 학습내용을 제작하고 전달하는 방식이다. '시청각기법'이란 문자를 포함하여 투시가 가능한 OHP, 슬라이드, 영화 등 기계나 전기장치를 사용하여 자료를 제작하거나 전달하는 것을 말한다. '컴퓨터기법'이란 컴퓨터에 기반을 두고 자료를 제작하거나 전달하는 방식으로 인쇄기법이나 시청각기법과는 달리 자료를 디지털화하는 것을 말한다. 마지막으로 '통합적 기법'이란 컴퓨터를 제어장치로 하여 다양한 매체를 서로 통합하여 자료를 전달하는 방법을 말한다. 여기에는 비디오디스크, 위성방송, 콤팩트디스크, 화상토의 등이 포함되며, 멀티미디어 시스템으로 쌍방향 테크놀로지를 적용하여 교수자료를 개발한다.

(3) 활용영역

활용영역은 학습을 위한 자원이나 절차를 체계적으로 사용하는 것을 말하며, 1960년 이후 세계적으로 많은 학교에서 교수학습센터 등을 설립하여 매체를 활용한 교육과정 프로젝트가 추진되어 왔다. 활용의 하위영역에는 매체활용, 혁신과 확산, 수행과 제도화, 그리고 정책과 규제를 포함한다.

'매체활용'이란 설계에 기초하여 의사를 결정하는 과정이며, '혁신의 확산'이란 새로운 개념의 채택을 목적으로 계획적인 전략을 사용하고 실시하는 의사소통의 과정을 의미한다. '수행과 제도화'에서 '수행'이란 수업자료나 수업전략을 실제 환경에서 사용하는 것을 의미하고, '제도화'란 어떤 조직이나 문화에 정착시키기 위한 혁신이나 변화를 요구하는 것을 말한다. 마지막으로 '정책과 규제'란 교수공학을 확산하고 활용하는 데 영향을 미치는 사회, 혹은 사회가 지정한 대리인의 규칙과 행위를 지칭한다.

(4) 관리영역

관리영역은 각 기능의 역할이 원활히 수행되고 유지되도록 하는 데 있으며, 하위영역에는 프로젝트 관리, 자원관리, 전달체제 관리, 그리고 정보관리를 포함한다.

'프로젝트 관리'는 계획, 감사, 교수설계 및 개발 프로젝트를 조정하는 일들을 말하며, '자원관리'는 설계, 개발, 활용, 평가와 관련된 각종 자원의 지원체제와 서비스를 기획하고, 감시하고, 조정하는 것을 뜻한다. '전달체제 관리'는 교수자료를 학습자에게 보급하고 확산시키는 과정과 방법을 기획하고, 조정하며, 감독하는 기능이다. 마지막으로 '정보관리'란 학습에 요구되는 각종 자원들을 체계적으로 공급하기 위해 정보를 기획하고 조정하여 적절하게 저장, 전달 및 처리하는 것을 말한다.

(5) 평가영역

평가영역은 마지막 단계에서만 이루어지는 것이 아니라 각 단계에서 지속적으로 이루어지며, 하위영역에는 문제분석, 준거지향평가, 형성평가, 그리고 총괄평가를 포함한다.

'문제분석'은 교수설계가 시작되기 전에 문제가 정확하게 파악되었는지를 평가하는 기능이며, '준거지향평가'는 사전에 설정한 준거 목표에 학습의 도달여부를 평가하는 기능이다. '형성평가'는 산출물의 개발과정에서 향후 개발을 위한 자료를 확보하여 산출물의 질을 평가하는 기능이며, '총괄평가'는 교수를 종결한 후에 실시하는 총합적인 평가로 개발의 결과가 사용된 이후의 각종 정보를 수집하는 기능을 말한다.

3) 교육공학의 필요성

교육공학의 의미와 영역을 바탕으로 교육을 위한 공학의 필요성이 무엇인지를 살펴보기로 하자.

❶ 교육과 공학 공히 과학적 지식을 바탕으로 하고 실천적이며 창의적인 영역의 작업을 한다는 공통점이 있는데, 공학은 그 실제적인 작업을 위한 방법을 제공하고 있다. 교육학이 크게 '교육 과학'과 '교육 실천학'으로 구분되는 것은, 마치 공학이 과학에 바탕을 두되 실제적이며 창의적인 작업이 필요한 영역이라는 것과 유사하다. 이러한 관점은 스키너(Skinner)가 그의 논문 제목을 「학습의 과학과 수업의 예술(The science of learning and the art of teaching)」에서 언급한바 있었다.

❷ 교육과 공학 공히 하드웨어적이고 소프트웨어적인 측면을 가지고 있다. 공학의 하드웨어가 기계나 시설이고 소프트웨어가 운용체제나 기술이듯이, 교육에서도 하드웨어와 소프트웨어의 활용이 필요하기 때문이다. 교육에서의 하드웨어란 각종 교수매체·학교의 건물·각종 기자재를 들 수 있으며, 소프트웨어란 하드웨어를 운영하기 위해 필요한 자료와 지식뿐만 아니라 교육활동에 관련된 제반 체제를 포함한다.

❸ 공학은 본질적으로 통합적이고 체계화된 방법과 기술을 적용할 수 있는 힘이 있기 때문에 각종 교육에 관련된 각종 문제를 해결하고 교육구조의 개선을 위해 적용될 수 있다.

자주 그리고 많이 웃는 것
현명한 이에게 존경을 받고
아이들에게서 사랑을 받는 것
정직한 비평가의 찬사를 듣고
친구의 배반을 참아내는 것
아름다움을 식별할 줄 알며
다른 이에게서 최선의 것을 발견하는 것
건강한 아이를 낳든
한 뙈기의 정원을 가꾸든
사회 환경을 개선하든
자기가 태어나기 전보다
세상을 조금이라도 살기 좋은 곳으로
만들어 놓고 떠나는 것
자신이 한때 이곳에 살았음으로 해서
단 한 사람의 인생이라고 행복해지는 것
이것이 진정한 성공이다.

– 에머슨의 시 「무엇이 성공인가」 전문

토 · 의 · 과 · 제

1. 강의실 안에서 교사와 학생 간의 바람직한 교수-학습 활동이 이루어지기 위한 조건으로 교사가 관심을 가져야 할 사항은 무엇이라 생각하는가?

2. 교육과 교육공학의 관계성에 대하여 생각해 보시오.

3. 교육공학의 각 활동 영역별로 구체적인 역할을 설명해 보시오.

08

교육평가

사람을 만나서 한참 동안 말을 해봐도 그 사람의 마음을 완전히 파악하지 못하는 것이니, 호랑이의 입을 무서워 할 것이 아니라 오직 사람의 마음이 두려운 것이다.

– 명심보감 〈언어편(言語篇)〉 중에서

1 교육평가의 개념

일반적으로 교육평가(educational evaluation)란 교수-학습활동을 전개한 후 설정된 교육목표의 달성 정도를 평가하는 과정이라고 말할 수 있다. 이를테면 교육활동의 효율성을 사전에 설정된 준거에 의거해서 평가해 보고, 평가를 통해 나타난 결과에 대한 가치를 판단해 보는 체계적인 과정인 것이다. 그러므로 평가는 학생의 교육목표 달성 정도와 교사 스스로의 학습지도 방법을 평가하는 것을 포함한다. 이를 통해 교육활동과정에서의 교육목적의 적절성, 학습내용 선정의 타당성, 교수-학습과정 전개의 효율성을 분석해 볼 수 있다.

여기서 교육평가가 확인하려는 것은 단순히 외부로 표출된 외현적 행동(overt behavior)뿐만 아니라 내면적 행동(covert behavior)까지를 포함해야 한다. 그러므로 교육평가는 넓은 개념의 인간행동 특성 모두를 측정해야 하므로, 인지적 영역뿐만 아니라 정의적·심동적 영역을 망라하여 전체 행동의 변화를 확인해야 한다.

그러나 교육평가는 교육목표의 달성 정도만을 확인하는 것은 아니며, 교육과정의 전반에 걸쳐 이루어진다. 교육과정은 일반적으로 교육목표의 설정 → 교수-학습경험의 선정 → 교수-학습경험의 조직 → 교수-학습활동의 전개 → 결과에 대한 평가 등 5단계로 이루어진다. 교육평가는 교육목표를 설정한 후 목표달성을 위해 학생들에게 어떤 경험을 주어야 할 것인지를 생각해야 한다. 또 교수-학습경험을 선정하고 조직한 다음에는 실제로 교수-학습활동을 전개하고 그 활동의 결과가 과연 어느 정도 달성되었는지를 확인하는 과정이 필요하다.

이러한 평가 상황은 타당도·신뢰도·객관도·실용도를 중요시 한다. 여기서 평가 상황을 살펴보기 전에 평가와 유사한 개념으로 사용되는 검사(test)·측정(measurement)·사정 또는 분석(assessment)의 개념을 살펴보자.

1) 검사·측정·사정(분석)

(1) 검사

검사(test)는 능력·지식·기능 이외의 심리적 특성의 유무나 정도를 밝혀내기 위하여 미리 정해진 문항이나 수행을 위한 검사 도구를 말한다. 검사의 목적은 개인차를 밝히고 집단 내에서 개인의 상대적 위치를 확인하는 데 있다. 검사란 협의의 개념에서는 표준화검사만을 의미하지만 광의의 개념에서는 교사제작검사뿐만 아니라 관찰, 면접, 질문지 등을 모두 포함한다.

여기서 표준화검사(standardized test)란 특정행동 특성을 측정하기 위해 표준화된 절차를 거쳐 작성된 검사를 뜻하며 측정에 사용되는 검사절차, 채점방법 등이 표준화되어 있는 검사를 의미한다. 따라서 표준화검사와 교사제작검사는 제작과정이 크게 다르다. 표준화검사의 가장 두드러진 특징은 여러 가지 조건이 다른 피험자에게 동일한 검사를 실시하여 얻은 점수를 의미 있게 상호 비교할 수 있도록 검사의 작성에서부터 실시에 이르기까지의 모든 조건을 일정하게 하였다는 점이다.

(2) 측정

측정(measurement)은 일정한 규칙에 따라 사물의 속성에 수를 부여하는 것이다. 교육에서 측정은 학습자가 내재하고 있는 잠재적 개인특성을 양적으로 표현하는 것이다. 측정은 기본적으로 학생이 지니고 있는 특성들 예컨대 학력·적성·지능·태도·흥미 등의 정도를 언어적으로 기술하는 것이 아니라 숫자로 나타내는 것이다. 교사들은 흔히 어떤 학생에 대해서 '키가 크다', 혹은 '영재'라고 표현한다. 그러나 측정을 통해서 '키가 크다'는 몇 ㎝로, 그리고 '영재'는 I.Q 얼마로 바꾸어 표현할 수 있다. 이렇게 측정은 학생들의 특성 정도를 정확하고 객관성 있게 수량화한다.

또한 측정에서는 신뢰성과 객관성을 강조한다. 측정에서 사용하는 도구는 검사·척도 등 여러 종류가 있다. 이 중에서 가장 보편적인 도구가 검사(test)이다. 따라서 측정은 검사(testing)를 포함하는 개념이다(이형행, 1999).

(3) 사정(분석)

사정(Assessment)은 총평과 같은 개념으로 사용되고 있다. 평가보다 더욱 광범위한 의미를 가지고 있으며 모든 자료를 종합하여 이루어지는 총체적인 평가라고 할 수 있다. 사정은 학습자와 환경과의 상호 분석을 중요시 하며 질적·양적 정보를 동시에 필요로 한다. 또한 신뢰도보다는 타당도를 더 중요시한다. 최근 교육 현장에서 확대 적용되고 있는 수행평가(performance assessment)도 사정의 의미로 해석되어야 한다. 이러한 의미의 사정, 총평, 분석은 입학 사정·졸업 사정·요구 분석 등에서 널리 사용되고 있다.

2) 평가의 기능

학교 교육에서 교육 평가는 중요한 역할을 하게 된다. 교수-학습에 직접적인 피드백을 줄 수 있으며 교육의 발전에 기여를 한다. 이러한 교육 평가가 수행하는 수많은 기능 중에서 핵심적인 기능을 살펴보면 다음과 같다.

❶ 교육 목표 달성 정도 확인은 평가를 통해서 이루어진다. 교육평가의 주된 기능은 일정한 목표를 설정해 놓고 그 목표의 달성을 위해 다양한 교육적 방법을 동원 및 적용하고 활동을 전개해서 얻어진 교육적 성과를 평가해내는 것이다. 즉, 교육평가는 교육목표 달성 정도에 관한 증거와 정보를 수집함에 일차적 관심이 있다. 교육목표가 어느 정도 달성되었는지 알아보기 위한 교육평가의 기능은 학생의 현재 상태와 학생의 진보과정을 평가하는 데 국한되지 않는다. 교육목적 실현의 주체로서의 교사도 역시 자신에 대한 평가가 강조되지 않으면 안 된다. 이 같은 평가를 통해 평가결과가 기대수준에 미달될 경우, 그 원인이 어디에 있는가를 규명하여 적절한 사후 조치를 취함으로써, 향후에 보다 수월한 목표를 달성하는 데 기여하게 해야 한다. 그러므로 교육평가는 항상 교육목표와 함께 존재하는 함수 관계이며, 교육목표가 명확하게 정의되고 구체화 되었을 때 비로소 교육평가도 제 구실을 다할 수 있다.

❷ 학생의 진단과 치료는 평가를 통해서 이루어진다. 학생 행동 변화의 증거를 수집하기 위하여 평가를 실시하게 되는데, 이는 학습자 개개인의 변화를 파악하기 위함이다. 그러므로 기능에 충실한 평가가 이루어질수록 학생들의 능력을 구체적으로 진단하여 치료해 줄 수 있는 것이다. 또한 학생이 가진 장·단점을 파악하여 교정하거나 보상해 줌으로써 학습동기를 유발할 수도 있다.

❸ 교육 평가는 교수-학습과정 개선에 도움을 준다. 교육평가는 넓은 의미에서 교육의 과정, 좁은 의미로는 교수-학습 과정을 개선하는 데 도움이 된다. 학

생들의 학력 상태의 파악, 학습 곤란의 진단, 목표 달성의 확인, 개인차의 식별 등에 기초하여 교사는 교수-학습과정을 개선할 수 있다.

❹ 교육 평가는 학습동기를 유발하고 강화하는 기능이 있다. 학습 동기는 크게 내재적 동기와 외재적 동기로 구분된다. 평가는 대부분의 경우 외재적 동기와 관련 있다. 예컨대 학습과제를 부과한다든지 시험에 대비한 공부를 수행케 하는 것이 이에 해당한다. 일종의 사회적 압력을 가하여 동기를 유발시키는 방법이다.

❺ 교육 평가는 교육 프로그램의 질적 개선을 유도하게 된다. 교육 평가가 학교교육의 효과나 효율성을 확인할 목적으로 실시될 때이다. 최근 우리나라에서 이루어지고 있는 대학 평가, 학문 영역별 평가, 교사양성대학 평가, 시·도 교육청 평가 등은 교육의 질을 확인하고 개선하기 위하여 실시되고 있으며, 이러한 목적의 평가를 도입함으로써 교육 기관의 변화와 발전을 가져오고 있다.

❻ 교육 평가는 생활 지도를 위한 기초 자료를 제공해 준다. 생활 지도 활동에 있어서 학생이해활동이 대단히 중요한 위치를 차지한다. 학생의 인지적·심리적·사회적·신체적 측면에 관한 상세한 정보는 생활 지도 및 상담 활동에 도움이 된다.

❼ 교육 평가는 학생의 진로 지도에 도움을 준다. 교육평가의 기능은 학생의 장래 진로지도를 위한 자료를 얻기 위해서도 필요하다. 다시 말해서 진학지도, 취업지도를 하기 위해 학생의 정서·능력·흥미·성격은 물론, 학생을 둘러싸고 있는 학급·가정·사회·환경에 대한 광범위하고 정확한 평가를 함으로써 학생에게 좀 더 신뢰할만한 정보를 제공해 준다. 현대의 교육적 관심사는 학생 개개인의 개인차를 존중하여 이에 부합된 최적의 교육 기회와 학습 환경을 부여하자는 것이 일반적인 경향이다. 교육 정치란 이러한 교육 발달 추세의 입장에서 학습자가 지닌 능력, 소질, 체력 등을 충분히 파악하여 그들이 지닌 능력이나 조건에 적합한 생활 지도와 학습 지도를 병행함으로써, 교육 목표 달성에 근접시키는 것이다. 교육 평가는 이 같은 학습자의 올바른 정치(定置)를 위한 자료 제공 기능을 수행한다.

❽ 교육 평가는 선발의 기능이 있다. 선발의 대표적인 예로 각급 학교 입학시험, 고등학교 선발고사, 대학 입학 수학능력시험 등을 들 수 있다.

2 교육 평가의 유형

교육 평가는 적용하는 준거에 따라 차이가 있으나, 여기에서는 이해를 증진하기 위하여 다음과 같이 일반적 분류를 따른다.

❶ 교수-학습과정에 따른 분류 : 진단평가 · 형성평가 · 총합평가
❷ 평가기준에 따른 분류 : 규준참조평가 · 준거참조평가
❸ 행동목표에 따른 분류 : 인지적 평가 · 정의적 평가

1) 교수-학습과정에 따른 분류

(1) 진단평가

진단평가(diagnostic evaluation)는 계획된 목표의 달성을 위하여 교수와 학습활동이 전개되기 전에 학생이 일정한 학습을 수용할 어느 정도의 준비성이 이루어져 있는지를 진단해 보는 평가이다. 학생이 교육목표를 달성하는 데 교수와 학습의 외적 방해요인이 없는지 등을 진단하여 학습의 효율화를 이루려는 데 그 목적이 있다. 이 같은 진단평가는 세 가지의 목적을 위해 실시한다.

❶ 계획된 학습단위의 목표를 성취하는 데 선행조건이 되는 출발점행동을 학습자가 얼마나 소유하고 있는지를 결정하는 것이다.
❷ 주어진 학습단위 또는 교육과정의 목표를 학습자가 알고 있는지, 그리고 그 결과에 의거 높은 수준의 학습프로그램을 제공해야 할 것인지 등의 여부를 결정짓는 것이다.
❸ 학습자가 지니고 있는 흥미 · 적성 · 성격 · 선행학습 정도 등의 개인적 특성 등을 살펴봄으로써 그에 따라 적절한 교수방법이나 교수전략을 세우기 위한 자료를 제공하기 위한 것이다.

이 같은 진단평가는 다음과 같은 기능을 하게 된다(김정일 외, 2000).

❶ 학습자의 기본적인 학습능력, 학습활동, 그리고 선수학습의 정도를 확인하는 기능을 한다. 특히 학생들의 학습 결손 유무를 파악하는 것은 현재 학습활동 전개에 앞서 매우 중요하다. 선행학습의 결손은 후속하는 학습을 저해하는 이른바 누적적인 학습 실패를 가져올 수 있기 때문이다. 학습 특성상 논리적이고 위계적인 계열성이 강한 학습 내용일수록 문제는 더 심각할 수 있다.

❷ 학습실패의 교육 외적인 원인 파악이란 수업과 직접적인 관련은 없으나, 학습실패의 원인이 되고 있는 소위 학습장애의 요인을 밝히는 것을 의미한다. 학습장애 요인들은 대체로 신체적·심리적인 것으로 볼 수 있다. 학교 학습에서 가장 중요한 자아개념을 긍정적으로 갖지 못하거나, 가정에서의 어떤 부정적인 영향이 지속되어 심리적으로 불안정하게 되면 학습에 전념할 수 없게 된다. 예컨대 경제적인 빈곤과 문화결핍과 같은 환경적 요인은 학습장애 요소가 될 수 있다.

(2) 형성평가

스크리븐(Scriven)은 형성평가(formative evaluation)라는 용어를 처음 사용했으며, 수업이 진행되는 동안에 학습 진도를 탐지하는 것이며, 학습의 성공과 실패에 대하여 학생과 교사에게 지속적인 피드백(feedback)을 제공하는 것이라고 하였다.

학생에게 피드백은 성공적인 학습을 강화하고 교정을 필요로 하는 학습결손을 확인하게 해주며, 교사에게 피드백은 수업의 일부를 변경하거나 개인과 집단에 대한 보충학습을 위한 처방을 할 수 있는 정보를 제공해 준다. 그러므로 형성평가는 수업의 각 단원과 장을 위해 특별히 준비된 검사에 의존한다. 이 같은 검사는 주로 교사에 의해서 제작될 수 있으며 관찰 기술을 이용할 수도 있다. 형성평가는 교수-학습 과정을 개선하는 데 그 목적이 있기 때문에 일반적으로 그 결과를 성적평가에는 포함하지 않는다. 형성평가의 기능으로는 다섯 가지를 들 수 있다(권건일, 2000).

❶ 학습활동의 조정이다. 형성평가를 통해서 적절하게 교정, 혹은 보충수업의 기회를 가지게 되면 학습결손의 누적현상을 피할 수 있게 되며, 학습자는 새로운 학습과제에서 성공적으로 학습을 계속할 수 있게 된다.

❷ 학습활동의 강화이다. 형성평가를 통해서 설정된 학습목표를 거의 달성하였다는 사실은 학습자가 확인하게 될 때 자신감과 만족감을 얻게 되어 보다 적극적으로 차후의 학습단원에 임할 수 있는 동기가 유발된다.

❸ 학습곤란의 진단과 교정이다. 형성평가의 결과를 통해서 학생들은 자신의 학습곤란을 스스로 발견하며 그것을 제거해 나가는 데 힘쓰게 된다.

❹ 학습지도 방법의 개선이다. 형성평가 결과를 통해서 교사가 정해놓은 일정수준에 도달하지 못할 경우, 교사는 지도과정 중 어떤 점에 허점이 있었는지를 찾아내어 재 지도를 수행해야 하며, 이러한 처방은 필요할 때마다 자주 시행을 해야 한다.

❺ 학습방향의 명시이다. 형성평가를 통하여 학생들에게 바람직한 학습의 방향을 명시하여 준다.

(3) 총합평가

일정한 수업기간이 종료되면 일정한 수업의 양에 대하여 수업의 효과성을 포함한 종합적인 평가를 하게 되는데, 이를 총합평가(summative evaluation)라고 한다. 이를테면 교사들은 학기 말이나 학년 말에 학생들의 성적을 등급화하거나 점수를 부여하게 된다. 이러한 점수는 흔히 학교생활기록부나 성적일람표에 영구적으로 남게 된다. 총합평가는 다음과 같은 기능을 갖는다(김정일 외, 2000).

❶ 총합평가는 학생들의 성적을 부여한다. 수업목표와 비교하여 준거참조평가를 실시할 수도 있고, 필요한 경우 규준참조평가를 실시할 수도 있다. 준거참조평가의 결과는 성공(pass), 혹은 실패(fail)로 할 수 있으며, 규준참조평가에서는 점수나 등위로 표시할 수 있다.

❷ 총합평가의 결과는 학생들의 학업성취도를 예언할 수 있다. 일반적으로 미래의 성취도는 현재의 학습결과로부터 영향을 받게 된다. 현재의 학업성취도는 미래의 성적과 높은 상관을 보인다는 의미이다.

❸ 총합평가는 교육성과를 비교할 수 있는 정보를 제공해 준다. 이러한 목적의 평가는 스크리븐이 강조한 비교평가의 기능을 가지게 된다. 비교의 규준은 학급, 학년, 지역 등에 따라 현저하게 다를 수 있다.

❹ 총합평가는 학습지도의 장기적 질 관리를 하는 데 도움을 준다. 학교에서 교육목적이나 수업목표는 해가 바뀌어도 크게 변하지 않는 경우가 많다. 전년도의 총합평가는 새로운 학습계획을 수립하는 데 도움을 줄 수 있다.

(5) 진단평가·형성평가·총합평가의 구분

진단평가·형성평가·총합평가의 차이와 특성을 제시하면 <표 8-1>과 같다.

표 8-1 진단평가·형성평가·총괄평가의 구분

구분	진단평가	형성평가	총합평가
기능	• 선행학습 수준 확인 • 학습 전 성취수준 결정 • 수업전략을 위한 학생의 특성 확인 • 계속적 학습곤란의 원인을 결정	• 학습단위에 관련된 학생의 진보상태를 교사가 확인 • 학생에게 피드백 • 학습단위의 구조에 따라 오류 확인→교수방법의 대안 제시	• 학습단위, 학기 및 학년말에 학생성적의 판정 및 자격부여
평가 방법	규준참조평가 혹은 준거참조평가	준거참조 평가	일반적으로 규준참조평가이나 준거참조평가도 적용
시기	• 학습초기, 학기 및 학년 초기에 수준별 능력 배치를 위하여 • 수업시간에 정상수업만으로는 학생이 지속적인 학습의 도움을 받지 못할 경우	수업진행 간	일정한 학습단위가 종료된 후, 학기 및 학년 말
평가시 강조점	• 지적·정의적·심동적 행동 • 신체적·환경적·심리적 요인	지적 행동	• 일반적으로 지적 행동 • 교과의 특성에 따라 심리적 행동, 혹은 정의적 행동
검사 도구의 형태	• 사전검사를 위한 형성평가 및 종합평가 도구 • 표준화 검사 • 교사제작검사	• 학습단위의 목적에 적합하게 고안된 형성평가 도구 • 교사제작검사	• 주요 교육목표의 달성 정도를 파악하려는 종합평가 도구 • 표준화검사 • 교사제작검사

2) 평가기준에 따른 분류

(1) 임의평가

임의평가란 평가기준이 객관적이고 과학적인 검토와 연구에 의해서 이루어진 게 아니라 교사의 개인적이고 주관적인 판단에 의하여 임의로 설정되고 평가되는 것을 말한다. 임의평가는 현대적인 교육평가 이전인 교육평가 이론의 부재 또는 공백상태에서 사용되었던 하나의 평가방법이라고 할 수 있다. 예컨대 교사가 가르친 내용 중에서 교사가 임의의 기준에 의거 적당하게 문제를 출제해서 시험을 치르는 평가 형태를 의미한다. 평가기준 역시 교사의 고유 권한으로 교사의 주관적인 판단에 의해서 결정된다. 이 평가는 객관적이고 체계적인 평가기준이 모호해 평가결과에 대한 판단이 일정하지 못한 단점을 가지고 있다.

(2) 규준참조평가

규준참조평가(norm referenced evaluation)를 상대평가라고도 한다. 즉, 동일집단의 규준에 비추어 어느 정도 수준에 위치하고 있는지를 알아보기 위해 실시된다. 어떤 시험의 채점 결과에서 얻은 원점수(raw score)를 표준점수 척도로 환산하여 평가하는 방법이다. 따라서 상대평가는 집단 속에서 개인의 위치를 다른 사람과 비교하여 상대적으로 판단하는 평가이다. 규준참조평가의 일반적인 특징은 다음과 같다(김정일 외, 2000).

❶ 개인차 변별을 위해 널리 활용되고 있다. 개인차 변별을 위해서는 정확하게 측정해야 하고 성적표시 또한 비교를 통해서 하게 된다.
❷ 규준참조평가는 비교를 하게 되므로 학생들을 동기유발 시킬 수 있다. 특히 이해관계가 높은 평가 상황일수록 이러한 평가유형을 채택하게 된다.
❸ 규준참조평가는 비교를 위해서 원점수를 표준점수로 변화시켜 사용한다. 이러한 평가유형에 모두가 익숙하게 되면 인간의 자아실현이나 변화가능성에 대한 신념이 약화될 수 있다. 모두가 1등을 할 수 없으며, 누군가 꼴찌를 해야 하기 때문이다.
❹ 규준참조평가는 비교집단의 상대적 위치에서 해석되기 때문에 오히려 능력

의 향상에 대한 올바른 평가가 이루어지기 어렵다. 예컨대 어떤 학생이 열심히 노력하여 지난번 평가보다 높은 점수를 받았지만 규준집단과 비교할 경우에 그리 높은 점수가 아닐 수도 있다.

❺ 규준참조평가는 지나친 경쟁의식을 조장하게 되어 정신위생에 해로울 수 있다. 성적이 우수한 학생이 더 고민하거나 자살하는 경우도 있으며, 성적이 낮은 학생 경우 항상 초조하게 되고 허탈감에 빠질 수 있다.

❻ 상대평가는 교수-학습의 개선에 정보를 제공하지 못할 수 있다. 비교만을 목적으로 하기 때문에 교육목표의 달성 정도에는 관심을 가지지 않기 때문이다. 교육평가에서 개선의 기능은 매우 중요하다.

❼ 규준참조평가는 학생들의 능력이 정상분포를 이루고 있다고 가정하므로 교육에 의한 학습자들의 능력의 변화를 인정하지 않는다. 교수-학습에 의한 학습자의 변화가 고려되지 않으므로 수업방법이나 교육효과를 기대하기가 어렵다.

(3) 준거참조평가

준거참조평가(criterion referenced evaluation)는 다른 말로 절대평가라고도 말한다. 절대평가는 교과의 목표라든지 사회의 요구 등에 따라 학생 개개인의 목표나 요구가 어느 정도 성취되었는지를 평가하는 방법이다. 이 평가는 교육목표와 학습목표를 설정하고 이 목표를 완전학습, 혹은 성취할 수 있는 최저 수락기준을 설정한다. 그리고 이 최저 수락기준에 비추어 학생 개개인의 학업성취의 정도를 확인한다. 그러므로 학업성취도는 동일집단 내의 학생들과 비교·평가하는 게 아니고 학생 개개인이 학습목표나 교육목표에 달성되었는지 여부에 따라 성적을 부여하는 방식이다. 이와 같은 준거참조평가의 특징은 다음과 같다.

❶ 검사의 타당도를 강조한다. 상대평가가 검사도구의 신뢰도를 크게 강조하는 반면에 준거참조평가는 타당도를 중시하여 수업목표를 얼마나 충실하게 측정하고 있느냐를 강조한다.

❷ 부적 분포를 기대하게 한다. 이를테면 준거참조평가는 모든 학생이 설정된 교육목표를 달성해 주기를 기대하고 있기 때문에 자연히 검사점수의 분포가 부적으로 치우쳐진 분포곡선이 될 것을 기대한다.

❸ 준거참조평가에서 인간은 노력하기에 따라 무한히 발전될 수 있다고 믿는다. 그렇기 때문에 학습자는 누구나 그에게 알맞은 교수-학습의 기회만 제공된다면 주어진 학습목표에 도달할 수 있는 신념을 가질 수 있다.

그러나 준거참조평가의 단점은 다음과 같다(권건일, 2000).

❶ 개인차의 변별이 용이하지 않다.
❷ 내재적 동기를 중요시하기 때문에 외재적 동기를 학습에 적용할 수가 없다.
❸ 준거참조평가의 기준은 교수목표이기 때문에 타 집단과 비교가 어렵다.
❹ 통계적 활용이 어렵다. 통계적 활용은 정상분포의 이론에서는 가능하지만 준거참조평가에서는 이 정상 분포를 부정하므로 절대기준평가의 점수를 활용할 수 없어 통계적 활용이 불가능하다.
❺ 준거참조평가의 가장 큰 문제는 절대기준을 설정하는 학습과제의 위계화 분석이 필수적으로 요구된다. 그러나 이러한 작업은 고도의 전문성이 요구된다. 교육에 있어서 절대기준은 교수목표이지만 이러한 교수목표를 누가 정하느냐 혹은 어떻게 정하느냐의 문제에 직면하게 된다.

(4) 규준참조평가와 준거참조평가의 비교

규준참조평가와 준거참조 평가의 차이점을 제시하면 <표 8-2>와 같다.

표 8-2 규준참조평가와 준거참고평가의 비교

구분	규준참조평가	준거참조평가
교육관	선발적 교육관	발달적 교육관
의미	상대적 순위파악(상대평가)	교육목표 달성 정도 확인(절대평가)
장점	• 개인차의 변별가능 • 경쟁을 통한 외재적 동기유발 • 교사의 주관을 배제	• 교육목표에 대한 적극적 신념 • 협동적인 학습가능 • 정신위생에 공헌
단점	• 경쟁심을 조장 • 진정한 학업성취도 판단 불가 • 정신위생에 나쁠 수 있음 • 종합평가	• 성취도 수준 결정이 곤란 • 통계적 활용이 곤란 • 객관성과 신뢰성이 문제 됨

3) 행동목표에 따른 분류

(1) 인지적 평가

인지적 영역은 지식의 재생과 재인(再認), 그리고 지적 능력과 기능의 개발 등을 포함한다. 이 영역에서는 주로 '복합성의 원칙'이 주가 되며, 인지적 행동에 필요한 개념이나 개념 능력의 단순성·복합성의 차원에 따라 다음 여섯 가지 인지적 행동형으로 분류되고 있다. 이를테면 지식·이해·응용·분석·종합·평가이다. 이들 요소는 뒤쪽으로 옮아 갈수록 고등정신이 요구되며, 앞쪽의 요소는 인지적 행동형의 기초요소이다. 인지적 평가는 이들 6대 행동요소들의 학력수준, 난이도, 평가목적 등에 적합하게 구성되어야 한다.

(2) 정의적 평가

정의적 영역은 감정·태도·가치에 있어서의 변화와 감상력·적응력의 개발 등과 관련되어 있다. 이 영역의 목표는 가치를 체득하는 형태가 되며, '내면화 원칙'에 따라 가치를 감지하는 하위수준으로부터 가치를 내면화하는 최상위 수준으로 옮아간다. 위계적 순서에 의거 감수·반응·만족·가치화·조직화·성격화로 분류한다. 이러한 정의적 평가는 주로 관찰법, 면접법, 질문지법, 사회성 측정법, 평정법 등이 사용된다.

3 평가도구의 기준

공정한 평가를 위해서는 무엇보다도 좋은 측정도구나 검사도구를 사용해야 한다. 평가자는 검사작성에 대한 전문적인 지식이나 소양을 갖추어야 하며, 좋은 도구를 선정할 수 있는 식견을 가지고 있어야 한다. 이 같은 검사도구가 지녀야 할 준거로 타당도·신뢰도·객관도·실용도 등을 들 수 있다.

1) 타당도

타당도(validity)란 특정의 개인 또는 집단에 대해 그 도구가 평가하려고 하는 평가목표를 정확하게 잴 수 있는 성질을 말한다. 그러므로 타당도라는 개념에는 반드시 준거가 따르기 마련인데, 타당도란 '무엇에 비추어 본 기준'을 중심으로 판가름할 수 있는 것이다. 그렇다고 타당도는 언제나 재려고 하는 측정의 특수한 목적이나 경우에 모두 적용되는 일반적이고 추상적인 개념은 아니다. 타당도는 일반적으로 네 가지 종류, 즉 내용타당도·예언타당도·공인타당도·구인타당도로 구분된다.

(1) 내용타당도

내용타당도(content validity)는 논리타당도(logical validity)라고 부르기도 한다. 내용타당도는 측정하고자 하는 개념이나 사물을 논리적으로 분석·종합하고, 실제 측정하고 있는 검토 문항들의 내용을 판단하여 이 둘이 어느 정도 합치하느냐를 비교·검토하게 된다. 그러나 여기서 의미하는 검토란 비교적 주관적인 논리적인 방법에 의한 것으로 실증적 방법으로 검증하게 되는 예언·구인·공인타당도와는 차이가 있다.

예컨대 태도 측정의 내용타당도를 검토하는 경우에 먼저 태도를 분석하며 인지적 영역·정의적 영역·기능적 영역 등 세분된 정의를 내리고, 실제 측정에 사용된 문항들이 이들 영역을 어느 정도 포괄적으로 순수하게 재고 있느냐를 비교·판단하게 된다. 이때 만일 태도 측정이 어느 한쪽 영역이나 또는 엉뚱한 것들을 재고 있음이 드러났다면 그만큼 측정의 타당도는 낮다는 말이 된다.

(2) 예언 타당도

예언타당도(predictive validity)란 검사에서 얻은 결과가 과연 앞으로의 행동을 얼마나 정확하게 예언하느냐를 검증하는 방법이다. 내용타당도가 내적인 기준에 비추어 검증하는 것이라면, 예언타당도는 외적인 기준에 비추어 타당도를 검토하는 것이다. 예컨대 대학입학전형에서 고등학교 내신 성적과 대학수학능력 점수를 반영하는 이유도 바로 이러한 점수들이 대학에서 수학능력을 나타내는 평균 평점과 높은 상관관계를 나타내고 있기 때문이다. 신뢰도가 낮으면 예언타당도가 낮아지게 된다.

(3) 공인타당도

공인타당도(concurrent validity)란 한 측정의 점수와 어떤 준거 점수와의 상관관계를 통해 타당도를 검사한다는 점에서 예언타당도와 같으나, 준거점수가 앞으로의 효과가 아니라 현재의 성과라는 점에 그 차이가 있다.

예컨대 한 지능검사가 있다면 이 지능검사의 점수가 당사자의 행동으로 나타난 지능의 정도와 실제로 어느 정도 일치하는지를 검토하여 그 검사의 타당도 여부를 가려내는 방법이다. 뿐만 아니라 한 측정의 결과와 과거에 이미 만들어진 정평 있는 측정도구로 잰 결과를 비교하여 두 측정결과의 합치성 여부를 가려내는 것도 공인타당도 방법 중의 하나이다.

(4) 구인타당도

구인타당도(construct validity)는 한 검사가 조작적으로 정의되지 않은 어떤 특성이나 성질을 측정했을 때, 그것을 심리학적 개념으로 분석하고 의미를 부여하는 과정으로 규정할 수 있다. 예컨대 '이 특성을 가진 사람은 X의 상황 하에서 Y의 행동이 보일 것이다.'라는 가설을 세운다. 그리고 가설을 검증하기 위하여 경험적 자료를 수집하며, 수집된 증거에 의하여 가설의 적합성 여부를 추론한다.

이는 구인의 성질에 관한 이론과 법칙을 정리하려는 과정이기 때문에 검사 자체보다 구인의 확인과 이론형성을 위한 타당화가 중요하다. 구인타당도는 예언타당도와 같이 보편적으로 활용할 수 있는 실용성은 가지고 있지 않지만, 새로운 개념을 제안하고 이론적으로 검증하는 데 주로 사용된다. 이를테면 써스톤(Thurstone)이 제시한 기본정신능력(primary mental ability)인 어휘력·수리력·공간력·지각력·기억력·언어 유창성도 지능의 하위구인이라고 말할 수 있다.

2) 신뢰도

타당도가 재려고 하는 그 무엇(What)을 제대로 재고 있느냐의 문제라면, 신뢰도(reliability)는 검사도구가 어떻게(How) 일관성을 가지고 있는지, 혹은 안정성 있게 측정하는가의 정도를 나타낸다. 검사가 재려고 하는 속성을 오차 없이 측정했을 때 신뢰할만하게 측정하였다고 할 수 있으며 신뢰도가 높다고 할 수 있다. 대부분의 신뢰도는 두 검사 점수의 상관계수를 근거로 산출되며 가장 클 때가 1이다. 신뢰도에는 검사-재검사신뢰도·동형검사신뢰도·반분 신뢰도·문항내적합치도가 있다.

(1) 검사-재검사 신뢰도

검사-재검사 신뢰도(test-retest reliability)는 한 개의 검사도구를 동일집단에서 동일 피험자에게 시간의 간격을 두고 2회 실시해 처음에 얻은 점수와 나중에 얻은 점수간의 차이를 상관계수로 나타낸다. 여기서 실시간격을 어느 정도로 하느냐에 따라 상관계수는 달라질 가능성이 높다. 예컨대 시간간격이 짧을 때는 처음 검사의 직접적인 영향을 받을 수 있는 것이고, 반대로 너무 길게 잡을 때는 피험자의 행동특성이 변할 수 있다. 이런 연유에서 검사-재검사신뢰도는 과대 추정되기 때문에 잘 사용되지 않고 있다. 만일 검사-재검사신뢰도를 사용할 경우 신뢰도 계수를 보고할 경우 실시간격을 기록해 주는 것이 중요하다.

(2) 동형검사 신뢰도

동형검사 신뢰도(equivalent form reliability)란 문항은 다르지만 같은 특성을 지닌 두 유형의 시험지로 동일 집단에서 검사하는 방법을 말한다. 즉 동형검사 신뢰도란 문항 자체가 측정이론의 입장에서 두 검사가 동질적인 것을 묻고 있다고 보는 견해이다. 이 경우 신뢰도 계수는 표본검사의 적절성 여부를 나타낸다. 높은 신뢰도의 계수는 두 개의 독립적 평가도구가 유사하거나 같은 것을 측정하고 있음을 가리킨다. 반대로 낮은 신뢰도 계수는 두 평가도구의 형식에서 각각의 문항이 의심스러움을 말해준다. 이 검사는 시간적 요인을 감소시키므로 재검사 신뢰도보다 바람직하며, 동형검사 신뢰도를 동형성 계수(coefficient of equivalent)라고도 한다.

(3) 반분신뢰도

반분신뢰도(split-half reliability)는 한 개의 검사를 실시한 후 이를 두 집단의 동등한 부분으로 나누어 독립된 채점을 하여 두 개의 반분된 검사 간의 상관관계를 나타내는 것이다. 반분신뢰도에는 흔히 홀수 문항과 짝수 문항으로 나누어 그 분할된 두 부분의 상관을 산출하는 방법이 있다. 여기서는 하나의 검사도구를 적절한 방법에 의해 두 부분으로 분할 후에 이 두 부분을 독립된 검사로 하여 상관을 측정하는 데 그 정도를 상관계수라고 한다. 반분신뢰도를 동질성 계수(coefficient of homogeneity)라고도 지칭한다.

(4) 문항내적합치 신뢰도

문항내적합치 신뢰도(inter item consistency reliability)는 검사 내에 있는 문항마다 독립된 한 개의 검사로 간주하여 문항별 상관계수를 구하여 이를 종합하는 방법이다. 문항내적합치 신뢰도는 검사의 동형성 및 동질성을 측정하는 기초를 제공한다. 만일 동형검사 신뢰도, 혹은 부분검사 신뢰도에서 모두 높은 두 개의 검사가 내적합치도 계수가 낮다면, 그것은 그 검사 속에 있는 문항의 동질성이 낮기 때문이라는 결론을 내리게 된다. 문항내적합치도 계산에는 Cronbach-α계수가 가장 많이 사용된다.

3) 객관도

객관도(objectivity)란 검사자의 신뢰도라 할 수 있는데, 검사의 채점자가 얼마나 객관적인 입장에서 어느 정도 일관되고 공정하게 채점하느냐 하는 문제와 관련된 것이다. 예컨대 동일한 피험자의 답안지를 가지고 A라는 교사는 90점, B라는 교사는 70점, C라는 교사는 50점을 부여했을 경우, 객관도는 신뢰롭지 못하다. 이와 같은 경우는 보통 두 가지의 이유가 있는데, 하나는 평가자 자신의 소양 문제이고, 다른 하나는 측정도구 자체의 불완전성의 결과로 볼 수 있다. 서답형 문항의 채점에서 객관도를 높이기 위한 방법은 다음과 같다.

❶ 많은 채점자들이 독립적으로 채점하여 이를 종합한다.
❷ 채점에 앞서 그 채점기준을 세운다.
❸ 총체적 채점보다 분석적 채점을 한다.
❹ 검사자의 인상, 편견, 추측, 착오 등 주관적인 요인을 최소로 줄여야 한다.

4) 실용도

실용도(usability)란 검사도구의 실용성을 의미한 것으로 경비와 시간, 구입, 실시, 해석 등에서의 노력을 최소화 하면서 소기의 목적을 얼마나 달성할 수 있느냐의 정도를 의미한다. 신뢰도와 타당도가 검증되고 객관도를 유지하는 검사자라 할지라도 검사를 실시하는 데 있어 실용성과 관련된 요인들로 부담을 받으면 어려움이 따르게 마련이다. 그러므로 지시사항이 간단하고 명확하며 검사 문항수가 적당하여 검사 실시가 용이해야 한다. 또한 채점이 용이해야 하고 결과 해석과 적용의 용이성, 그리고 검사비용의 적절성 등이 고려되어야 한다.

4 교육평가의 실제

교육평가 문항의 올바른 제작을 위해서는 우선적으로 문항 작성자가 측정하려는 교과목에 대하여 충분한 지식과 합리적이고 투철한 교육관을 가지고 있어야 한다. 문항작성자는 검사대상에 대한 심리적 상태를 잘 이해하고 자신의 생각을 정확하게 표현할 수 있는 문장능력을 구비해야 하고, 문항작성과 관련하여 평가하고자 하는 목적이 무엇이고 그 평가하고자 하는 측정도구는 적절한지 등을 고민해야 한다.

또한 평가하고자 하는 평가도구가 어느 한 특정집단에 불이익이 작용하지 않고 모든 학생들에게 공정함을 보장할 수 있는지 등의 예상되는 문제점에 대하여 문항 작성 시에 고려해야 한다.

우선 평가목적과 관련하여 무엇을 위해 출제하며 그 평가결과는 무엇에 사용하려는지 명확한 목적이 있어야 한다. 이는 평가의 실제적 수단으로서의 문항개발과 관계된 제반 활동, 즉 출제의 방향 설정·내용·방법 등이 결정될 수 있기 때문이다. 그리고 수업과정에 따른 평가목적은 무엇을 위한 목적으로 실시하고자 하는지에 대한 물음으로 진단평가를 위한 목적, 형성평가를 위한 목적, 총괄평가를 위한 목적 등으로 구분될 수 있다.

이처럼 교육평가의 형태와 용도도 다양하다. 이 중에서도 개별 학생에게 주어진 학습목표 및 교육목표를 어느 정도 달성했는지를 알아보는 학업성취도 평가는 매우 중요하다. 이것은 교사가 학생들로 하여금 교육목표 및 학습목표 달성도를 결정하는 것을 돕기 때문이다. 이런 목표달성 정도를 알아보는 검사에는 구술검사·작업검사·필답검사·관찰법·면접법·사회측정법·평정법 등이 있다. 이 중에서 가장 많이 사용되는 것이 필답검사이다.

그러나 필답검사가 교육목표 및 학습목표의 달성도를 측정함에 있어 모두 적용될 수 있는 것은 아니다. 예컨대 인지적 영역의 행동(지식·이해·적용·분석·종합·평가)은 이 검사로 어느 정도 측정해 낼 수 있으나, 정의적 영역의 행동(수용·태도·흥미·가치·감상)과 운동 기능적 영역의 행동(관찰·모방·연습·적응)의 측정은 제한적일 수밖에 없다. 그러므로 여기서는 인지적 영역과 정의적 영역의 행동평가를 구분하여 살펴보기로 한다. 두 가지 평가를 살펴보기 전에 사전작업이라 할 수 있는 이원분류표 작성에 대해서도 살펴보기로 한다.

1) 이원분류표 작성

평가의 목적이 결정되고 그에 따른 출제방향이 설정되면 출제내용의 범위가 정해진다. 바로 그 다음 단계가 출제계획, 즉 내용 및 행동 영역을 명확하게 하여 모든 평가문항 작성의 근거를 마련하기 위한 작업으로 이를 이원분류라고 한다.

이 이원분류표는 수업목표를 분류할 때 학습결과를 내용과 행동으로 도식화시켜 목표를 확인하고 분류하는 작업과정을 뜻하는데, 교육목표의 이원분류는 교육평가에서의 평가대상을 내용과 행동의 차원에서 그 성격을 분명히 하고 종합하는 기능을 해준다. 이원분류표에 포함될 요소는 출제 문항 수, 내용 영역별 문항표집 계획 및 그 비중, 행동영역별 문항표집 계획 및 그 비중 등이 구체적으로 제시된다. 여기서 이 두 가지 영역에 대하여 살펴보고 이원분류표를 제시하고자 한다.

(1) 내용영역의 분류

❶ 내용의 분류는 원칙적으로 교육과정과 교과서를 바탕으로 작성한다. 단, 교과서의 특성에 따라 교육과정과 교과서의 단원구성이 현격한 차이가 있을 때, 출제위원들의 협의와 평가위원의 협의에 따라 교과를 포괄하는 영역 및 세부내용을 결정할 수 있다.
❷ 영역란에는 교육과정이나 교과서의 단원을 기입하되 단원 분류가 제한되는 교과목은 해당 교과별 분류방법에 따라 기입한다.
❸ 세부 내용란은 가능한 한 구체적으로 제시함으로써 특정부분 또는 특정 교과서에 편중되지 않았다는 실증적 증거를 보여준다.

(2) 행동영역의 분류

행동영역을 구성하고 있는 교육목표는 크게 구분하여 인지적 영역, 정의적 영역, 그리고 심동적 영역으로 구분한다. 이를 세분화하면 ① 인지적 영역(지식·이해·적응·분석·종합·평가), ② 정의적 영역(감수반응·가치화·조직화·인격화), ③ 심동적 영역(관찰·모방·연습·적응)이다. 그러나 실제로 인지적 영역의 학력의 측정과 관련하여 행동의 분류는 원칙적으로 지식·이해·적용의 세 영역으로 구분하되, 교과목의 특성에 적합한 다른 분류방식도 적용 가능하다.

❶ 지식은 인지나 재생에 의하여 과거에 학습한 것을 회상해 내는 능력이고
❷ 이해는 자료, 기호, 혹은 언어의 의미를 파악하려는 능력이며
❸ 적용은 과거에 학습한 내용을 새로운 구체적 사태에 적용할 줄 아는 능력이다.

이상의 내용영역과 행동영역에 따른 이원분류표(예)를 제시하면 <표 8-3>과 같다.

표 8-3 이원 분류표(예)

내용영역	문항수	비율	행동영역	문항수	비율
교육심리학의 기초	2	10	지식	4	20
인간발달	1	5	이해	10	50
개인차	2	10	적용	6	30
정의적 특성과 학습	2	10			
학습	2	10			
수업	2	10			
기억과 전이	1	5			
정신건강	2	10			
생활지도 및 상담	2	10			
교육평가	4	20			
총계	20	100	총계	20	100

2) 인지적 평가

인지적 영역의 평가는 학생들의 표현력·사고력·종합력·창의력 등 인간의 고등 정신기능을 측정하는 평가이다. 여기에는 논문형 검사 및 객관형 검사가 있다.

(1) 논문형 검사

논문형 검사는 전통적으로 사용했던 시험방법으로 주제에 대하여 자유롭게 기술하는 방법이다. 이 방식은 20세기 초에 측정(measurement)이 강조되면서 주관적이라는 이유로 비판을 받다가 오늘날 평가전문가들의 연구에 힘입어 널리 사용되고 그 가치를 인정받고 있다. 문제는 비교적 적은 수를 출제하며 일반적으로 무엇에 대해 써라, 설명하라, 논하라, 요약하라, 분석하라, 비교하라, 비판하라, 구분하라, 기술하라 등의 서술어로 기술된다.

❶ 논문형 검사의 예문

- 비교능력 : 남한과 북한의 학제에 대하여 비교하라.

- 관계의 이해 : 학교 교육이 사회발전에 어떤 영향을 주었는지를 기술하라.
- 사태의 설명 : 각인 현상에 대하여 설명하라.
- 요약능력 : 제7차 교육과정의 내용을 간단히 요약하라.
- 사태의 분석 : 학생들이 선호하는 교사의 성격에 대하여 분석하라.
- 지식·원리의 응용력 : 자발성의 원리를 설명하고, 이 원리가 적용되고 있는 것을 열거하라.
- 평가 비판력 : 현행 대학교육제도의 개선방향을 기술하라.
- 가치관 : 학교와 지역사회의 정보네트워크 현안문제에 대하여 논술하라.

❷ 논문형 검사의 작성 간 유의점

- 교육목표를 분명히 하고 이와 관련된 정신작용을 고려해야 한다.
- 논문형 검사로 잴 수 있는 교육목표에 한하여 출제한다.
- 질문 요지를 분명히 나타내도록 문제를 출제한다.
- 학생의 정도를 고려한 자유도(自由度)를 규정한다.
- 곤란도를 조절하여 제한된 시간 내에 모든 문제를 해결할 수 있도록 쉬운 문제부터 배열한다.

❸ 논문형 검사의 장단점

[장점]
- 반응의 자유도가 높다.
- 복잡한 고등정신기능의 측정이 용이하다.
- 인성진단의 자료를 얻는 데 효과적이다.
- 학습태도를 개선해 주고 바람직한 학습방향을 제시해 준다.
- 문항제작의 시간과 노력이 절감된다.

[단점]
- 문항의 표본이 제한된다.
- 채점 간 시간과 노력이 많이 소요된다.
- 채점의 신뢰도 및 객관도가 부족하다.

(2) 객관형 검사

객관형 검사에서 일반적으로 많이 사용되는 검사는 진위형·선다형·완성형·단답형·배합형이 있다.

❶ 진위형

진위형(true-false type)은 어떤 문항의 진술된 문장이 맞고 틀리는지를 판단하게 하는 형식으로 옳은 진술에는 O, 틀린 진술에는 X 등의 기호로 표시한다.

【진위형의 예문】

1. 절대평가란 규준참조평가이다.(　　)
2. 신뢰도란 '무엇을 재고 있느냐'의 개념이다.(　　)

【진위형 문항의 제작 간 유의점】

- 길고 복잡한 진술은 피한다.
- 교과서에서 따온 문장을 그대로 사용하지 않는다.
- 가급적 부정적인 문장은 삼가 한다.
- 반드시 진실이 아니면 거짓인 진술을 말한다.
- '절대로', '꼭', '반드시', '결코', '단' 등의 제약을 주는 용어는 피한다.
- 거짓과 진실의 문항은 거의 동일한 수로 하며, 문항배열 간에 섞어 놓는다.

【진위형 문항의 장단점】

[장점]
- 문항을 많이 낼 수 있으므로 광범위한 능력을 잴 수 있다.
- 문항작성이 쉽다.
- 사실의 이해나 과학적 판단력 측정에 적합하다.

[단점]
- 정답에 대한 우연적 적중률이 객관적 검사 가운데 가장 높다.
- 문항구조가 간단하여 문항 초점이 불명확하게 되기 쉽다.
- 고등정신기능의 측정이 곤란하다.

❷ 선다형

선다형(multiple-choice type)은 한 문항에 답지를 둘 이상 제시하여 이들 중에서 정답을 선택하게 하는 형식이다. 이 방식은 문항작성의 기술에 의거 단순지식이나 기초능력에서부터 자료 해석력, 판단력, 추리력 등 고등정신 기능까지도 측정할 수 있다.

【선다형의 예문】

1. 상담이론에서 행동주의적 접근 기법은?
   가. 자유연상　나. 가치판단　다. 꿈의 분석　라. 전이분석
2. 인지주의 학습이론에 적합한 학자와 동물은?
   가. 스키너-쥐　나. 파블로프-개　다. 쏜다이크-고양이　라. 쾰러-원숭이

【선다형 문항의 제작 간 유의점】

- 문항과 답지는 의미상으로 잘 관련이 지어지도록 한다.
- 답지에 어려운 전문적인 용어를 사용하지 않는다.
- 문항은 의문형 혹은 미완성 문장으로 하되 간단명료하게 작성한다.

【선다형 문항의 장단점】

[장점]
- 제작상의 기술에 따라서 고등정신 기능까지도 측정할 수 있다.
- 채점이 객관적이며 쉬우므로 결과처리를 신속 정확하게 할 수 있다.
- 선택답지가 많으므로 진위형보다 우연적 적중률이 낮다.
- 문항의 분량이 많아서 포괄도가 높다.

[단점]
- 동질적인 선택지의 선정에 시간이 많이 소요된다.
- 표현력 및 작문능력의 측정이 곤란하다.

❸ 완성형

완성형(completion type)은 문장의 일부를 공간으로 남기고 그 공란에 낱말이나

어구를 기입하게 하여 그 문장을 완성시키는 것이다. 일반적으로 지식이나 기억을 측정하는데 사용되며 세련되게 작성하면 고도의 이해력이나 판단력도 측정 가능하다.

【완성형의 예문】

1. 검사라는 말은 (   )을 의미한다.
2. (   )는 학생의 출발점행동에 대한 평가이다.

【완성형 문항의 제작 간 유의점】

- 문장 속에 공간을 너무 많이 만들지 않는다.
- 공란은 가급적 같은 길이로 한다.
- 문장 속에 공란을 만들 때는 제일 중요한 부분을 생략한다.
- 정답이 반드시 하나인 것을 사용한다.

【완성형의 장단점】

[장점]

- 추측에 의한 정답이 적다.
- 비교적 고도의 이해력이나 판단력을 측정할 수 있다.

[단점]

- 단편적인 지식이나 기억력 위주의 측정에 그치기 쉽다.
- 추리력·종합력·표현력을 평가할 수 없다.

❹ 단답형

단답형(short-answer type)은 질문에 대하여 간단한 답변을 하게 하는 형식으로 누가, 언제, 어디서 무엇을 등의 사실적 지식이나 간단한 기능을 알아내는 데 많이 사용된다.

【단답형의 예문】

1. 실학주의 교육에서 중요시하는 사상은 무엇인가?(   )
2. 루소는 청년기를 제2의 탄생기라고 했는데, 이는 무엇을 뜻하는가?(   )

【단답형 문항의 제작 간 유의점】

- 교과서에 나오는 문장을 그대로 인용하지 않는다.
- 정답이 하나만 나오도록 질문을 명료화한다.
- 정답에 부합되도록 충분한 공간을 주고 채점하기 쉽게 배열한다.
- 모범 답안 또는 채점 기준을 문제와 동시에 작성한다.

【단답형 문항의 장단점】

[장점]
- 초점을 질문하므로 정답을 명확히 쓸 수 있다.
- 추측에 의한 정답을 찾기가 어렵다.
- 문항 작성에 전문적인 기술이 필요 없으며 짧은 시간에 많은 문항을 작성할 수 있다.

[단점]
- 암기위주의 학습을 유도할 우려가 있다
- 정답이 여러 개 나올 수 있으므로 객관적인 채점이 곤란할 수 있다.
- 이해력·판단력·추리력·응용력을 측정하기 어렵다.

❺ 배합형

배합형(matching type)은 선택형의 복합형식으로 전제(前提)와 답지(答紙)를 많이 만들어서 양쪽의 계열에서 서로 관계가 있는 것끼리 선을 그어 묶어 놓게 하는 방법으로 좌우 혹은 상하로 두 줄로 몇 개 사항을 배열하여 관계있는 것끼리 선을 긋게 하거나 번호를 표기하게 한다. 이런 방식은 일반적으로 연대, 책과 저자, 원인과 결과의 관계 등 지식과 이해를 측정하는 데 사용된다.

【배합형의 예문】

❑ 서로 관계있는 것을 골라 (　　)속에 번호를 기입하라.

1. ① 등간 척도　　　　야구선수 백넘버(　　　)
   ② 명명 척도　　　　습도계 눈금(　　　)
   ③ 서열 척도　　　　학급 석차(　　　)

④ 비율 척도 중앙치(　　　)
CGS 단위(　　　)
2. ① 표준화 검사 예언(　　　)
② 적성 검사 몰가치성(　　　)
③ 교육측정 평균치의 차의 유의성 검증(　　　)
④ 형성평가 측정치의 안정성(　　　)
교사 자신이 제작한 도구(　　　)
규준 점수(　　　)

[배합형 문항의 제작 간 유의점]
- 양쪽의 항목 수를 서로 달리하여 2~3개 더 많도록 한다.
- 어떤 관계로 배합할 것인가를 명백히 지시한다.
- 양쪽의 계열이 서로 동질적인 것으로 한다.

【배합형 문항의 장단점】

[장점]
- 제작 기술 여하에 따라서는 여러 가지 고등정신 기능을 측정할 수 있다.
- 짧은 시간에 중요한 인물과 사건 및 시대를 동시에 관련지어 생각하는 능력을 측정할 수 있다.

[단점]
- 피상적인 연상이나 기억위주의 검사가 되기 쉽다
- 어떤 암시도 주지 않기 위한 동질적인 각 항목의 배열이 힘들다.

3) 정의적 평가

정의적 영역의 평가는 정서, 수용, 혹은 거부의 태도 등이 강조되는 내면적 심리의 목표를 말하며, 흔히 흥미·감사·태도·가치·적응·신념체계 등과 관련된 영역 평가 간에 정의적 영역이 인지적 영역보다 신뢰도·타당도·객관도가 낮은 편이다. 이 영역의 평가가 인정을 받기 위해서는 검사도구의 기술 개발이 요구된다. 정의적 영역의 평가 방법으로는 주로 관찰법·면접법·질문지법·사회적 측정법·평정법 등이 있다.

(1) 관찰법

관찰법(observation)은 분석하려는 관찰자의 오감을 통하여 직접적으로 조사대상이나 사물의 특성을 과학적으로 관찰 분석하려는 방법이다. 관찰법의 특징은 직접성과 현재성에 있으며, 현재 일어나고 있는 사태나 조사대상자의 행동과 언어가 다른 사람의 개입 없이 관찰자에 의거 직접 수집된다. 관찰법의 특징은 다음과 같다.

❶ 조사대상자의 자발적인 행동을 관찰할 수 있다.
❷ 현실적인 장면에서 폭넓은 행동을 볼 수 있다.
❸ 값비싼 시설이나 도구가 필요 없다.
❹ 한번 일어난 행동을 다시 관찰하려면 비교적 많은 시간이 소요된다.
❺ 관찰자 자신의 선입견이나 편견이 작용할 수 있다.

이 같은 관찰법은 특히 조사 대상자에게 관찰하고 있다는 의식을 주어서는 안 되며, 관찰기록의 방법이나 관찰의 시간, 그리고 관찰 장면의 선택에 대해서 사전에 신중한 계획을 세워야 한다.

(2) 면접법

면접법(interview)은 조사대상자와 직접 만나서 질의응답을 통해 필요한 자료를 수집하는 방법이다. 그러나 최근 들어 면접법은 높은 관심을 끌고 있다. 그 이유는 면접이 단순히 상대방으로부터 어떤 정보나 자료를 얻기 위한 차원을 넘어 면접과정에서 치료적 가치를 발견할 수 있기 때문이다. 다른 말로는 면접상담(Counseling interview)이라고 지칭한다. 면접법의 특징은 다음과 같다.

❶ 현재의 일 외에도 과거의 사실이나 미래의 희망까지도 파악할 수 있다.
❷ 면접과정에서 상대방의 태도나 표정을 통해 새로운 사실을 발견할 수 있다.
❸ 질문을 자유자재로 할 수 있는 융통성을 가지고 있다.
❹ 면접기술과 관련하여 고도의 기술과 훈련이 요구된다.
❺ 결과를 통계적으로 하여 처리하는 것과 해석하는 것이 어렵다.

❻ 면접 당사자 간에 래포(rapport) 형성이 이루어져야 한다.
❼ 면접에 대한 요점을 기록하고 해석할 수 있어야 한다.
❽ 면접과정에 나타난 비밀은 필히 유지되어야 한다.

(3) 질문지법

질문지법(questionnaire)은 보통 조사대상자가 설문을 읽고 회답을 직접 작성하는 '자기 보고식' 질문지법이라고 하며, 면접에 사용되는 것은 조사표라고 한다. 이를테면 조사대상자에게 제시하여 그들의 반응, 주된 태도와 의견 등을 알아보려는 것이 질문지법이고, 어떤 명확한 설명 없이 주로 사실적 문제를 확인하는 것이 조사표인 것이다.

최근 이 질문지법이 광범위하게 사용되고 있는데, 그 이유는 사회문제·인간문제·교육문제를 연구함에 있어 실험적 방법이나 관찰법·면접법만으로는 해결할 수 없는 문제들이 많기 때문이다. 질문지법의 특징은 다음과 같다.

❶ 광범위한 문제에 대하여 많은 조사대상자를 짧은 시간 내에 연구할 수 있다.
❷ 질문 및 자료를 엄격히 통제하거나 다룰 수 없기 때문에 자료에 대한 신뢰성이 낮은 편이다.
❸ 질문지를 작성할 때는 가급적 간단하고 구체적이고 객관적인 것이 좋다.
❹ 결과보고 시 사실만을 보고하는 게 바람직하다.

(4) 사회성 측정법

사회성 측정법(sociometry)은 집단 내에서 개인의 사회적 위치 및 비공식적 집단형성의 구조를 알아내는 방법을 말한다. 집단 내에서의 구성원 개개인의 대인관계, 업무관계, 태도, 가치관 등에 대하여 상하 좌우의 구성원이나 동료로부터 상호 측정하는 방법이다. 이 사회성 측정법은 모레노(J. L. Moreno)에 의해서 발전되었고, 최근 급속히 보급되어 교육현장 연구에도 사용되고 있다. 사회성 측정법의 특징은 다음과 같다.

❶ 문항작성이 쉬워 누구나 작성할 수 있으며, 검사시간이 5~6분으로 짧다.
❷ 결과의 응용범위 및 효과가 크다.
❸ 인간관계나 집단의 구조는 유동성을 띠고 있음에도 불구하고 조사결과의 해석에 있어서 고정적 현실의 관계로 생각하기 쉽다.
❹ 선택 집단의 범위가 명확하고 조사대상자에게 의미 있는 특정한 기준을 마련해야 하며, 무제한의 선택, 혹은 거부를 허용하되 지시문은 친절하고 구체적이어야 한다.

(5) 평정법

평정법(rating method)은 관찰결과를 어떤 척도상의 유목(類目)이나 숫자에 의거해서 기록하고 정리하는 방법으로서, 교육평가의 모든 분야에서 널리 쓰이고 있는 방법 중의 하나이다. 평정법은 평가자의 주관이나 편견 혹은 가치관의 차이 때문에 부정확하기 쉬운 관찰결과의 평가를 보다 엄밀하고 정확하게 평정해 낼 수 있으며, 다른 방법으로는 평가하기 어려운 복잡한 행동의 증거를 좀 더 세분해서 과학적으로 파악하고 평가할 수 있는 방법이다. 평정법의 특징은 다음과 같다.

❶ 여러 검사 사태에 적용할 수 있다.
❷ 다양한 교육 목표를 평가할 수 있다.
❸ 평정 자체가 실제적·이론적 준거가 될 수 있다.
❹ 평정이 주관적 관점이 개입될 수 있어 평정의 타당도가 낮아질 수 있다.

그러므로 평정자는 관찰의 착오에서 벗어나도록 노력해야 하며, 가능한 한 여러 평정자가 평정 척도를 사용할 때 모든 평점 단계를 사용하고, 평정 척도에는 평정될 행동의 특성이 명백히 정의되어야 한다.

교육의 법칙 : 앗! 공부의 뿌리

옛날에 한 농부가 있었다. 벼를 심어놓고 매일 논에 나가 벼가 얼마만큼 자랐는지 바라보곤 하였다.

어느 날 자세히 보니 옆집 논의 벼가 더 큰 것 같았다. 농부는 자기의 논의 벼를 더 크게 키우고 싶어서 안달이 났다. 아무리 기다려도 잘 자라는 것 같지 않았다. 농부는 기다리다 못해 벼를 한 포기씩 잡아 당겼다. 그리고 나서 보니 옆 논의 벼보다 키가 훨씬 커졌다. 농부는 만족했다. 그러나 하룻밤을 자고 나서 나가 보니 벼는 도로 주저앉아 여전히 키가 작았다.

다음 날도 농부는 또 벼를 잡아 당겨 키를 키웠다. 그 다음 날은 조금 더 세게 잡아 당겼다. 농부는 며칠간 계속해서 잡아당겼다.

그러던 어느 날 아침에 나가 보니 벼들은 그만 뿌리가 뽑혀 쓰러져 있었다.

✍ 농부는 눈에 보이는 키만 키우려 했지, 눈에 보이지 않는 뿌리의 중요성은 몰랐다. 뿌리가 튼튼하게 자리 잡아야만 그 후에 키도 크고 벼이삭도 많이 달릴 수 있는데 자연의 법칙을 무시했기에 농부는 농사를 망치고 말았다. 벼농사는 1년 농사이고, 나무 농사는 10년 농사이며, 자식 농사는 평생 농사라고 한다. 자녀를 키우는 일도 농부의 마음이어야 한다.

토 · 의 · 과 · 제

1. 특정 교과의 학습 단원을 선정하여

   가) 그 단원의 학습과제를 분석하고

   나) 이원분류표를 작성하고

   다) 학습목표를 구체적으로 진술하고

   라) 10문항의 '형성검사'를 작성해 보시오.

2. 교육평가의 검사, 측정, 평가, 분석에 대한 개념을 설명해 보시오.

09

교육행정과 교육제도

배우기만 하고 스스로 생각하지 않으면 미련을 떨게 되고, 생각만 키운 채 배우지를 않으면 사고치기 십상이다.

– 논어 「배우는 방법」 중에서

1. 교육행정의 개념
2. 교육행정의 성격
3. 교육행정의 영역
4. 교육행정의 원리
5. 교육행정이론의 발달
6. 교육제도

1 교육행정의 개념

교육행정에 대한 정의는 학자마다 달리하고 있어 그 개념을 규정하는 것이 쉽지만은 않다. 그러나 일반적으로 교육행정은 교육목표를 달성하기 위하여 지원체제의 효율적 운용과정을 통하여 교육활동을 조장·촉진시키는 협동적 집단행위이라고 정의할 수 있다. 즉, 교육행정은 교육활동을 지원해 주는 활동이며 교육활동과 관련되는 여러 조건들을 정비하고 관리하는 활동인 것이다. 예컨대 지역주민들이 그들 자녀를 교육시키기 위해 초빙해 온 교사가 교육활동을 원활히 전개하도록 필요한 물자를 마련하고 공급해 주는 등의 일을 하는 것이 교육행정이다.

물론 교육행정의 관점을 어떻게 파악하느냐에 따라 그 의미는 달라질 수 있다. 대표적인 두 가지의 관점이 있는데, '교육에 관한 행정'과 '교육을 위한 행정'이다.

우선 '교육에 관한 행정'은 행정의 종합성을 강조하면서 교육을 행정의 한 영역으로 보려는 입장이다. 그러므로 행정의 성격이 강해지면서 교육은 행정을 통한 하나의 실천적 활동영역으로 간주된다. 다음으로 '교육을 위한 행정'은 교육의 주체성을 강조하고 교육의 특수성과 전문성을 보장하려는 입장에서 교육행정을 보려는 입장이다. 따라서 이 관점은 교육의 주도적 역할과 원활한 소통을 위한 행정적 지원체계로 보는 것이다.

이처럼 관점에 따라 교육행정의 개념을 파악하는 데 차이가 있을 수 있다. 여기에서는 최근 교육행정학회에서 공감적 입장을 취하는 교육행정의 개념에 대하여 몇 가지 요약하여 제시하면 다음과 같다(노종희, 1999).

1) 수단적 봉사활동

교육행정은 학교 내의 기간체제(criterion system)인 교육활동을 지원하는 수단적 봉사활동이다. 교육행정은 교육활동이 원활하게 수행될 수 있도록 지원하기 위해 존재하는, 즉 교육을 위한 행정이라고 할 수 있다. 교육행정은 그 자체로서 목적이 있기보다는 교육목표 달성을 위한 핵심적 활동인 교육활동을 지원하는 수단적 성격이 더 강하다. 그러므로 교육행정은 궁극적으로 학생들을 위하여 학습 환경을 조성하고 유지하며 개선하는 활동과정인 것이다.

그러나 교육활동이 목표와 방향을 설정하고 이를 달성하기 위한 구체적인 계획을 입안하며, 실행을 위한 제반 조건을 제공해 주는 교육행정의 수단적 속성 때문에 일의 중요성이 약화되거나 소홀히 다루어져서는 안 될 것이다. 왜냐하면 교육행정의 지원 없이 교육활동은 그 자체만으로 존립할 수 없으며, 교육행정의 질적 수준 여하에 따라 교육활동의 성패가 좌우되기 때문이다.

2) 지원체제의 효율적 운용

교육행정은 교육활동을 조장·촉진함에 있어서 지원체제의 효율적 운용이 필수적으로 요구된다. 지원체제(support system)는 교원인사·계획·예산·조직·회계·사무·시설·교수매체·정책·학교-지역사회와의 관계·법규·기타 업무 등을 포함한다. 이러한 지원체제는 두 가지 방식으로 기능한다. 그 하나는 관련인사를 채용하고, 학교비품이나 실험실습 기자재를 구매하며, 교사나 학생에 대한 봉사 등 수업에 직접적으로 공헌하는 것이며, 또 다른 하나는 다른 지원체제를 도와주는 것이다. 이들 지원체제의 활동은 개개별로 결정과 계획, 실천, 평가, 피드백의 순환적 과정을 거치게 된다. 이러한 교육행정은 교육행정 그 자체일 수도 있다.

3) 협동적 집단행동

교육행정은 협동적 집단행위이다. 교육행정은 학교조직을 구성하는 주체들로 하여금 교육목표를 상호 공유하고, 이를 성공적으로 달성하기 위하여 구성원들 간의 협동을 유도하며, 그들 간의 노력을 조정하는 걸 그 핵심으로 삼는다. 협동적 집단행동이란 혼자서 굴릴 수 없는 큰 바위를 두 사람 이상이 힘을 합하여 쉽게 굴리는 것을 의미한다. 바위를 굴리기 위하여 구성원들이 서로 다름 역할을 분담하고, 전체 속에서 각자의 과업을 협동적으로 수행하도록 하며, 이들 에너지의 불필요한 낭비를 최소화하기 위하여 노력을 조정할 필요가 있는데, 이것이 곧 행정의 본질이다.

2 교육행정의 성격

교육행정의 성격은 교육행정을 어떻게 정의하고 어떤 관점에서 보느냐에 따라 달라질 수 있다. 교육행정은 매우 광범위한 영역에 걸쳐 다양한 요인들과 상호 관련성을 갖고 역동적으로 작용하고 있다. 교육행정학의 성격을 종합적인 입장에서 공공적 측면, 조장적·봉사적 측면, 수단적·기술적 측면, 전문적 측면, 민주적·중립적 측면으로 분류하여 제시하면 다음과 같다(김지은, 2013).

1) 공공적 성격

교육은 일부 국민이 아닌 전 국민을 대상으로 하는 계속적인 공공적 사업이므로 모든 국민은 능력에 따라 균등하게 교육을 받을 권리를 가진다. 교육을 받는다는 행위자체를 사회 구성원 대다수가 정당하다고 느끼고, 교육을 받음으로써 사회 구성원들에게 이익을 가져다준다는 사회적 이익을 구성요소로 하기 때문이다(신재흡, 2010). 따라서 국민 누구나 교육에 대해 그들의 관심을 표명하고, 이를 민주시민의 책임으로 알고 있다. 교육은 경영주체가 개인이든 국가이든 상관없이 공공성을 지니며 이는 곧 교육의 능률 척도는 공공복지의 증진과 일맥상통한다. 교육기관이 사회의 공기로서의 과업을 효과적으로 수행하기 위해서는 항상 국민의 여론에 민감하게 대처하고 공개적·개방적으로 과업을 수행해야 한다.

2) 조장적·봉사적 성격

교육목적을 달성하기 위하여 필요한 인적·물적 제 조건을 정비·확립하는 봉사활동이라는 조건정비론적 입장에서 보면 교육행정은 목적달성을 위한 하나의 수단으로서 조장적·봉사적 성격을 띤다. 민주사회에서 가장 강조해야 할 교육행정의 기본적 특성은 바로 봉사적, 혹은 수단적 성격이라고 할 수 있다. 우리나라의 고질적 병폐인 관(官) 주도 행정우위의 관료적 행정 풍토를 개혁하기 위해서는 이러한 교육행정의 봉사적 성격이 크게 강조되어야 한다고 할 수 있다(윤정일 외, 2008).

3) 수단적·기술적 성격

교육행정은 교수-학습 활동의 효율성을 달성하기 위하여 필요한 인적·물적 조건을 정비·확립하는 교육을 위한 행정이라는 수단성과 기술성이 요구된다. 교육행정은 학교에서 교수-학습활동을 증진시키는 데 그 목적이 있기 때문에 교육행정의 합리성과 능률성을 보장할 수 있는 수단과 기술이 적용되어야 하며, 교육행정의 활동이 유동적이기 때문에 더욱 수단적·기술적 작용이 필요하다(신재흡, 2010).

4) 전문적 성격

교육은 고도의 복잡성을 띤 기능일 뿐 아니라 교육자인 교사는 교수와 학습에 관한 전문가이며, 피교육자의 행동과정은 완전한 통제가 불가능하고 소수의 집단과 대다수의 하생집단은 각기 독특한 문화와 가치체계를 가지고 공존하는 관계이다. 그러므로 행정가는 교육에 대한 전문적 식견과 더불어 고도의 행정수완 및 창의적인 지도성이 필요하기에 교육행정에 대한 장기적인 전문교육과 훈련이 전제될 때 교육행정을 감당할 수 있다. 이 때문에 교육자치제도를 실시하여 일반행정에서 교육행정을 분리·독립시켜 교육행정의 자주성과 전문성을 보장하는 것이다. 또한 현대의 교육행정은 더욱 세분화되어 가고 있으며, 인사·재정·장학·연구·평가 등 교육행정의 전 분야에 걸쳐 전문가의 배치는 불가피하다.

5) 민주적·중립적 성격

우리나라의 기본 이념은 자유민주주의이므로 교육행정에서 민주적 성격이 필연적으로 요구된다. 정치·경제·사회 등 여러 분야에서 민주화·자율화가 증대됨에 따라 교육에 있어서도 민주화와 자율화에 대한 요구가 어느 때보다도 강하게 표출되고 있다.

교육행정조직의 민주화를 위해서는 중앙 교육행정기관을 비롯한 교육청과 학교 등이 자율성과 민주성에 바탕을 두고 일반행정으로부터 분리·독립되어 조직되어야 한다. 또한 타의 간섭 없이 그 전문성과 특수성에 비추어 독자적인 견지에서 교육 본래의 목적에 더하여 운영·실시되어야 하며, 이를 위해서는 교육내용, 교육시설, 인적 자원의 전문성과 자주성이 보장되어야 한다.

3 교육행정의 영역

교육행정의 영역이라 함은 활동의 범위를 한정하여 말하는 것으로서 법규면과 업무내용면으로 대별해 볼 수 있다.

우선 법규면에서 보면 중앙정부의 교육부 장관의 관할 밑에 있는 행정활동을 총괄해서 말한다. 그러므로 학교교육 외에도 사회교육, 평생교육, 그리고 학술에 관한 행정은 교육행정 속에 포함되지만 군대와 관련된 군사교육은 내용상으로 보면 교육에 해당하는 것이지만 국방부장관 관할 아래에 있으므로 교육행정 영역에 속하지 않는다.

업무내용면에서 보면 기획행정·장학행정·조직행정·편수행정·교육과정행정·교직원 인사행정·학생 인사행정·재무행정·시설행정·사무관리 행정 등을 들 수 있다.

기능면에서 보면 '지도행정'과 '관리행정'으로 구분할 수 있다. '지도행정'은 유아교육·초등교육·중등교육·사회교육에 대한 전문적 지도를 맡고 있다. '관리행정'은 교육의 시설·설비의 정비 확충과 재정 등의 관리업무를 맡고 있다. 이 같은 기능에 따라 지도행정은 교원 출신의 교육전문직으로 충원되며, 관리행정은 일반직 공무원으로 충원되는 경향이 있다.

교육행정의 대상 측면에서 교육기관별로 보면 보통교육행정과 고등교육행정으로 구분하거나 초등·중등·고등행정으로 나눌 수 있다. 그 외에 유아교육·특수교육·재외국민교육·직업기술교육·사학행정·교직교육행정 등으로 나눌 수 있다.

교육행정의 단계 면에서 보면 중앙교육행정·지방교육행정·단위학교 교육행정의 3단계로 구분할 수 있다. 그리고 지방교육행정은 특별시·직할시·도(道) 수준의 교육위원회와 시·군·읍 수준의 교육청으로 나눌 수 있다.

교육행정의 영역과 과업을 업무내용 면과 과정 면을 포함하여 제시하면 다음과 같다(김창걸, 1992).

❶ **교육기획 및 정책행정** : 교육기획행정은 광의의 개념으로 교육정책행정에 선행할 수도 있고 이것을 포괄할 수도 있다. 그러므로 교육기획행정은 교육행정을 수립하거나 수립된 교육정책을 달성하기 위한, 즉 목표-수단의 연쇄화 구조에 필요한 제반 이론과 기법이 포함되는 미래 예측적 과정이다. 그러나 교육기획과 교육정책은 서로 관계를 가지면서 구분하여 운영해야 할 일련의 과정상의 단계이다.

❷ **교육내용 및 방법의 행정** : 이것은 교육과정 및 교수-학습지도, 교육평가 등에 관한 기능이다.

❸ **교육조직행정** : 작성된 기획을 수행하기 위한 구체화 수단으로서 인간의 협동체 및 협동절차, 자원의 배분체계 등을 마련하는 과정이다.

❹ **장학지도행정** : 관리행정과 대응되는 개념으로 교육행정의 근간을 이루고 있으나, 협의로는 교사에 대한 지도, 조언과 감독을 말한다.

❺ **학생인사행정** : 학생의 신분, 편제, 복지, 교도, 훈육 등에 관한 행정을 말한다.

❻ **교직원인사행정** : 교직원의 임용, 근무, 신분보장, 능력발전 등에 관한 행정이다.

❼ **교육재정행정** : 교육에 필요한 경비를 조달하고 운용하는 것을 말하며 교육예산의 편성, 심의, 집행, 결산, 회계감사 등이 중요시되는 행정을 말한다.

❽ **교육시설행정** : 교육시설의 설치, 관리, 운영을 포함하는 행정이다.

❾ **교육사무관리행정** : 사무관리와 문서관리의 합리화와 능률화를 위한 행정이다.

❿ **교육연구·홍보·평가행정** : 교육연구에 관한 지원이나 활용 등과 같이 지역사회 발전을 위한 교육홍보 및 보급 등과, 교육발전을 위한 평가, 피드백 등을 말한다.

4 교육행정의 원리

교육행정을 교육을 위한 행정으로 볼 때 교육활동이 원활히 수행될 수 있도록 지원하고 보조하는 역할을 다하기 위하여 행정활동에 합리성을 부여하고 일관성을 유지할 수 있게 하기 위한 어떤 지침이 되는 원리가 있어야 한다.

여기에서는 '법제적 측면'에서 본 교육행정의 원리와 '운영적 측면'에서 본 교육행정의 원리를 중심으로 살펴보고자 한다.

1) 법제적 측면

교육행정의 기본원리는 교육정책과 교육제도의 구체적 표현인 교육법규 면에서 찾아볼 수 있다. 법규란 원래 규범적인 것일 뿐만 아니라 비교적 안정성을 가지고 있기 때문에 기본원리를 찾기는 어려운 일이 아니다.

법제적 측면에서 본 교육행정의 기본원리는 법치행정의 원리·자주성 존중의 원리·기회균등의 원리·균형집권의 원리 등이 있다.

❶ 법치행정의 원리

모든 교육행정은 법에 의거하고 정하는 바에 따라 이루어지는 것을 원칙으로 한다. 헌법 제31조 6항은 "학교교육 및 평생교육을 위한 교육제도와 그 운영, 교육재정 및 교원의 지위에 관한 기본적인 사항은 법률로 정한다."고 규정함으로써 법치주의의 원칙을 천명하고 있다.

❷ 자주성 존중의 원리

자주성 존중의 원리는 문자 그대로교육의 자주성과 독자성을 존중해야 한다는 원리이다. 교육기본법 제6조에 "교육은 교육 본래의 목적에 따라 그 기능을 다하도록 운영되어야 하며, 어떠한 정치적·파당적 또는 개인적 편견의 전파를 위한 방편으로 이용되어서는 안 된다."고 규정되어 있고, 국·공립학교에서 특정한 종교교육을 금지하고 있는 것도 교육의 자주성을 선언한 것이라 하겠다. 또한 교육자치제를 실시해 오는 것도 교육의 자주성과 정치적 중립성을 제도적으로 보장받기 위한 조치로서 자주성 존중의 원리가 지켜지고 있는 산 증거이다.

❸ 기회균등의 원리

기회균등의 원리는 민주주의 기본원리로서 교육행정에서 중요시된다. 헌법 제31조 1항에 "모든 국민은 능력에 따라 균등하게 교육을 받을 권리를 가진다."고 하였으며, 교육기본법 제4조에 "모든 국민은 성별, 종교, 신념, 사회적 신분, 경제적 지위 또는 신체적 조건 등을 이유로 교육에 있어서 차별을 받지 아니한다."라고 명시되어 있다.

오늘날 취학 전의 교육확대, 의무교육의 확충, 특수교육의 실시, 평생교육의 추진 등 제반 교육행정 시책은 모두 기회균등의 원리를 구현하려는 조치인 것이다. 그런 의미에서 기회균등의 원리는 민주주의 원리라고 할 수 있다.

❹ 균형집권의 원리

균형집권의 원리는 중앙집권과 지방분권 사이에 최적의 균형점(optimal balance)을 발견하려는 것을 말한다. 지방분권이 지나칠 정도로 발전되었던 미국에서는 이제 중앙집권을 지향하는 현저한 노력을 하고 있으며, 전 세계적으로 본다면 중앙집권적 통제를 강화하려는 것이 일반적인 현상이다. 그러나 우리나라의 교육행정은 본래 고도의 중앙집권적 체제하에서 발전하여 왔기 때문에 요즈음에는 지나친 중앙집권을 지양하고 지방분권을 도모함으로써 양극 간에 균형을 얻으려는 노력이 지속되고 있다. 대체로 집권주의 현대사회에 있어서 행정의 능률을 올리는 데 필요한 보장이 되며, 분권주의는 민주주의적 권한의 위양(委讓)과 기회를 보장하는 지표가 된다고 할 수 있다. 그러므로 최적의 균형을 취한다는 것은 현대 교육행정의 절실한 요청인 것이다.

2) 운영적 측면

미국의 교육행정학자인 모트(P. R. Mort)는 교육행정의 운영적 측면에서의 기본원리를 제시하였는데, 그중에서 몇 가지만을 제시하면 타당성의 원리·적응성의 원리·능률성의 원리·민주성의 원리·안정성의 원리를 들 수 있다.

❶ 타당성의 원리

타당성의 원리는 교육행정이 바람직한 교육계획을 세우고 그것을 운영해 나가는 데 있어서 보조 활동이 되어야 하는 것을 의미한다. 이는 교육행정활동이 바람직한 교육계획을 수립하고 그것을 운영해 나가는 데 있어서 타당하고 올바른 보조 활동이 되어야 함을 의미하고, 목적과 수단 사이에 괴리가 없어야 함을 의미한다. 교육행정은 항상 올바른 교육목표를 세우고 그 목표 달성에 필요하고 충분한 조건을 정비·확립하여야 한다.

❷ 적응성의 원리

적응성이란 새롭게 발전되어 나가는 사태에 대하여 신축성 있게 대응해 나감으로써 조화적 관계와 능률적 성과를 계속 확보하여 나가는 것을 말한다. 교육활동이 사회변화를 고려하여 대처해나가고 사회변화를 바람직한 방향으로 조절해 나가기 위해서는 교육행정상 적응성의 원리가 큰 역할을 해야 한다는 것이다. 또 적응성의 원리는 시간적인 변화에 적응해가는 측면에 국한된 게 아니라 공간적인 변화에 적응해 나가는 면도 고려되어야 한다. 교육행정상 획일적 통제의 폐단을 시정하고, 구체적인 환경에 적응하는 조치를 강구할 필요성이 강조되는 것도 적응성의 원리에 입각했기 때문이다.

❸ 능률성의 원리

능률성의 원리는 교육활동에 있어서 최소한의 노력과 경비로 최대한의 교육적 성과를 얻으려는 것이다. 그러나 교육적 성과는 단기간 내에 그 결과를 평가하기가 곤란하다는 것에 유의해야 한다.

❹ 민주성의 원리

민주성의 원리는 교육행정의 실천에 있어서 독단과 편견, 그리고 아집을 배제하고, 교육정책 수립과정에서 광범위한 참여를 통해 공정한 민의(民意)를 반영케 하며, 결정된 정책의 집행과정에서는 권한 이양으로 독단과 전제를 막는 것을 의미한다.

❺ 안정성의 원리

안정성의 원리는 적응성의 원리에 대응하여 작용한다. 교육활동에 대하여 지속성과 안정성을 주기 위하여 전통을 계승하고, 그 안에 있는 좋은 부분을 강화·발전시켜야 하는 좋은 의미의 보수주의가 필요하다. 끊임없이 변화하는 가운데서도 변하지 않고 이어져 나가야 하는 그 무엇이 있어야 한다는 것을 잊어서는 안된다. 물론 시대와 장소에 따라서 적응과 안정에 대한 요청도 정도를 달리한다. 예컨대, 초·중등학교에서의 조기 영어교육 및 컴퓨터 교육방침 등 여러 가지 혁신적인 교육시책이 과감하게 실천되는 과정에서 적응성이 강조된 경우도 있고 학제개편을 거론할 때마다 신중을 기해야 한다는 이유로 보류되는 것처럼 안정성이 존중되는 경우도 있다.

5 교육행정이론의 발전

교육행정이론은 크게 조직의 구조, 과업을 중시하는 과학적 관리론, 조직구성원을 강조하는 인간관계론, 고전적 인간관계론의 단점을 보완한 행동과학이론, 조직·조직구성원·환경의 역동적인 상호작용을 강조하는 개방체제이론으로 구분된다. 이들 이론을 살펴보면 다음과 같다(정명화, 2009)

1) 과학적 관리론

과학적 관리론의 주창자는 테일러(Taylor)로서 그는 인간을 과학적으로 잘 조직하고 관리하면 기계처럼 효율적으로 통제할 수 있다고 믿고 과학적 관리법의 원리를 정립하였다. 테일러의 과학적 관리 원리는 첫째, 1인의 1일 적당 작업량을 반영한 과업을 결정하는 시간 연구의 원리, 둘째, 성과급제를 통한 근로자의 경제적 동기를 유발하여 공장의 생산성을 극대화시킨다는 성과급의 원리, 셋째, 직무수행에 필요한 자격요건을 명시하고 선발하고 훈련을 통하여 직무조건에 맞는 표준량을 생산할 수 있도록 철저하게 훈련시킨다는 과학적 선발과 훈련의 원리, 넷째, 일선 감독자는 부하 근로자의 생산을 감독하는 감독업무에만 치중하게 한다는 기능적 감독제도의 원리 등이다. 이처럼 테일러의 과학적 관리는 생산단가를 절약하는 데 그 목적이 있다.

또한 과학적 관리론은 모든 부서가 공동목표를 의식하고 조직원들의 능률을 최고 수준에서 활용하며 과학적이고 합리적인 관리를 수행하도록 유도하는 것이다. 이러한 과학적 관리론을 학교행정에 적용하려고 시도한 대표적인 학자는 패욜(Fayol)이 있다.

과학적 관리의 주요 원리를 제시하면 다음과 같다.

❶ 과학적 직무분석인 관찰, 자료수집 및 신중한 측정을 통해 관리층은 각 직무를 수행하는 '한 가지 최선의 방법'을 결정하고, 작업의 각 요소를 정확하고 객관적으로 분석·측정할 수 있는 진정한 의미의 과학을 발전시키는 것을 의미한다.

❷ 직무가 분석되면 다음 단계는 일할 사람을 과학적으로 선발하고, 체계적으로 훈련시키는 일인 과학적 인사제도이다.

❸ 수행되고 있는 모든 일이 과학적 원리와 일치한다는 것을 보장하기 위하여 관리자는 노동자와 친밀하게 협동해야 한다는 협동의 원리이다.

❹ 기능적 감독의 원리, 즉 관리자와 노동자 간에 분업을 통하여 관리자는 계획·조직·의사결정하는 활동을 하고 노동자는 그들의 직무를 수행한다. 과학적 관리운동과 그 능률의 원리는 관리에 과학적인 방법을 도입함으로써 생산성 향상과 행정이론의 발전에 큰 영향을 미쳤으나, 인간을 단순히 기계적·합리적·비인간적 도구로 취급함으로써 자발적인 생산성을 저해했다는 비판을 받고 있다.

2) 인간관계론

인간관계론은 1930년대 세계적인 경제공황이 심화되면서 관리층과 노동자들 모두 과학적 관리론에 한계를 느껴 이를 대신할 새로운 관리이론을 기대할 즈음 폴레(Follet), 메이요(Mayo), 르윈(Lewin) 등이 인간관계의 중요성과 민주행정의 필요성을 강조하면서 태동된 이론이다. 인간관계론적 접근을 최초로 시도한 학자는 폴레로서, 그는 조직의 기본 문제는 민주적 정신과 인간관계를 형성하고 유지하는 것이라고 하여 조직운영의 심리학적 관점을 도입하였다.

인간관계이론은 과학적 관리론의 결함을 보완하기 위해 시작되었다. 과학적 관리론을 비롯한 고전이론은 1930년대 초까지 행정에 많은 영향을 주었다. 그러나 과학적 관리론은 생산적·경제적 측면에만 관심을 두고 인간의 개성이나 잠재력의 평가는 고려하지 않고, 인간을 마치 하나의 기계의 부속물로 보았다. 이런 단점을 지적하면서 인간관계이론을 시작한 대표적인 학자는 메이요와 폴레이다. 이들은 행정에 심리적인 측면을 다룬 최초의 학자로 경직된 과학적 관리 원칙과 조직 원리에 인간적인 정신을 도입시켰다.

폴레는 행정에서 인간관계의 중요성을 강조하고 모든 조직에서 기본적인 과제는 역동적이며 조화로운 인간관계를 유지·발전시켜야 하는 것으로 보았다. 그리하여 행정에서 심리적 측면을 중시하여 경직된 과학적 원리와 조직의 원리에 역동감과 창의적인 민주정신을 도입하였다. 한편 메이요는 호손(Hawthorne) 실험을 통하여 생산과정에서 인간관계의 변인이 실제 생산성을 증가시킨다는 것을 밝혔다. 그리고 맥그리거(McGregor)는 조직에서의 X·Y이론을 제시하여 그중 Y이론은 인간관계에 관한 특성임을 밝혔다. 이외에도 인간관계론에 관한 연구로서 동기이론에 관한 매슬로우(Maslow)의 욕구계층이론, 허즈버그(Herzberg)의 동기·위생이론, 아지리스(Argyris)의 성숙·미성숙이론 등도 있다.

인간관계론은 교육과 교육행정에 커다란 영향을 미쳤다. 과학적 관리론이 조직운영에서 합리적·이성적 측면을 강조하였던 것에 비하여 인간관계론은 조직운영에서 인간의 정서적·심리적 측면을 강조함으로써 조직 구성원의 소속감, 응집력, 사기 등을 높여 주는 데 기여하였다.

교육행정학에서의 인간관계론은 첫째, 학교 내 비공식적 조직에 대한 관심을 갖게 되었고, 둘째, 교사들의 참여 확대로 민주적 지도서이 중시되었으며, 셋째, 조직 구성원들의 의사소통 원활 등 민주적 원리를 정착시키는 데 기여하였다.

3) 행동과학적 접근

교육행정에 대한 행동과학적 접근은 1950년대 이후 순수경험 위주이거나 규범적 형태의 연구에서 분산적이고 체계적인 조직화로, 교육현장중심 연구에서 학문중심 연구에로의 이론화 운동이 전개되면서 태동되었다. 행동과학적 접근은 인간의 행동과 조직의 관계를 정립하여 조직의 생산성을 향상시키려는 이론이며 또한 조직 내의 인간행동을 연구하여 행정이나 경영에 효율성을 높이려는 이론이다. 그러므로 조직 내의 인간변인 중 객관적으로 관찰 가능한 행동을 탐색하여 이를 조직에 효율적으로 활용함으로써 생산성을 향상시키고 원활한 경영을 도모하고자 하는 것이다.

고전적 행정이론과 인간관계론이 각각 사회적 관계의 영향과 공식적 구조의 영향을 무시하였기 때문에 행동과학이론은 이 두 입장을 통합하여 조직을 분석하고 있다. 따라서 행동과학이론은 사회학, 심리학, 정치학, 경제학 등의 학문 분야에서 추출된 원리를 추가하여 이론을 정립시켰으며, 공식구조와 비공식집단 간의 상호작용을 강조하여 공식적 조직 내에서 행해지는 조직 구성원의 직무행동에 관심을 두었다.

교육행정학에서의 행정을 처음으로 적용한 학자는 버나드(Barnard)이다. 그는 조직을 사회적 협력체로 보고, 조직의 요소로서의 의사소통, 협동, 공동의 목적과 함께 조직 내의 비공식적 조직의 중요성을 강조하였다. 특히 그는 행동과학에 있어서 의사결정의 기법으로 적절히(pertinent), 신중하게(thoughtful), 적시에(timely), 유용하게(workable), 능력과 책임의 범위 내에서(within the realm of ability and responsibility) 등이 고려되어야 한다고 주장하였다. 또한 그는 조직 중심적이고 조직 목표달성 입장을 효과성(effectiveness)이라고 하고, 구성원 중심의 만족을 효율성(efficiency)라고 규정하여 조직이 목표달성을 최대로 하기 위해서는 이 두 요인의 균형이 이루어져야 한다고 하였다.

행동과학이론의 특성은 첫째, 조직 구성원의 행동양식에 초점을 두지만, 집단 현상을 무시하거나 배제하는 것은 아니다. 인간행동과 관계있는 집단의 역할을 중요시 하였다. 둘째, 가치와 사실을 구분하고, 가치를 연구대상에서 제외시켰다. 셋째, 이론의 검증성을 강조함으로써 계량적인 접근이나 기법을 택하였다. 넷째, 인간행동을 설명하는 데 주안점을 두었기 때문에, 학문간 협동적 접근법을 택하였다. 다섯째, 행정을 개인 상호간 또는 개인 집단 간의 역동적 과정으로 파악하였다.

4) 체제이론

체제이론(systems theory)은 조직의 공동 목적을 달성하기 위하여 체제를 이루는 요소들이 유기체적으로 작용하는 것을 말한다. 학교는 사회적 상호작용의 체제이다. 체제로서의 학교는 상호 독립된 부분들, 명확히 한정된 인구, 학교 주변의 환경과의 구별, 복잡한 사회적 상호작용의 망 등으로 특징 지워진다. 그러므로 학교의 원활한 운영과 관리를 위한 교육행정은 체계적으로 상호 보완된 관계 속에 이루어져야 한다.

체제이론에 의하면, 상호간의 일정한 관계를 유지하고 있을 때는 다른 부분에 대한 변화를 일으키지 않기 때문에 평형이 존재하게 된다. 학교체제와 같은 체제는 모든 부분이 상호 관련되어 있기 때문에 어떤 한 부분의 변화는 필연적으로 다른 부분에 상응하는 변화를 가져오게 된다.

오웬스(Owens)는 학교를 개방체계로 보고, 환경과의 투입-산출의 상호관계를 가지고 끊임없는 순환적 상호작용을 하고 있는 것으로 보았다. 이런 체제적 사고가 인간조직을 너무 엄격하고 기계적인 관점으로 본다는 부정적인 측면도 있으나, 조직 부변의 많은 현상을 하나의 체제로 일반화시켜 볼 수 있도록 우리의 사고체계도 넓혀 주고, 교육과 교육행정의 이론과 실제에 체제적 개념의 형성으로 많은 발전을 가져왔다는 점에서 행정사상의 한 흐름으로 계속 지속되고 있다.

체제는 주위환경과 구분이 되는 경계가 있고, 그 경계 밖을 환경이라 한다. 그 경계 밖의 환경과 서로 상호작용하는 체제를 개방체제라 하고 그 반대로 상호작용을 하지 않는 체제를 폐쇄체제라 하며, 그 체제의 밖에 존재하는 환경을 상위체제라 하고, 그 체제 속에 형성되어 있는 체제를 하위체제라 한다.

개방체제의 특징은 ① 환경과 상호작용하여 투입과 산출이 있다. ② 재투입, 환류의 과정이 있다. ③ 환경과 체제 간에 균형을 유지하려는 경향이 있다. ④ 발전적 분화 ⑤ 발전적 단순화 ⑥ 하위체제 간의 역동적인 상호작용을 통해 역소멸 작용을 한다. ⑦ 최종 동과성의 경향이 있다.

체제는 그 환경으로부터 에너지와 정보가 투입되고 전환과정을 거쳐 산출을 하며 이를 다시 환류시켜 재투입을 하는 순환과정을 거치게 된다(윤정일 외, 2007).

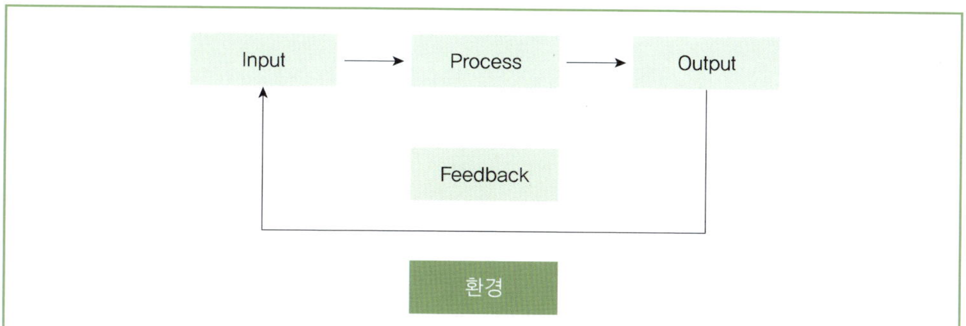

그림 9-1 체제이론의 기본모형

❶ **투입** : 상호작용하는 요소들이 체제의 목적을 달성할 수 있도록 체제의 밖에서 안으로 들어가는 모든 요소를 말한다.

❷ **과정** : 목적달성을 위해 여러 자원과 정보를 활용하여 산출로 만들고 가치를

창조하는 과정이다.

❸ **산출** : 체제가 환경이나 인접한 체제로 내보내는 자원과 정보로서 체제가 의도적이나 무의도적으로 생산해 내는 모든 것을 말한다.

❹ **환경** : 체제와 일정한 접촉을 유지하고 그것에 일정한 접촉을 주는 경계 밖의 주변 조건이나 상태를 말한다.

6 교육제도

1) 학교제도

교육제도란 널리 국민교육을 가장 유효적절하게 실시하기 위해서 마련된 교육행정 및 교육실시 상의 법적 및 실제상의 기제, 즉 기구제도의 일체라고 할 수 있다. 교육제도는 교육행정제도 · 학교교육제도 · 사회교육제도 등을 포함한다. 그러나 교육제도 가운데 가장 핵심이 되는 것은 학교제도이다.

학교제도는 의도적 교육기관으로서 학교교육에 관계되는 사람들의 의식과 행동을 규제하는 학교 단계별 구분과 접속관계 · 교육목적 · 교육내용 · 교육기간 등을 정하는 기준이며 국가교육 운영에 관한 영속적인 틀이 된다. 이는 학교교육제도로 정해지면 학교교육과 관계되는 사람은 누구나 이를 따라야 하는 제도적 장치라는 뜻이다. 또한 학교제도는 그 제도 안에 들어가는 학교들의 단계가 어떻게 나누어지고 단계간의 진학관계는 어떻게 이루어지며, 각 단계의 교육기간 · 교육목적 · 교육내용을 정하는 기준이 된다.

이러한 학교제도(학제)는 교육의 중추가 되는 제도이며, 교육의 제도적 보장은 학제를 통하여 이루어진다. 이러한 학제에는 단선형 학교제도(single ladder system)와 복선형 학교제도(dual ladder system)가 있다.

(1) 단선형 학제

단선형 학제는 모든 국민에게 개방된 단일체계 학교제도라는 점에서 민주적 학제라고 할 수 있으며 우리나라의 기간학제(基幹學制)도 단선형을 취하고 있다. 즉, 계층적적인 차별이 없이 국민이면 누구나 그 능력에 따라서 초등교육·중등교육·고등교육을 받을 수 있도록 한 체제에 의해서 연결되어 있는 학제이다. 이 형태에 속하는 각 단계의 학교는 서로 밀접하게 연계되고, 모든 국민에게 평등하게 개방되는 것이 특징이다.

(2) 복선형 학제

복선형 학제는 일반 서민계층을 위한 초등교육의 학교계통과 상류계층이나 지배계층을 위한 중등교육 및 고등교육의 학교계통으로 구분하여 둘 이상의 학교체제를 동시에 유지하는 제도이다. 따라서 복선형 학제는 원칙적으로 학교체제 간에 이동이 불가능하고, 양쪽 계통의 학교 사이에는 같은 수준의 학교 혹은 같은 학년 사이에도 교육과정상 현저한 차이점이 있는 것이 특징이다. 이렇게 각 계층을 위한 학교 사이에 연결이 이루어지지 않고 또 전 국민에게 평등하게 개방되지 않으며 계층적인 성격을 띠었다고 해서 계층적 또는 복선형 학제라 한다. 일제 강점기에 우리나라 학제나 오늘날에도 유럽의 몇 나라에서 볼 수 있는 학교제도이다.

2) 기간학제

교육기본법 제2조에서 우리나라의 교육이념(敎育理念)을 다음과 같이 규정하고 있다. "교육은 홍익인간(弘益人間)의 이념 아래 모든 국민으로 하여금 인격을 도야하고, 자주적 생활능력과 민주시민으로서 필요한 자질을 갖추게 하여 인간다운 삶을 영위하게 하고 민주국가의 발전과 인류공영(人類共榮)의 이상을 실현하는 데 이바지하게 함을 목적으로 한다."

교육기본법은 이상과 같은 교육이념을 제시하고 다음과 같은 교육의 기간(基幹)이 되는 교육기관의 종류와 계통을 규정하고 있다. 동 법 제3·4조에서 "모든 국민은 성별, 종교, 신념, 사회적 신분, 경제적 지위 또는 신체적 조건 등을 이유로 교육에 있어서 차별을 받지 않고 평생을 거쳐 학습하고, 능력과 적성에 따라 교육받을 권리를 가진다."고 전제한 다음, 6-3-3-4제의 일원적 기간학제(基幹學制)를 설정하고 있다.

이 같은 학제는 초등학교·중학교·고등학교·대학교로 연결되는 학교계통으로 세워졌으며, 기간학제의 총 교육연한은 16년이다. 이 학제에 있어서 예외가 되는 것으로 2년 내지 3년제의 전문대학과 예과 2년까지 합하여 6년간의 수업연한을 갖는 의과대학·한의과대학·치과대학·수의과대학이 있다. 그리고 초등학교는 기초교육, 중등학교는 중간교육, 대학은 종국(終局)교육을 하는 학교이다.

3) 취학 전 교육

취학 전(就學前) 교육은 의무교육기관인 초등학교에 입학하기 전에 유아들이 받는 교육을 의미한다. 이에 해당하는 교육기관으로서는 유아원·유치원·어린이집 등이 있다. 그중에서 유아원(nursery school)은 유치원에 입학하기 이전의 어린이를 교육하는 기관이며, 유치원(kindergarten)은 유아교육법에 의거 설립된 학교제도의 일부로서 초등학교 입학하기 이전의 만 3세 이상의 아동을 대상으로 1년 내지 2년간의 유아교육을 실시한다. 어린이집은(day care center)은 2~5세의 아동 중 취업여성의 자녀를 보호하는 기관으로 일차적으로 아동의 보호기능을 담당하여 왔으나 오늘날에 와서는 교육기능도 수행되고 있다. 이러한 취학 전 교육기관 중에서 형식적인 학교교육의 성격을 가지고 있는 기관은 유치원이다. 우리나라의 경우 유치원 교육이 본격화되기 시작한 것은 대한민국 정부수립 이후부터이다. 그러나 1960년대까지만 해도 유치원 교육은 부유한 가정의 자녀들이 받을 수 있는 사치스런 교육으로 생각되어 왔다. 그 이유는 정부수립 이후 유치원 교육이 계속적으로 강조되어 왔음에도 불구하고 교육통계에 의하면 1970년 우리나라의 유치원 취원율이 2.1%에 불과했다는 사실에서도 짐작할 수 있다(이형행, 1988).

그러던 것이 1970년대에 들어서면서 조기교육의 필요성에 대한 새로운 인식이 싹트고, 정부의 꾸준한 유아교육 정책이 실효를 거둠에 따라 꾸준히 증가하여 2013년에는 6세 아동을 기준으로 볼 때 취원율이 98%에 이르는 양적 발전을 가져오게 되었다.

유아교육은 유아교육법에 "유치원은 유아를 교육하고 유아에게 알맞은 교육환경을 제공하여 심신의 조화로운 발달을 조장하는 것을 목적으로 한다."는 유치원 교육목적에 근거하여 실시해오고 있다. 유치원은 교육목적을 달성하기 위해 다음과 같은 유치원 교육목표를 제시하고 있다.

❶ 몸과 마음이 건강하게 자랄 수 있는 경험을 가진다.
❷ 기본 생활습관을 기르고 다른 사람과 더불어 생활하는 태도를 기른다.
❸ 생각과 느낌을 창의적으로 표현하는 경험을 가진다.
❹ 바르게 언어를 사용하는 경험을 가진다.
❺ 일상 생활의 문제에 대하여 스스로 궁리하는 태도를 가진다.

유치원교육은 전인적 성장을 위한 기초교육으로서 유아의 일상생활에 필요한 기본능력과 태도를 기르는 데 중점을 두고 있다.

4) 초등교육

형식교육으로서의 학교교육을 초·중·고등교육으로 구분한 것은 세계적인 통례로 되어 있다. 초등교육은 국민의 기초교육을 의미하며 우리나라의 교육기본법 제8조에서는 모든 국민이 6년의 초등교육 및 3년간의 중등 의무교육을 받을 권리가 있음을 밝히고 있다.

초등학교는 국민생활에 필요한 기초적인 초등 보통교육을 하는 것을 목적으로 하며, 헌법 제31조 제2항 및 제3항, 교육기본법 제8조 등에는 부모의 취학이행에 관한 의무 및 의무교육의 무상제에 대하여 밝히고 있다.

초등교육은 초·중등교육법 제38조에 “초등학교는 국민생활에 필요한 기초적인 초등교육을 하는 것을 목적으로 한다.”는 초등학교 교육목적에 근거하여 실시해오고 있다. 초등학교는 이 교육목적을 달성하기 위하여 다음과 같은 초등학교 교육목표를 제시하고 있다.

❶ 몸과 마음이 균형 있게 자랄 수 있는 다양한 경험을 갖는다.
❷ 일상생활의 문제를 인식하고 해결하는 기초능력을 기르고, 자신의 생각과 느낌을 다양하게 표현하는 경험을 가진다.
❸ 다양한 일의 세계를 이해할 수 있는 폭넓은 학습경험을 가진다.
❹ 우리의 전통과 문화를 이해하고 애호하는 태도를 가진다.
❺ 일상생활에 필요한 기본 생활습관을 기르고, 이웃과 나라를 사랑하는 마음씨를 가진다.

초등학교 교육은 학습과 일상생활에 기초능력을 배양하고 기본 생활습관을 형성하는 데 중점을 두고 있다.

5) 중등교육

중등교육은 초등교육 이후에 이루어지는 6년간의 교육을 지칭한다. 중등교육은 전기 중등교육 기간인 3년간의 중학교 교육과 3년간의 후기 중등교육인 고등학교 교육으로 분리된다. 중학교 교육은 초등학교 교육과 마찬가지로 재학생 모두에게 동일한 교육내용이 주어지거나 고등학교 단계에서는 복선형의 성격을 띤 실업계 고등학교와 인문계 고등학교로 분리 또는 세분화된다.

(1) 중학교

교육법 제8조에서는 6년간의 초등교육과 3년간의 전기 중등교육을 의무교육으로 규정하고 있으나 중등 3년간의 의무교육은 농어촌 일부지역을 제외한 전국에서 의무교육을 실시하지 않고 있다. 중학교 교육목적은 교육법 제41조에 근거하여, 초등학교에서 받은 교육의 기초 위에 중등 보통교육을 실시하는 것을 목적으로 하고 있다. 이 목적을 실현하기 위하여 다음과 같은 목표를 설정하고 있다.

❶ 심신의 조화로운 발달을 추구하고, 자기 발견의 기회를 갖는다.
❷ 학습과 생활에 필요한 기본능력과 문제해결력을 기르고, 자신의 생각과 느낌을 창의적으로 표현하는 경험을 가진다.
❸ 다양한 분야의 지식과 기능을 익혀 적극적으로 진로를 탐색하는 경험을 가진다.
❹ 우리의 전통과 문화에 대한 자긍심을 지니고, 이에 발전시키려는 태도를 가진다.
❺ 자유민주주의의 기본적 가치와 원리를 이해하고, 민주적인 생활방식을 안다.

중학교교육은 초등학교 교육의 성과를 바탕으로, 학생의 학습과 일상생활에 필요한 기본능력과 민주시민으로서의 자질을 함양하는 중점을 두었다.

(2) 고등학교

고등학교 교육은 교육법 제104조에 "고등학교는 중학교에서 받은 교육의 기초 위에 중등교육과 기초적인 전문교육을 하는 것을 목적으로 한다."는 고등학교 교육목적에 의거 실시해 오고 있다. 따라서 고등학교의 교육은 이중의 목적을 가지고 있는바, 인문계 고등학교에서는 초등학교와 중학교에서의 보통교육을 통해서 대학으로 연결시키는 예비학교의 역할을, 실업계 고등학교에서는 주로 직업기술교육을 실시하여 사회로 진출하게 하는 완성교육을 실시하도록 되어 있다. 이를 위하여 교육법 제105조는 다음과 같은 교육목표를 제시하고 있다.

❶ 심신이 조화로운 인격을 형성하고, 성숙한 자아의식을 가진다.
❷ 학문과 생활에 필요한 논리적·비판적·창의적 사고력과 태도를 기른다.
❸ 다양한 분야의 지식과 기능을 적성과 소질에 맞게 진로를 개척하는 능력을 기른다.
❹ 우리의 전통과 문화를 세계 속에서 발전시키려는 태도를 가진다.
❺ 국가공동체의 형성과 발전을 위해 노력하며, 세계시민으로서의 의식과 태도를 가진다.

고등학교 교육은 중학교 교육의 성과를 바탕으로 학생의 적성과 소질에 맞는 진로개척 능력과 세계시민으로서의 자질을 함양하는 데 중점을 두고 있다.

6) 고등교육

고등교육은 고등학교 교육 이후에 실시하는 대학교육을 말하는 것으로서 4~6년제 대학과 2~4년제 전문대학을 포함한다. 교육법 제108조에 "대학은 인류사회 발전에 요구되는 학술의 심오한 이론과 그 광범하고 정통한 응용방법을 교수, 연구하여 지도적 인격을 도모하는 것을 그 목적으로 한다."고 규정함으로써 교수·연구·봉사의 기능을 강조하고 있다. 또 교육법 제118조에서는 "초등학교 교원양성을 목적으로 하는 교육대학과 중학교와 고등학교의 교원양성을 목적으로 하는 사범대학이 있음을 규정하고 있다. 한편 이와는 별도로 교육법 제128조에는 전문대학의 목적을 "사회 각 분야에 관한 지식과 이론을 교수·연구하고 재능을 연마하여 국가 사회의 발전에 필요한 중견 직업인을 양성함을 목적으로 한다고 규정하고 있다. 이 외에도 대학의 방계학제로 방송통신대학, 개방대학, 각종 학교 등이 있다(권건일, 2000).

부처님의 말씀처럼 스승과 제자, 부모와 자식은 수직적 관계가 아니라 수평적 관계입니다. 그러니 부모는 마땅히 자식에게 친구로서 다가가야 합니다. 수직적 관계 속에서는 자식을 제대로 이끌 수 없고 가르칠 수 없습니다.

왜일까요?

수직적 관계 속에는 건널 수 없는 장벽이 겹겹이 둘러쳐져 있기 때문입니다. 그러나 수평적 관계에서는 장벽이 없습니다. 넘으려야 넘을 장애가 없고 미워하려야 미워할 존재가 없습니다.

우리는 연기법에 의해 살아가는 존재입니다. 연기법 속에서는 잘난 자도 없고 못난 자도 없습니다. 부자도 없고 가난뱅이도 없습니다.

당신의 자녀들은 당신의 것이 아닙니다.
그들은 생명의 아들이고 딸입니다.
그들은 당신을 통해서 왔지만 당신에게서 온 것이 아닙니다.
또한 당신과 함께 있으나 당신의 것은 아닙니다.

그들에게 당신이 사랑을 줄 수 있으나 생각은 줄 수 없습니다.
왜냐하면 그들은 자신의 생각이 있으니까요.
당신은 그들의 몸은 가둘 수 있어도 마음은 가둘 수는 없습니다.
왜냐하면 그들의 마음은 '미래의 집'에 거주하기 때문입니다.
당신은 그곳을 방문할 수 없습니다. 꿈속에서조차도.

당신이 그들처럼 되고자 해도 좋으나
그들은 당신처럼 만들고자 하지는 마십시오.
왜냐하면 인생은 과거로 가는 것도 아니며
이제에 머무르지 않기 때문입니다.

– 칼릴 지브란의 시 「당신의 자녀들은 당신의 것이 아닙니다」 전문

토 · 의 · 과 · 제

1. 교육행정의 개념을 정의하고 교육행정의 기본원리를 설명해 보시오.

2. 현행 학제의 주요 문제점과 발전방안을 제시해 보시오.

3. 우리나라 학교문화의 특징과 공교육의 위기에 대하여 생각해 보시오.

10

교직과 교사

그 나라의 임금의 사람됨을 알고자 하거든 먼저 그 신하를 볼 것이요, 그 사람의 인격을 알고자 하거든 먼저 그 사람의 친구를 볼 것이요, 그 아비된 사람의 인격을 알고 싶으면 먼저 그 자식을 볼 것이다. 임금이 거룩하면 신하된 자는 충성스러울 것이요, 아비가 자식을 사랑하면 자식도 따라서 효도할 것이다.

– 왕량(王良)의 말 중에서

1 교직의 의미

1) 교직의 개념

우리들이 크고 작은 과업을 성취하고 인간으로서 발자취를 이 세상에 남기게 되는 것은 일의 세계를 통해서이다. 직업은 바로 어떠한 종류의 일을 보다 영속적이며 항구적인 것으로 택하느냐를 결정해 준다. 수많은 직업 또는 직종 가운데 교직을 택한다는 것은 이 직업을 택한 교원 자신의 생애에 중요한 사실일 뿐만 아니라 국가 사회의 오늘과 내일을 위해서도 중대한 결정이라 아니할 수 없다. 교직은 전문직으로서 사람을 가르치고 기르는 일을 하므로 이에 필요한 고도의 지적 능력과 남다른 사명감이 요구되며, 준비 기간도 비교적 장기간이 요구된다.

교직이라 함은 교직관을 통해 그 개념을 규명지울 수 있다. 교직관이란 교직이라는 직업의 본질을 어떻게 보느냐의 문제이며 교직이라는 직업 또는 교원이라는 직무의 기본성격을 어떻게 파악하느냐 하는 것과 관련되어 있는 개념이다. 교직관은 교직에 대한 지각을 의미하나, 거기에는 인지적 측면만이 아니라 교직에 대한 태도나 가치관도 함께 수반하는 개념이라 할 수 있다.

따라서 교직에 대한 개념을 보다 구체적으로 알아보기 위하여 전문직에 대한 준거와 전문직으로서의 교직의 특성, 교직관을 중심으로 살펴볼 필요가 있다.

(1) 전문직에 대한 준거

김종철 등(1983)은 전문직에 대한 준거를 다음과 같이 제시하고 있다.

❶ 고도의 지성을 요구하는 정신적 활동을 위주로 한다.
❷ 심오한 학문의 이론과 그 응용에 기초를 둔다.
❸ 그 직업에 들어가려는 자에게 엄격한 자격기준을 확립한다.
❹ 고도의 자유를 갖는 반면에 중대한 사회적 책임을 느낀다.
❺ 이기적 활동보다는 애타적 동기를 중시하는 봉사활동을 한다.
❻ 스스로 자체의 행동을 규율하는 윤리강령을 갖는다.

❼ 자율적 조직체를 통하여 사회적·경제적 지위를 향상시키고 전문성을 제고 한다.

(2) 전문직으로서의 교직의 특성

대한교육연합회(1974)에서는 교직이 전문성을 가져야 된다는 뜻을 두 가지 특성으로 요약하고 있다. 그 하나는 교직이 고도의 지성을 필요로 하는 정신적 활동이며 기간에 걸친 교육과 훈련을 받지 않고서는 그 직업에 종사할 수 없다는 점이고, 다른 하나는 교직이 다른 전문직인 의사직, 변호사직 또는 목사직 등과 마찬가지로 고도의 자율성과 사회적 책임을 가져야 한다는 점이다. 교직이 전문직으로서의 갖추어야 할 주요 특성은 다음과 같다.

❶ 고도의 지적능력을 필요로 하며 교직수행을 위하여 계속적으로 연구하여야 한다.
❷ 교원이 되기 위하여서는 장기간의 준비교육이 필요하며 교원이 된 후에도 계속적인 자기성장을 위하여 노력하여야 한다.
❸ 교원은 자신들이 지켜야 할 윤리강령을 가지고 있다.
❹ 교원은 봉사 지향적이어야 하며 사회적 책임이 강조된다.
❺ 교원은 자율성을 가지며 단체교섭활동을 위한 자치적인 단체를 조직한다.

리버만(Lieberman)은 교직을 전문직과 관련지우면서 전문직의 조건을 다음과 같이 내세우고 있다.

❶ 전문직은 유일하고 독특한 종류의 사회적 봉사기능을 가지고 있다.
❷ 전문직은 그 직능의 수행에 있어서 고도의 지적 기술을 요구한다.
❸ 전문직은 일정기간의 상당히 장기간의 준비교육을 요구한다.
❹ 전문직은 개인적으로나 집단적으로나 광범한 자율권을 행사한다.
❺ 전문직은 자율의 범위 안에서 행사한 행동과 판단에 대하여 종사자의 광범위한 책임을 묻는다.
❻ 전문직은 자치 조직을 가진다.

❼ 전문직에 있어서 경제적 보수는 사회적 봉사보다 우선되지 않는다.
❽ 전문직은 그 자체의 직능을 수행하는 데 준수할 직업윤리를 가지고 있다.

러그와 브룩스(Rugg & Brooks)도 교직을 전문직으로 간주하면서 그 특징을 다음의 열 가지로 보고 있다.

❶ 전문직은 일생의 생업으로 인정된다.
❷ 개인보다 민중의 복지, 공중의 봉사를 요구하고 법에 요구된 이상의 의무를 가지고 있다.
❸ 인격과 능력의 최고도를 지향한다.
❹ 직업의 평가를 업무 자체에 두고 근무 연한과 같은 외형적인 것에 두지 않는다.
❺ 조직체와 대변 기관을 가진다.
❻ 업무와 행동을 지배하는 윤리강령을 가진다.
❼ 고도로 발전된 철학적 과학적 지식에 의존한다.
❽ 장기간의 전문직 교육과 실습기간을 요구한다.
❾ 사회에 대하여 진정한 지도성을 발휘한다.
❿ 성문화된 법률적 지위를 가진다.

2) 교직과 교직관

교직관이란 교직이라는 직업의 본질을 어떻게 보느냐 하는 문제이며 교직이라는 직업 또는 교원이라는 직무의 기본 성격을 어떻게 파악하느냐 하는 것과 관련되어 있는 개념이다. 교직관은 교직에 대한 지각을 의미하나, 거기에는 인지적 측면만이 아니라 교직에 대한 태도나 가치관도 함께 수반하는 개념이라 할 수 있다.

현대 사회의 급속한 산업화와 이에 따라 사회가 다원화되고 있는 상황에서 교직에 대한 관념이나 사회적 지위도 고정된 것이라고는 볼 수 없으며 시대와 사회적 상황에 따라 변천되어 왔다. 그러므로 교직관의 변천은 일반적으로 제2차 세계대전을 분기점으로 하여 그 이전까지의 교직관을 전통적 교직관이라고 하며, 그 이후를 현대적 교직관이라고 구분하고 있다. 이 같은 시대의 변천과정에서도 교직관은 크게 성직관(聖職觀), 노동직관(勞動職觀), 전문직관(專門職觀)의 세 유형으로 설명되고 있다.

전통적 교직관에서는 교육이 인간의 출생과 관련하여 개개인 자신의 귀속적 신분에 의해 특권층의 전유물이었기 때문에 이 시기에 있어서 교직은 다른 직업과는 달리 한 사회에서 신성시되었고 존경의 대상이었으며 일반 대중의 사표(師表)이었다. 현대 교직관에서는 교육이 어떤 특권층에게만 한정된 전유물이 아니고 교육대상과 교육기회의 확대라는 변화하는 사회의 추세에 따라 교직도 현존 사회에 존재하고 있는 여러 가지 직업 가운데 한 가지 직능적 직업으로 인식되어 보다 전문성을 강조하게 되었다. 따라서 교직관도 이제는 중간혼합유형(中間混合類型)의 관점에서 바라보아야 할 것이다.

(1) 교직의 성직관

교직을 일반적으로 성직자상(聖職者像)과 같이 세속적인 다른 직업과 구분하여 바라보는 관점이다. 교직이 주로 인간의 인격형성을 돕는 일을 담당하며 단순한 지식과 기술보다도 참다운 사람을 만들어야 한다는 생각이 지배적이었다. 교직은 고도의 정신적 봉사활동으로서의 세속적인 것들, 즉 돈·명예·권력 등과는 거리가 먼 직업이 되어야한다는 생각은 많은 교직자들 자신은 물론이거니와 사회 각계 인사들이 바라는 바였다. 오늘날의 황금만능주의 사조 속에서도 비교적 물질의 세계보다도 정신의 세계에 보다 많은 주위와 관심을 집중시켜야 한다는 것이 교직자에 대한 일반적 인식의 기초가 되어 있다. 또한 교직자는 그 활동이 주로 미래지향적이기 때문에 현실사회보다도 다가오는 이상 사회를, 그리고 그 실현을 위한 학생들의 심신을 기르고 닦아야 된다는 생각이 지배적이다. 이러한 관점에서 교직을 하나의 성스러운 정신적 활동으로 바라본다.

(2) 교직의 노동직관

교직의 노동직관은 앞서 언급한 성직관과는 대조적인 입장을 취한다. 교직도 하나의 노동직이며 본질적으로 다른 직업과 차이가 없다는 것이며, 그것이 비록 정신적 노동을 위주로 한다 할지라도 정신적 노동과 물질적 노동을 구분함은 오히려 불평등으로부터 출발을 강요받는다고 본다. 그와 같은 견해에 동조하는 사람들은 노동의 대가로서 보수를 받고 근무조건의 개선을 위하여 노동조합을 결성한다거나 단체행동권까지를 포함하여 집단적으로 투쟁하는 것이 당연하다고 생각한다. 교직자도 노동에 대한 반대급부로서 처우개선이나 근무조건 등의 향상을 위하여 노동 3권인 단체결성권, 단체교섭권, 단체행동권을 갖춘 노동조합을 결성하고 조합을 통한 정부나 고용주인 경영자와 맞서 투쟁해야한다고 주장한다.

(3) 교직의 전문직관

교직의 전문직관은 현대교육에서는 일반적으로 널리 받아들여지고 있는 관점이라고 할 수 있다. 전문직으로 교사상을 본다면 다음과 같은 몇 가지 특징이 두드러지게 나타난다(김종철 외, 1996).

❶ 교원은 그 전문성을 확보하기 위하여 장기간에 걸친 교육과 훈련을 받을 뿐만 아니라 지식과 기술의 폭발적 증대와 사회 변화에 대비하여 계속 연구하여야 한다.

❷ 교원에게는 엄격한 자격기준이 적용되어야 하며, 부적격한 자는 교직에서 배제시켜야 한다.

❸ 교원은 고도의 자율성과 더불어 사회의 책임성을 지녀야 하며, 이를 위하여 교원윤리의 정립 및 교권의 확립이 전제되어야 한다.

❹ 교원은 전문직 단체를 통하여 자질의 향상, 지위의 향상 및 교육정책에의 참여를 보장받아야 한다.

❺ 교원은 교육방법을 포함한 교수기술의 측면에서도 독자적인 전문성을 지녀야 한다.

2 교사의 역할

학교의 교사들은 학생들에게 교과내용의 교수, 윤리적 훈련, 사회성 훈련, 시민교육 등 다양한 역할을 수행하지만 기본적인 역할은 교수와 사회화, 평가 및 생활지도 등으로 구분할 수 있다. 역할이란 지위와 관련된 행동체계, 지위에 기대되는 행동체계 등을 포함하는 개념으로, 교사의 역할 개념은 교사라는 특수한 직업적 지위와 행동양식을 가지며, 이들에게 기대하는 행동체계를 가르킨다. 현대의 교사가 어떤 역할을 담당해야 하는가를 사이트린바움(Cytrynbaum)에 의해 분류된 교사의 역할을 알아본 후 교사의 기본적 역할과 교사가 갖추어야 할 특성을 살펴본다.

1) 교사의 역할 분류

(1) 전문가로서의 교사

어떤 형태로 가르치든 학생들에게 가르치는 내용은 그들 앞에서는 전문가의 입장에 서게 된다. 학생들이 아직 알지 못하는 사실을 알 수 있도록 하는 역할을 해야 하므로 가르치는 분야에서는 전문가가 되어야 한다.

(2) 권위자로서의 교사

교사는 수업진행을 원활히 해야 할 의무 이외에도 학생의 바람직한 행동변화를 위한 지도자, 학급 전체를 잘 운영하는 통제자, 교육결과를 평가하는 평가자의 역할까지 담당해야 한다. 따라서 자의든 타의든, 크든 작든 학교에서는 권위의 소유자임에 틀림없다. 교사의 권위가 학생지도에 부정적 측면으로 해석되지 않도록 유의해야 한다.

(3) 사회화담당자로서의 교사

교사는 학급에서 학생의 지적인 세계만을 다루는 것이 아니고, 한 학생이 사회생활을 원만히 할 수 있는 공민으로서의 자질을 갖도록 지도하는 역할을 하게 된다. 특히 학생들은 매일 교사와의 생활을 통해 사회규범과 행동양식을 배우게 된다.

(4) 행위조력자로서의 교사

교사들은 같은 제목을 놓고 가르치더라도 각기 다른 방법과 특이한 기술로 지도하게 된다. 교사의 특징에 따라 학급을 잘 경영하는 행정가형, 임상 의사처럼 치유역할을 잘 하는 마음의 치유형, 지력 개발에 뛰어난 지력 개발형, 인성개발에 뛰어난 교사 등 여러 유형이 있다. 교사는 어떤 형태로든 학생의 행동발달에 관심을 갖고 도와주는 조력자의 역할을 잘해야 한다.

(5) 이상주의자로서의 교사

학생들은 교사가 풍부한 재능이나 상상력이 있다는 것을 알 때 교사 속에서 다른 인격을 발견하게 되어 자신과 동일시하면서 한 이상적인 인간으로서의 존경의 대상으로 간주한다.

(6) 인간으로서의 교사

학교수업 활동 외에도 교사는 학생들과 인간으로서의 관계를 갖게 된다. 학급 내외에서 인간으로서 가져야 할 감정, 주관적 생각, 애정, 가치관 등을 교사로부터 배우게 된다.

2) 교사의 기본적 역할

(1) 교수활동

오늘날 교사의 역할은 교사중심으로 이루어지던 전통적 사회의 교육과는 교수체제에서 차이가 있다. 교수의 목적이나 내용 및 과정에서 학습자중심, 수요자중심으로 전환되었기 때문이다. 따라서 교육은 단순한 지식의 전달만으로 끝나지 않으며 전이가 높은 지식의 이해에 중점을 두고, 사상을 올바르게 이해하고 적용하는 능력을 기르는 데 있다. 교수내용도 목적에 따라 구조화됨으로써 통합적 의미를 형성하여 체제화하는 것이 중요하고, 교수의 과정도 정보화시대의 변화에 적응하여 새로운 교수방법을 지속적으로 개발하고 적용해야 한다.

(2) 사회화지도

교사는 자신이 가르치는 학생들이 장차 사회에 진출하여 잘 적응할 수 있도록 하는 역할을 수행한다. 따라서 교사는 사회과정의 기초가 되는 가치나 규범을 전달하는 모델로서의 역할을 하게 되나 현대 사회의 가치나 규범이 완전히 일치한다고는 볼 수 없기 때문에 교사는 학생들에게 양식 있는 시민으로서 행동할 뿐이다.

(3) 평가지도

교사가 수행하는 평가자로서의 역할은 피평가자로서 학생에게는 단기간에 영향을 미치는 단순한 하나의 판정의 기준으로 끝나는 것이 아니다. 교사에 의해 실시되는 각종 평가는 학생의 자아실현을 위한 기초를 형성하기 때문이다. 따라서 지적인 영역의 학력평가로 학생을 평가할 뿐만 아니라 전인교육의 측면에서 평가가 이루어질 수 있도록 역할을 수행해야 한다.

(4) 생활지도 및 상담

현대 사회에서는 학교에서 교사가 수행하는 역할 가운데서 지적활동의 교과과정에서 이루어지는 단순한 수업활동에 못지않게 중요한 것이 학생들에 대한 생활지도와 상담이라고 할 수 있다. 최근 우리나라나 일본 등의 초·중등학교에서 빈번하게 발생하고 있는 속칭 '왕따'라는 학생간의 갈등문제도 교사의 역할이 지식위주의 교과활동이나 입시위주의 교육에 밀려나 간과되고 있음을 단적으로 나타낸 것이다. 학교의 상담 전담교사뿐만 아니라 각 학급의 담임교사를 중심으로 모든 교사는 학생의 생활지도와 상담자로서의 역할을 수행해야 한다. 오늘날 아동, 청소년기의 학생들에게 이 문제는 무엇과 비길 바 없이 매우 중요하다.

3) 교사가 갖추어야 할 특성

(1) 교사와 학생과의 관점

교사로서의 성공여부는 교사와 학생 사이의 관계에 크게 좌우된다. 교사는 지식과 기능을 학생들에게 가르치는 것 이외에도 학생과 원만한 관계를 유지하며 발전시킬 줄 알아야 한다. 교사가 학생과의 관계에 있어서 특히 주의하여야 할 점을 제시하면 다음과 같다.

■ 학생의 문제에 관심을 가지고 전적으로 이해하려고 노력할 것

학생에게 깊은 관심을 가지는 것은 훌륭한 교사의 가장 중요한 특질의 하나로 되어 있다. 교사는 학생들의 여러 가지 문제를 이해하려고 노력하며, 의욕적으로 그 문제의 해결을 위하여 도우려는 사람이어야 한다.

■ 모든 질문에 대답할 것, 그러나 주제에서 일탈하지 말 것

교사가 학생들에게 더욱 신뢰를 얻게 되는 때는 모든 질문에 명철한 대답을 해 주는 데 있다. 끝을 우물우물해서 넘기는 교사는 학생들이나 동료의 존경을 받지 못한다. 학생이 과목상의 질문을 한다든지 개별적으로 찾아와서 질문을 하도록 권장해주는 것은 좋은 일이다.

■ 학급에서 효과적으로 자기소개를 할 것

학급과의 첫 대면에 있어서는 특별히 유의하여 계획하지 않으면 안 된다. 자기 자신과 담당하고 있는 과목에 대해서 효과적으로 소개해야 하며, 좋은 첫 인상을 주어야 한다. 그리고 내내 좋은 인상을 유지시키도록 노력해야 한다.

■ 교사의 생활 상태가 학생들을 대하는 태도에 절대 영향이 없도록 할 것

교사는 언제나 학생에 대하여 그 태도가 시종일관되며 이상적이어야 한다.

■ 비꼬아 말하거나 조롱하는 행위를 삼갈 것

가르치는 데 슬기로운 교사 가운데는 간혹 서툴고 느리게 배우는 학생이 어울리지 못하는 것을 보고 조롱한다거나 비꼬아 말하는 수가 있다. 이러한 것은 흔히 학생의 원한을 사게 하고 학습에 지장을 주게 된다.

자제심을 가질 것

호언장담을 하는 교사는 사물에 대하여 잘 알고 있지 않다는 것을 의미하며, 성미가 급한 행동에는 반드시 후회를 하게 된다. 교사의 자제심은 학급을 관리하는 데 가장 중요한 것이다.

선량한 익살꾸러기일 것

교사의 의자 위에 학생이 압정을 놓았을 때 그 뜻을 알아채지 못하고 분개하여 교장 앞에 끌고 가서 학생을 야단맞게 하는 것은 교사의 실패다. 농담을 이해할 줄 알고 위와 같은 장난을 했을 때 정신적으로 이것을 받아들일 수 있는 선량한 익살꾸러기를 학생들은 좋아한다.

학생이 엉뚱한 질문을 했을 때라든지 또는 자기 마음에 맞도록 일을 하지 않았을 때도 인내할 줄 알 것

참는다는 것은 하나의 덕행이다. 교사에게는 이러한 태도가 특히 필요하다.

교사로서의 충분한 조건을 간직할 것

훌륭한 교사는 결코 어린이와 똑같은 사람이 아니고 충분한 자질을 갖춘 자라야 한다. 교사는 마땅히 학생들의 존경의 대상이 되고, 지나치게 사제지간의 거리감이 없어지도록 해서도 안 된다.

학생들과 지나치게 친근하게 지내는 것을 삼갈 것

학생들과 지나치게 친근하게 지내다 보면 때로 학생들을 편애하게 된다. 그러므로 지나치게 학생들과 친하게 지내는 것을 삼가야 한다.

학생들을 당황하게 만드는 일을 삼갈 것

다른 사람 앞에서 학생들을 어리둥절하게 만들어 자존심을 손상시키지 말아야 한다. 징계는 대체로 개인적으로 하는 것이 좋다. 그렇지 않을 경우 학생이 교사에게 반항심을 갖게 될지도 모르며, 그것을 회복하려면 많은 시간을 필요로 하는 만큼, 학생의 자신감을 상실하게 할지도 모른다.

■ 학생들을 자주 칭찬해 줄 것

만족감을 얻는 일은 학습과정에 있어서 매우 중요하다. 학생들이 진보하려고 할 때 절대적인 노력과 수행을 하도록 격려해야 한다. 그리고 훌륭한 학업태도를 칭찬해주어야 한다. 그러나 지나친 칭찬이라든지 격에 맞지 않은 칭찬은 오히려 역효과를 가져온다.

■ 수업에 대한 반응을 학생들에게 물어볼 것

그렇게 하기 위해서는 학생들의 진술이 점수라든지 학교 기록에 영향을 주지 않고 아무런 흔적도 남지 않는다는 것과, 자유롭게 말할 수 있는 분위기의 조성이 필요하다. 어떤 의견은 간혹 불쾌할지도 모른다. 그러나 훌륭한 수업시간을 만들기를 원하는 교사는 이 방법을 편의상 사용할 수 있다.

■ 학생을 객관적으로 판단할 것

학생의 과거 개인 기록에 의존하지 않으며, 학생들을 성적이나 평판에 의거하여 판단해서는 안 된다.

(2) 직업적인 관점

훌륭한 교사는 전문직업의 측면에서 다음과 같은 태도를 지니도록 노력해야 한다.

❶ 수업을 개선하는 일에 적극적으로 노력할 것
❷ 허심탄회하게 남의 비평을 받아들일 것
❸ 교직 교양 면에 대한 훈련을 게을리 하지 말 것
❹ 교직의 추세를 따라서 할 것
❺ 지도를 한낱 직무로만 생각하지 말고 봉사라는 기회로 생각할 것
❻ 수업관계의 지식을 남에게 나누어 줄 것
❼ 교사는 교직 관련의 조직체와 관계를 가지며 적극적으로 지지할 것

❽ 사회의 기대에 어긋나지 않게 생활할 것
❾ 근무시간에는 학교 일에만 종사할 것

(3) 윤리적인 관점

교직은 도리라든지 인격, 품행, 그리고 그 밖의 특질과 직업인으로서의 활동을 포함한 윤리의 법전으로 일반에게 알려져 있다.

❶ 자기 직장에 대하여 충실할 것
❷ 모욕적이며 비열한 언사를 쓰지 않도록 할 것
❸ 자기의 동료를 손상시킴으로써 자신을 안전하게 만들려는 생각과 행동을 삼갈 것
❹ 남에게 인사성 없는 의견을 말하지 말 것
❺ 정치나 종교에 연관시켜서 많이 아는 체하지 말 것
❻ 과거 수행한 것이 문제가 아니라 현재의 능력으로부터 자기 자신의 성공을 계획할 것

(4) 개인적인 관점

훌륭한 개인적 특질은 교육을 성공하도록 만드는 데 매우 중요하다. 그것은 교사가 학생들과 계속적인 인간 접촉을 할 위치에 있기 때문이다.

❶ 정직하고 훌륭한 자세를 가질 것
❷ 자기 자신을 신뢰하고 창의력을 발휘할 것
❸ 모든 규율과 규칙을 이해하고 그것을 실행하도록 할 것
❹ 열성적이고 협동적이고 신체적·정신적 정열을 가질 것
❺ 풍부한 실력이 있을 것
❻ 우호적이고 예의를 지킬 것
❼ 너무 음성을 높여서 말하지 말고 학생들이 잘 알아들을 수 있도록 말할 것
❽ 시간을 잘 지킬 것

❾ 혼란된 제스처를 쓰지 말 것
❿ 평가를 정확히 할 것

(5) 개인적 외모

교사로서 단정한 외모를 유지하기 위하여 할 점은 다음과 같다.

❶ 얼굴을 깨끗이 할 것
❷ 머리를 단정하게 빗고 이발·면도를 자주 할 것
❸ 교사로서 단정하고 품위 있는 옷차림을 할 것
❹ 수업 중에 무엇을 먹고 있거나 씹거나 하지 말 것
❺ 손과 손톱을 깨끗이 할 것
❻ 치아를 깨끗이 하고 잘 치료해 둘 것
❼ 신체에서 악취는 나지 않는지 유의할 것

3 교사양성교육

1) 교사양성교육의 필요성

지식정보화 사회에서의 교육의 중요성은 두말할 나위도 없다. 교육체제의 모든 요소들이 변화하지 않고서는 급속히 변화하는 사회변화에 적응할 수 없기 때문이다. 특히 교육의 혁신과 개혁, 학교교육의 성패는 일상적으로 학생과 늘 함께하는 교사에 의해 주도되는 만큼 교사의 중요성은 더 강조된다. 따라서 훌륭한 교사를 양성한다는 것은 교육의 질을 향상시킬 수 있다는 전제에 해당된다.

교사교육이 국가적 과제 또는 국민적 과제가 된 것은 근대국가가 성립된 이후의 일이다. 국가에 따라 차이는 있지만 이른바 선진국의 경우는 대체로 19세기를 전후해서 근대국가가 성립되었고 이와 함께 모든 어린이가 교육을 받을 수 있는 공교육기관이 제도화되면서 공교육을 담당할 교사가 대량으로 필요하게 되어 교사교육이 본격화 되었다.

그런데 '교사는 만들어지는 것이지 태어나는 것이 아니다'(Teachers are made, not born)라는 생각에 입각하여 교사양성교육은 성립되는 것이다. 이 같은 취지에 따라 교사교육은 취직 전(pre-service)의 '양성교육'과 취직 후(in-service)의 '현직교육'(교원연수)으로 대별되며, 이 교육은 다함께 받아야 한다. 그것은 교직이 전문직이며 전문직으로서의 교직을 수행하기 위해서는 투철한 교직관과 고도의 지적 기술을 중심으로 한 교육과 훈련, 그리고 연수를 취직 전이나 취직 후를 막론하고 계속해서 받아야 하기 때문이다. 특히 취직 전 단계인 교사양성교육은 장차 교직에 대한 가치관, 태도, 지식과 기술을 습득케 하는 것이기에 더욱 중요하다.

오늘날 우리나라뿐만 아니라 세계의 대부분 국가에서는 교육의 중요성에 비추어 교사의 전문성을 확보하고자 국가가 의도적 계획적인 교육을 통해서 훌륭한 교사를 양성하고자 교육체제와 자격조건을 법적으로 규정하고 있다. 이처럼 국가가 요구하는 일정수준의 자격요건을 구비하기 위해서는 적격자를 선발하고 장기간의 교육이 요구된다.

직전교육으로서의 우리나라 교사양성교육에 관하여 이해하고 준비하는 데 필요한 교사양성제도를 살펴보면 다음과 같다.

2) 교사양성제도

오늘날 교사양성제도는 세 개의 유형으로 대별되며. 그 유형으로는 목적제·개방제·절충제가 있다. 첫째, 목적제는 교사양성이라고 하는 단일한 목적에 입각하여 교육대학이나 사범대학 등이 일반학교 체제에서 분리되어 특설되어야 한다는 관점이며, 둘째, 개방제는 교사양성을 위한 특정의 대학을 별도로 설치할 것 없이 모든 대학에서 교사를 양성해야 한다는 관점이다. 셋째, 절충제는 이 두 유형의 장점을 적절하게 적용하는 관점이다.

우리나라에서는 초등학교 교사의 경우 목적제로 양성하고 있으며, 중등학교는 절충제를 가한 개방제로 적용하고 있다. 이 같은 초등학교와 중등학교 교사양성제도의 변천과 양성제도의 현황을 살펴본다.

(1) 초등학교

한국 최초의 교사 양성을 위한 근대적인 학교는 1895년에 창설된 한성사범학교(漢城師範學校)이다. 한성사범학교의 수업연한은 3년의 본과와 수업연한 1년 이내의 예과·강습과·속성과 등이 있었으며, 보통학교를 졸업한 15세 이상의 남자만 입학하였다.

1911년 이후 1922년까지의 일제 강점기 초기에는 초등학교 교사양성기관을 따로 두지 않았고, 경성고등보통학교 부설 임시교원양성소와 임시교원양성강습소를 각 도에 설치하여 한국인의 초등교사를 양성하였다.

1922년부터 일제가 패망한 시기까지 일제 강점기 중기 및 말기에는 수업연한 5년의 관립사범학교를 각 도별로 연차적으로 설치하여 일제가 패망할 때쯤 남자사범학교 12개교, 여자사범학교 3개교 총 15개의 사범학교를 두었다.

8·15 광복 이후 1961년까지는 중등학교 성격의 18개의 사범학교가 초등학교 교사양성기관으로 운영되었다. 1962년부터 1981년까지는 전문대학 수준의 16개 교육대학이 초등교사를 양성하였으며, 이후 4년제 대학으로 승격되었다.

현재의 초등교사 양성은 시·도에 위치하고 있는 11개 교육대학교와 이화여자대학교 사범대학의 초등교육과, 그리고 한국교원대학교 등의 초등교사 전문양성기관을 통해 양성된다.

초등학교 교사의 주 양성기관인 교육대학의 경우 학생의 선발은 전체적인 대학입학제도의 틀 속에서 이루어지나 전문직인 교사의 적성을 판단하기 위해 교직 적성 및 인성검사와 면접을 중시한다. 교육과정은 교양, 전공, 심화과정으로 구성되나 학교별 약간의 차이는 있을 수 있다. 졸업 이수학점은 140학점 이상이나 대부분의 학교는 150학점 정도를 졸업에 필요한 학점으로 운영하고 있다.

교양과정은 기초 교양, 외국어, 인문과학, 사회과학, 자연과학, 예술 등의 분야로 세분되고, 전공과정은 교육기본과목, 교과교육과목, 교육실습 등의 영역으로 구분되며, 심화과정은 일종의 부전공에 해당하는 것으로 1개, 혹은 2개 교과목을 선택하여 그 내용을 보다 깊이 공부하도록 하는 것이다.

(2) 중등학교

일제강점기에는 우리나라의 중등학교 교사양성기관은 없었으나 조선총독부에 의한 별도의 중등학교 교사양성 교육과정이 있었다. 최초의 중등학교 교사양성제도는 1920년에 처음 마련되었다. 조선총독부는 1920년 6월에 '중등교원위탁생규정'을 제정하고 그해 7월부터 일본 내의 중등학교 교사양성기관에 재학 중인 학생 가운데에서 위탁생을 선발하여 재학 중 장학금을 지급하고 졸업 후에 한국내의 중등학교에서 교사로 근무하게 하였다.

8·15 해방과 함께 1946년 8월, '국립대학교 설치령'이 제정되어 서울대학교에 사범대학을 설치하게 됨에 다라 경성사범학교와 경성여자사범학교를 통합하여 이 두 학교를 서울대학교 사범대학으로 승격·개편하였다. 서울대학교 사범대학에서는 예과와 본과를 두고 한국 역사상 최초로 국립의 정규교사양성대학에서 중등학교 교사를 양성하였다. 1946년에는 대구사범학교가 국립의 대구사범대학으로 승격·개편되고, 1947년에는 2년제의 공주사범대학이 도립으로 설치되었다가 1954년에 4년제의 국립사범대학으로 승격·개편되었다. 한편, 1951년에는 이화여자대학교에 사범대학이 설립됨을 계기로 해서 전국 각지에 사립사범대학이 설립되었다.

정부는 중등학교 교사를 확보하는 방안의 하나로 1955년부터 일반대학에 교직과정을 설치하기 시작하였고 1965년부터는 교육대학원이 설치되어 교사 재교육과 교사양성의 기능을 담당하게 되었으며, 1985년에 설립된 한국교원대학교는 교사교육에 있어서 새로운 형태를 채택한 교사양성기관이다. 이 대학에서는 현재 유치원, 초등학교, 중등학교 교사를 동시에 양성하고 있다.

중등학교 교사는 국립 및 사립 사범대학, 일반대학 교직과정과 교육대학원 등을 통해서 양성된다. 중등학교 교사의 주 양성기관인 사범대학의 학생 선발도 교육대학과 유사하다고 볼 수 있으며, 교직 적격자 선발을 위한 교직 적성과 인성검사 및 면접을 중시한다.

중등학교 교사양성 교육과정은 사범대학형과 일반대학의 교직과정형으로 크게 대별할 수 있다. 사범대학의 교육과정은 교양, 교직, 전공으로 구분되며, 교양과정은 졸업 이수 최저학점인 140학점의 30%인 42학점을 이수하도록 되어 있다. 교직과정에 대해서는 학교별로 융통성 있게 운영할 수 있으나 대개 일반대학 교직과정의 기준이 그대로 운영되고 있다. 따라서 2학점 단위의 7개 교직이론 과목, 2~3

학점의 3개 교과교육 과목, 2학점의 3개 교직소양 과목, 2학점 4주의 교육실습 및 봉사활동을 이수시키고 있다. 교수에 요구되는 전공 교과목은 78학점 정도가 된다. 일반대학의 교직과정은 일반대학의 학생으로서 교사자격증 취득을 원하는 학생들을 위해 설치된 과정이다. 그 대상 학생은 1학년 성적 평균이 B학점(80점) 이상으로 정원의 30% 이내의 규모로 운영한다. 교직과정의 교과목 편성은 사범대학형과 동일하다.

4 교원의 윤리

교직자의 윤리를 확립하기 위하여 대한교육연합회(현재의 한국교원단체총연합회의 전신)에서 교사의 윤리에 관련되는 강령을 두 차례에 걸쳐서 제정했다. 첫 번째는 1958년에 제정된 교원윤리강령이며, 두 번째는 1982년 5월 15일 스승의 날에 선포한 사도헌장과 사도강령이다.

이러한 교사의 윤리강령에서 가장 강조하고 있는 것은 스승으로서 제자를 사랑하는 것이라고 하겠다. 사도헌장과 사도강령을 소개하면 다음과 같다.

1) 사도헌장

오늘의 교육은 개인의 성장과 사회의 발전과 내일의 국운을 좌우한다. 우리는 국민교육의 수임자로서 존경받는 스승이요, 신뢰받는 선도자임을 자각한다. 이에 긍지와 사명을 새로이 명심하고 스승의 길을 밝힌다.

❶ 우리는 제자를 사랑하고 개성을 존중하며 한마음 한뜻으로 명랑한 학풍을 조성한다.

❷ 우리는 폭넓은 교양과 부단한 연찬으로 교직의 전문성을 높여 국민의 사표가 된다.

❸ 우리는 원대하고 치밀한 교육계획의 수립과 성실한 실천으로 맡은 바 책임을 완수한다.

❹ 우리는 서로 협동하고 교육의 자주혁신과 교육자의 지위 향상에 적극 노력한다.

❺ 우리는 가정교육, 사회교육과의 유대를 강화하여 복지국가 건설에 앞장선다.

2) 사도강령

민주국가의 주인은 국민이므로 나라의 주인을 주인답게 길러내는 교육은 가장 중대한 국가적 과업이다.

우리는 겨레가 오랜 역사의 찬란한 문화를 계승·발전시키며, 선진 제국과 어깨를 나란히 하여 인류복지 증진에 주도적으로 기여하려면 무엇보다도 문화국민으로서의 의식 개혁과 미래 사회에 대비한 창의적이고 민주적인 인간육성에 온 힘을 기울여야 한다.

그러기 위하여 우리의 교육자는 국가발전에 민족중흥의 선도자로서의 사명과 긍지를 지니고 교육을 통하여 각자의 능력을 최대한으로 개발하며, 개인의 자아실현과 국력의 신장, 그리고 민족의 번영에 열과 성을 다하여야 한다.

또한 교육자의 품성과 언행이 학생의 성장발전을 좌우시킬 뿐만 아니라 국민윤리 재건의 관건이 된다는 사실을 명심하고, 사랑과 봉사, 정직과 성실, 청렴과 품위, 준법과 질서에 바탕을 둔 사도 확립을 위해 우리 스스로 헌신하여야 한다.

이러한 우리의 뜻은 교직에 종사하는 모든 교직자가 주체의식을 가지고 노력하여야만 이루어질 수 있다는 것을 인식하고, 사도헌장 제정에 때맞추어 우리의 행동지표인 현행 '교원 윤리강령'을 '사도강령'으로 개정하여 이를 실천함으로써 국민의 사표가 될 것을 다짐한다.

제1장 스승과 제자

스승의 주된 임무는 제자로 하여금 고매한 인격과 자주정신을 가지고 사회에 봉사할 수 있는 유능한 국민을 육성하는 데 있다. 그러므로,

❶ 우리는 제자를 사랑하고 그 인격을 존중한다.

❷ 우리는 제자의 심신발달이나 가정의 환경에 따라 차별을 두지 아니하고 공정하게 지도한다.

❸ 우리는 제자의 개성을 존중하며, 그들의 개인차와 욕구에 맞도록 지도한다.

❹ 우리는 제자에게 직업의 존귀함을 깨닫게 하고, 그들의 능력에 알맞은 직업을 선택하도록 지도한다.

❺ 우리는 제자 스스로 원대한 이상을 세우고, 그 실현을 위하여 정진하도록 사제동행한다.

제2장 스승의 자질

스승은 스승다워야 하며 제자의 거울이 되고 국민의 사표가 되어야 한다. 그러므로,

❶ 우리는 확고한 교직관과 긍지를 가지고 교직에 종사한다.

❷ 우리는 언행이 건전하고 생활이 청렴하여 제자와 사회의 존경을 받도록 한다.

❸ 우리는 단란한 가정을 이룩하고 국법을 준수하여 사회의 모범이 된다.

❹ 우리는 학부모의 경제적·사회적 지위를 이용하지 아니하며, 또 이에 좌우되지 아니한다.

❺ 우리는 자기 향상을 위하여 전문적인 지식과 전문화된 기술을 계속 연마하는 데 주력한다.

제3장 스승의 책임

스승은 제자 교육에 열과 성을 다하여 맡은 바 책임을 다하여야 한다. 그러므로,

❶ 우리는 사회의 일원으로 모든 책임과 의무를 다한다.

❷ 우리는 교재연구와 교육자료 개발에 만전을 기하여 수업에 최선을 다한다.

❸ 우리는 생활지도의 중요성을 인식하여 제자들이 올바른 사람이 될 수 있도록 지도의 철저를 기한다.

❹ 우리는 교육의 성과를 공정하게 평가하고 이를 교육에 충분히 활용한다.

❺ 우리는 제자와 성인들을 위한 정규교과 외의 활동에 적극 참여한다.

제4장 교육자와 단체

교육자는 그 지위의 향상과 복지의 증진을 위하여 교직단체를 조직하고 적극 참여함으로써 단결된 힘을 발휘할 수 있다. 그러므로,

❶ 우리는 교직단체 활동을 통하여 교직자의 처우와 근무조건의 개선을 꾸준히 추진한다.

❷ 우리는 교직단체 활동을 통하여 교직자의 자질 향상을 기함으로써 교원의 확립에 박차를 다한다.

❸ 우리는 편당적·편파적 활동에 참여하지 아니하고 교육을 그 방편으로 삼지 아니한다.

❹ 교직단체는 국가 주요 교육정책 결정에 참여하여 교육자의 여망과 주장을 충분히 반영시킨다.

❺ 교직단체는 교육자의 혁신과 국가의 발전을 위하여 다른 직능단체나 사회단체와 연대 협동한다.

제5장 스승과 사회

스승은 제자의 성장 발달을 돕기 위하여 학부모와 협력하여 학교와 사회간의 상호작용의 원동력이 되고 국가발전의 선도자가 된다. 그러므로,

❶ 우리는 학교방침과 제자의 발달상황을 가정에 알리고, 학부모의 정당한 의견을 학교교육에 반영시킨다.

❷ 우리는 사회의 실정을 정확하게 파악하고 지역사회의 생활과 문화향상을 위하여 봉사한다.

❸ 우리는 사회적 요구를 교육계획에 반영하며 학교의 교육활동을 사회에 널리 알린다.

❹ 우리는 국민의 평생 교육을 위하여 광범위하게 협조하고 그 핵심이 된다.

❺ 우리는 확고한 국가관과 건전한 가치관을 가지고 국민의식 개혁에 솔선수범하며, 국가발전의 선도자가 된다.

우리 정욱이는 자기가 좋아하는 것은 시키지 않아도 열심히 하지만 조금이라도 싫으면 하지 않았어요. 초등학교 때는 그런대로 공부를 하는 편이었는데, 중학교 2학년 때부터 성적이 점점 떨어지는 거예요. 무엇이든 마음만 먹으면 잘하는 아이니까 믿고 기다렸어요. 사춘기를 심하게 앓고 있었기 때문에 공부하라고 말하기도 어려웠어요. '고등학교에 진학하면 사춘기도 끝나고 좀 나아지겠지' 하며 내 마음을 달랬어요.

그러나 막상 고등학교에 갔는 데도 공부를 하지 않는 거예요. 우리나라 교육제도가 틀렸다느니, 선생님들이 공부로만 학생을 평가한다느니, 이런 공부는 삶에 도움이 안 된다느니 불평을 늘어놓곤 했어요.

정욱이에게 퍼붓고 싶은 이야기가 많았지만 참고 정욱이의 이야기를 많이 들어 주었어요. 그리고 사실 정욱이의 말이 맞았거든요.

"그래도 현실 속에서 살아가야 하니까 최선을 다해야 하지 않겠니?"

이런 정도의 말밖에는 할 수 없었어요.

가끔 정욱이는 이런 말을 했어요.

"엄마, 친구들은 내가 이렇게 공부 못한지 모른다."

정욱이는 성적은 별로지만 책을 많이 읽어서 아는 것이 많고 말을 잘해서 공부 잘하는 아이들과도 기죽지 않고 잘 사귀었어요. 친구에게 오뎅 한 그릇 얻어먹고 쉬는 시간에 독후감 숙제를 재빨리 써 준 일도 있거든요. 정욱이의 성취동기와 자신감 그 가느다란 줄 하나만을 잡고 정욱이가 고등학교를 졸업할 때까지 믿고 기다리는 일은 참으로 힘든 일이었어요. 왜냐하면 정욱이는 대학 입시를 치르면서도 너무나 현실을 모르는 것 같아서요.

자신은 지방에 있는 대학을 응시하면서 친구들이 특차로 좋은 대학에 붙을 때마다 자기가 먼저 전화를 걸어서 축하해 주는 거예요.

처음에는 속도 좋다고 생각했지만 나중에는 정욱이가 참으로 훌륭하게 느껴졌어요. 남이 잘 되었을 때 진심으로 축하해 주기는 어려우니까요.

지방대학에서 면접을 볼 때 "자네는 왜 이 학교에 응시했는가?"라는 질문에 "저는 붙어도 안 다닐 겁니다."라고 대답했대요.

내가 기가 막혀 하니까 정욱이는 이렇게 말했어요.

"엄마, 걱정하지 마세요. 제가 건방지거나 자신을 모르고 한 소리가 아니예요. 저는 정말로 더 좋은 대학에서 공부할 거예요. 저에게 한 번만 더 기회를 주세요.

지금까지는 못해서 안 한 것이니까. 이제 본격적으로 해볼래요. 나는 한다면 하는 놈이잖아요. 자신 있어요.”

보통 재수를 해서 성공할 확률은 거의 없다고 하잖아요. 1년 더 묵는다고 금도끼가 되는 것은 아니라고 이야기하잖아요.

하지만 나는 아들을 믿었어요. 일단 자기가 해야겠다고 마음먹고 자신은 할 수 있다고 생각하니까 무섭게 공부를 하더라고요. 매달 실시하는 모의 수능 시험에서 시험을 볼 때마다 성적이 올랐어요. 마치 콩나물이 쑥쑥 자라는 것처럼요. 성적이 오르는 것을 보고 친구들이 이렇게 말했대요.

“너 어떻게 팔다리 멀쩡하게 살아남았냐? 이렇게 잘할 수 있는데 공부 안 하고 있는 너를 너네 엄마가 그냥 놔두든?”

정욱이는 이렇게 대답했대요.

“나는 부모를 잘 만나서 고등학교 시절을 천국에서 보냈지만 공부를 계속 강요하는 부모를 만났다면 아마도 지옥에서 살았을 거야.”

대학 수능 시험에서 전국 석차 3%정도로 잘 보았어요. 정욱이가 어느 대학을 갔느냐보다는 정욱이가 성취감을 맛보았고 자신감이 성적으로 증명된 것이 더 중요하다고 생각해요. 정욱이의 성취동기와 자신감이 가느다란 줄인 줄 알았는데, 알고 보니 그것은 아주 굵고 힘 있는 동아줄이었어요. 앞으로 어떤 일이 닥쳐도 우리 정욱이는 잘 해내리라고 믿어요.

– 정명애의 〈지혜로운 부모 행복한 아이들〉 중에서

토 · 의 · 과 · 제

1. 전문교사의 개념을 정의해 보고, 전문교사의 조건을 논의해 보시오.

2. 교사가 교육에 대한 다양하고도 확고한 철학적 관점을 갖고 있어야 하는 이유가 무엇인지 생각해 보시오.

3. 21세기에 요구되는 바람직한 교사상에 대하여 설명해 보시오.

참고문헌

강갑원 외(2005). 교육학개론. 서울: 교육과학사.

공석영(1988). 생활지도와 상담. 서울: 동문사.

곽영우 외(1996). 교사론. 서울: 교육과학사.

권건일(2000). 교육학개론. 서울: 양서원.

김병성(1998). 교육과 사회. 서울: 학지사.

김병희 외(2008). 교육학개론. 고양: 공동체.

김석우, 김대현(1999). 교육과 사회. 서울: 학지사.

김신일 외(1995). 시민의 교육화. 서울: 한길사.

김신일(2000). 교육사회학. 서울: 교육과학사.

김영철 외(1996). 한국 교육비전 2020-세기의 대전환. 서울: 한국교육개발원.

김인회 외(2000). 살며 배우며 가르치며. 서울: 학지사.

김정일, 김창곤, 김진한(2000). 교육학개론. 서울: 학지사.

김정환(1982). 전인교육론. 서울: 세영사.

김정환(1984). 교육학개론: 교육의 본질과 과제. 서울 박영사.

김종서 외(1996). 최신 교육학개론(증보판). 서울: 교육과학사.

김종서(1987). 잠재적 교육과정의 이론과 실제. 서울: 교육과학사.

김종서, 이영덕, 황정규, 이홍우(1988). 교육과정과 교육평가. 서울: 교육과학사.

김종철(1991). 교육행정의 이론과 실제. 서울: 교육과학사.

김충기, 신현숙, 장선철(2001). 교육학개론. 서울: 동문사.

김희수(2005). 교육방법론. 서울: 일문사.

김희수(2010). 교육심리학. 서울: 신정출판사.

남궁용권(1990). 교육사 철학신강. 서울: 학문사.

남궁용권(1997). 신교육학개론. 서울: 양서원.

남정걸(2001). 교육행정 및 교육경영. 서울: 교육과학사.

박성수(1982). 현대인의 심리와 카운슬링. 서울: 한국방송사업단.

신용일(1998). 교육학개론 신강. 서울: 동문사.

오기형(1983). 전인교육: 원리와 실제. 서울: 인간교육학회.

오인탁(1990). 현대교육과 철학. 서울: 서광사.

윤정일 외(1997). 교육의 이해. 서울: 학지사.

이병승, 우영효(2001). 테마로 읽는 교육학(공저). 서울: 양서원.

이병승, 우영효, 배제현(2002). 쉽게 풀어 쓴 교육학. 서울: 학지사.
이성호(1982). 교육과정: 개발전략과 절차. 서울: 문음사.
이성호(1986). 교수방법의 탐구. 서울: 양서원.
이종숙, 이옥형, 강태훈(2000). 교육학의 이해. 서울: 학이당.
이종승(1982). 교육연구법. 서울: 배영사.
이지현 외(2005). 교육학의 이해. 서울: 학지사.
이형행(1988). 교육학개론. 서울: 양서원.
이형행(1988). 교육행정: 이론적 접근(증보판). 서울: 문음사.
임규혁(1999). 교육심리학. 서울: 학지사.
임승권(1999). 교육의 심리학적 이해. 서울: 학지사.
임창재(1999). 교육심리학. 서울: 학지사.
정명화(2009). 교육학개론. 서울: 동문사.
정명화(2011). 교육학의 이해. 고양: 공동체.
정범모(1986). 교육과 교육학(증판). 서울: 배영사.
정원석 외(1983). 현대교육심리학. 서울: 배영사.
정종진(1999). 교육평가의 이해. 서울: 양서원.
차경수(1983). 현대의 교육사회학. 서울: 학문사.
차석기 역(1984). R Ulich 저. 교육철학. 서울: 집문당.
최정웅(1987). 교육사상사. 서울: 학문사.
한국교육학회편(1983). 교육의 철학적 이해. 서울: 교육과학사.
한국정신문화연구원(1985). 교직의 사명과 교직의 보람. 서울: 고려원.
한중상(1985). 교육사회학 이론과 연구방법론 서울: 문음사.
함종규(1981). 학습지도의 이론과 실제. 서울: 숙명여자대학교 출판부.
황정규(1988). 학교학습과 교육평가. 서울: 교육과학사.
황정규(1998). 학교학습과 교육평가(개정판). 서울: 교육과학사.
황정규(1999). 교육측정·평가의 새 지평. 서울: 교육과학사.

Adler, M. J.(1984). The Program. New York: Macmillan.
Allport, G. W.(1962). Psychological model of Guidance. Harvard Educational Review, 32(4), pp.373-381.
Allport, G.(1961). Pattern and growth in personality. New York: Holt, Rinehart and winston, Inc.
Ames, C., Ames, R., and Felker, D. W.(1977). Effects of competitive reward structure and valence of outcome on children's achievement attributions. Journal of

Educational Psychology, 69, pp.1-8.

Amstrong, D. G. et al.(1978). Education : An Introduction. New York: Macmillan Publishing Co., Inc.

Ausubel, D. P.(1963). The Psychology of Meaningful Verbal Learning: An Introduction to School to Learning. New York: Grune & Stratton, Inc.

Bandura, A.(1977). Self-efficacy: Toward a unified theory of behavioral change. Psychological Review. 84, pp.191-215.

Baumrind, D.(1978). A dialectical materist's perspective on knowing social reality. In W. Damon(Ed.), New directions for child development: Moral Development(No. 2, pp.61-82). San Francisco: Jossey-Bass.

Bloom, B. S.(1956) Taxonomy of Educational Objectives, Handbook I: The Cognitive Domain. New York: David Mckay.

Bloom, B. S.(1976). Human Characteristics and School Learning. New York: MaGrow Hill.

Borich, G. D., & Tombari, M. L.(1995). Educational Psychology. Harper Collins College Publisher.

Bowlby, J.(1969). Attachment and Loss. New York: Hogarth Press.

Brameld, T.(1955). Philosophy of Education in Cultural Perspective. N. Y.: The Dryden Press.

Breland, K., & Breland, M.(1961). The Misbehavior of Organisms. American Psychologist, 16, pp.681-684.

Brophy, J. E.(1983). Research on the self-fulfilling prophecy and teacher expectations, Jouranal of Educational Psychology, 75(5), pp.631-661.

Brophy, J. E., & Evertson, C. M.(1976). Learning from Teaching : A Developmental Perspective. Boston: Allyn and Bacon.

Brophy, J. E., & Good, J. L(1974): Teacher-student Relationships: Causes and Consequences. New York: Holt, Rinehart and Wiston.

Bruner, J. S.(1966). Toward a theory of Instruction. Cambridge, Mass.: Belknap Press.

Bruner. J. S.(1960). Rhe Process of Education. Mass.: Harvard University Press.

Bruno, F. J.(1977). Human Adjustment and Personal Growth: Seven Pathways. New York: John Wiley & Sons.

Bugelski, B. R.(1964). The Psycology of Larning of Learning Applicced to Teaching. New York: Bobbs-Merrill.

Colby, A., & Kohlberg, L.(1987). The measurement of moral judgement(Vols. 1~2). New York: Cambridge University Press.

Combs, A. W.(1962). Perceiving, Behaving, Becoming: Humanistic Approach to the Study of Persons. 1962 Yearbook. Washington, D. C.: Association for Suppervision and Curriculum Development.

Combs, A. W.(1965). The Professional Education of Teachers: A Perceptual View of Teacher Preparation. Boston: Allyn &Bacon, Inc.

Cooper, H. M., & Baron, R. M.(1977). Academic expectations and attributed Responsibility as Predictors of Professional Teacher's Reinforcement Behavior. Journal of Educational Psychology. 68, pp.409-418.

Cronbach, L. J.(1977). Educational Psychology. New York: Harcourt Brace Jovanvich, Inc.

Cronbach, L. J., & Snow, R. E.(1977). Aptitudes and Instructional Methods: A Handbook for Research on Interactions. New York: Irvington.

David, E. H., & Edumund, V. S.(1974). Between Psychology and Education. Illinois: The Dryded Press.

Dembo, M. H.(1991). Applying Educational Psychology in the Classroom(4th ed.). Longman Publishing Group.

Dewey, J.(1944). Democracy and Education. New York: The Free Press.

Doyle, j. F.(1973). Educational Judgments: Papers in the Philosophy of Education. London and Boston: RKP.

Dunn, R., & Dunn. K.(1993). Teaching Secondary Students through Their Individual Leaning Styles-Practical Approaches for Grades, pp.7-12. Allyn and Bacon.

Elkind, D.(1976). Child Development and Education. New York: Oxford University Press.

Erikson, E. H.(1963). Childhood and Society. New York : Norton.

Erikson, E. H.(1968). Identity: Youth and Crisis. New York: Norton.

Finch, C.(1999). Curriculum Development in Vocational and Technical Education. Boston: Allyn and Bacon Inc.

Gage, N. L., & Berliner, D. C.(1979). Educational Psychology.(2rd ed.) Chicago: Rand McNally.

Gagne, R. M.(1977). The conditions of Learning. 3rd ed. New York: Holt, Rinehart and winston.

Gagne, R. M.(1977). The Conditions of Learning. New York: Holt.

Gagne, R. M., & Paradise, N. E.(1961). Abilities and Learning sets in Knowledge Adquistion. Psychological Monographs, 75, 14.

Gardner, H.(1983). Frames of mind: The theory of multiple intelligences. New York: Basic Books.

Gelman, R., & Bailargeon, R.(19983). A review of some Piagetian concepts. In P. Mussen(Ed.), Carmichel's manual of child psychology Vol. 3: Cognitive development(E. Markman & J. Flavell, moral education: Perspectives from Children's books. Xerox University Microfilms. pp.777-876.

Glaser, R,(1962). Psychology and Instructional Technology. In Glaser, R.(ed.), Training Research and Education, New York: John Wiley & Sons, Inc.

Gronlund, N. E.(1981). Measurement and Evaluation in Teaching. (4th ed.). N.Y: Macmillan Publishing Co.. Inc.

Guilford, J. P.(1967). The Nature of Human Intelligence. New York: McGraw-Hill.

Hutchins, R. M.(1936). The Higher Learning in America. Conn.: Yale University Press.

Jensen, A. R.(1969). How Much can we boost IQ and scholastic achievement. Havard Educational Review, 9, pp.1-123.

Jung, C. G.(1954). The Development of Personality. New York: Pantheon.

Kahl, J. A.(1963). Education and Occupational Aspiration of Common Man and Boys. Harvard Educational Review, 23, pp.186-203.

Kneller, G. F.(1971). Introduction to the Philosophy of Education. second edition. N.Y.: John Wiley & Sons.

Kohlberg, L., Power, F. C., & Higgins, A.(1989). Lawrence Kohlberg's approach to moral education. New York: Columbia University Press.

Langford, G. and O's Connor. D. J.(1973). New Essays in the Philosophy of Education. London: RKF.

Langton, K. P.(1969). Political Socialization. New York: Oxford University Press.

Lerner, R. M.(1978). Nature, Nurture, and dynamic interactionism. Human Development, 21, pp.1-20.

Liberman, M.(1960). Education as Progression. N.j.: Englewood Cliff Prentice-Hall.

Lucas, C. J.(1969). What is Philosophy of Education. N.Y.: Macmillan Co.

Mahler, M. S., Pine, F., & Bergman, A.(1975). The psychological Birth of the Human Infant. New York: Basis Book.

Malsow, A. H.(1970). Motivation and personality. Rev. ed New York: Harper &

Row.

Maslow, A. H.(1968). Toward a Psychology of Being. 2nd ed. New York: McGrawHill.

Marsh, H. W.(1990). Causal ordering of academic self-concept and academic achievement: a multiwave, longitudinal panel analysis, Journal of Educational Psychology, 82, pp.646-656.

Newman, B. M., & Newman, P. R.(1990). Development through Life: A Psychological Approach. Homewood, Illinois: The Dorsey Press.

Nielsen, L.(1993). Students from divorced and blended families. Educational Psychology Review, pp.177-199.

Peters, R. S.(1966). Ethics and Education. London: George Allen and Unwin.

Peters, R. S.(1973). The Philosophy of Education. Oxford: Oxford University Press.

Piaget, J.(1970). Piaget's theory. In P. H. Mussen(ed.), Carmecahll's manual of child psychology(3rd ed.). pp.703-732, New York: Wiley

Pintrich, P. R., & Schunk, D. H. (1995). Motivation in education: Theory, research, and application. Englewood Cliffs, NJ: Prentice Hall.

Russell, B.(1926). On Education. London: GAU.

Sternberg, R. J.(1986). The triarchic mind: A new theory of human intelligence. New York: Veking.

Taba, H.(1962). Curriculum Development: Theory and Practice. New York: Harcourt and World.

Tapper, T.(1976). Political Education and Stability. New York: John Wiley and Sons.

Torrance, E. P.(1988). “Creativity as Manifest in Testing”. In. R.J. Sternberg(ed.), The Nature of Creativity: Contemporary Psychological Perspectives. NY: Cambridge University Press, pp.43-95.

Tyler, R.(1949). Basic Principles of Curriculum and Instruction. Chicago: University of Chicago Press.

Witkin, H. A., & Goodenough, D. R.(1977). Field dependence and interpersonal behavior. Psycological Bulleyin, 84, pp.661-689.

찾아보기

ㄱ

ㄴ

ㅂ

ㅅ

ㅊ

ㅋ

ㅌ

ㅍ

ㅎ

기타

저자 소개

김희수

중앙대학교 대학원 교육학과(교육학박사)
동원과학기술대학교 교무처장, 기획처장
동원과학기술대학교 유아교육과 교수

최정선

명지대학교 대학원 아동학과(아동학박사)
대구미래대학교 유아교육과 전임교수
인천재능대학교 외래교수 등

홍성훈

중앙대학교 대학원 교육학과(교육학박사)
건양대학교 교육대학원 교육행정 주임교수
미)보이시주립대학교 교환교수
건양대학교 아동보육학과 교수

이해하기 쉽게 쓴
교육학개론

초판 1쇄 발행 / 2014년 9월 10일
초판 2쇄 발행 / 2017년 2월 10일
초판 3쇄 발행 / 2020년 1월 30일

공저자 / 김희수 · 최정선 · 홍성훈
발행인 / 이 중 수
발행처 / **동 문 사**

서울특별시 서대문구 홍제원 1길 12
(홍제동 137-8)
Tel : 02)736-3718(대), 736-3710, 3720
Fax : 02)736-3719
등록번호 : 제9-17호
등록일자 : 1974년 4월 27일
가격 : 17,000원

ISBN : 978-89-8251-672-6(93370)
E-mail : dong736@naver.com
Homepage : www.dongmunsa.com